カラー図解

詳解 庭のつくり方

石田宵三 著

農文協

はじめに

　世の中が便利になるにつれて合理的な生活環境が主流となっている昨今、〝心の場〟を求めて、少しでも土にふれていたいという考えから、美しい四季の変化を見せてくれる花や緑の庭、門やアプローチ、玄関や居間に接したテラスなどに造園のくふうをしている住宅を多く見かけるようになりました。

　単にきれいな観賞する庭から、土に親しみながら遊びや家事作業を行なう実用的な庭まで、手軽に入手できるようになった豊富な造園材料や諸道具のおかげで、自分の手で家族そろって憩いの場をつくりあげようとする人たちが増えています。

　とはいえ、実際に庭づくりや庭の改造を行なう場合、観賞を主にする庭では木、石、水の形や配置を美しく見せる方法や実際よりも庭を広く見せるテクニックなど、実用を目的とする庭では遊びや日常の作業がより快適に行なえるための区画割りなど、目的や場所によって庭づくりのポイントが違ってきます。

　本書では、これらのポイントを、庭づくりを数多く手がけてきたプロの経験から、庭がほしいと思っている人、部分的に庭づくりをしてみようという人、庭づくりから維持管理まですべて自分の手でやろうとしている人のための手本になるよう、自然風の庭の作例、小景の例、日常的な庭木の選び方と手入れ、庭の施行手順などを写真とイラストでわかりやすくまとめました。

　専門的な用語もあり、スペースの関係で十分説明できなかったところもありますが、これからの庭づくりの一助になれば幸いです。

石田　宵三

本書は、『詳解　庭のつくり方』を、カラー版として再編し、判型を大きくして発行したものです。

石田先生はすでに他界されており、ご遺族のご了解のもと本書を発行することができました。石田先生のご冥福をお祈りするとともに、ご遺族のご厚意に心から御礼申し上げます。

農文協　編集局

カラー図解 詳解 庭のつくり方

目次

庭木さくいん

撮影協力●㈱藤紋／太田和夫／大和芳平／岡田正二／押本一男／栗原成次／新藤年宣／新藤富士雄／鶴岡利通／森田真一／森田全彦

イラスト●岡田文夫
写真撮影●中島満
中野嘉明
岡田文夫

第1章

庭づくりの楽しみ

自分でつくる自然風庭景観

●庭づくりの楽しみ

楽しい庭づくり

庭を構成しているもの

現在、昔からの庭として残っている寺院の庭や実力者のつくった名園は、その時代の背景として大きな、立派な庭として残っています。そういうものに対して、残ってはいないものの、庶民には庶民の楽しみの庭があったのではないでしょうか。

このように、それぞれの時代にその時代的背景や思想をもとにして庭がつくられているとすれば、現代の庭園を考えてみると、とくに個人住宅の庭は、ひとつは西洋的な考え方が大きなウエートをしめています。単に観賞する庭というだけでなく、合理的な生活の場としての住宅庭園という考え方があるわけです。つまり、屋根をもたない生活の場としてのとらえ方です。

これは主にドイツの考え方から始まって、合理的でムダのないものは非常にすぐれたものである、という立場に立っているわけです。住宅の内部が合理的に部屋別に仕切られて、寝室やダイニング、キッチンなど、それぞれの目的をもって考えられているように、庭のなかが屋根をもたない住宅の一部として、こどもたちの遊び場とかスポーツの場、というように考えられてきています。

しかし、そういう場だけのものなのでしょうか。庭というものを昔の人たちは、いったいどう考えていたのだろうか、ということを考えてみる必要があります。たとえば、茶庭というものは、日本庭園のなかで非常にムダを省いてすっきりとした形のものを追究したと考えられています。

茶庭においての飛び石は、流派によって多少の違いはありますが、美と用（実用）が考慮されています。美というものは飛び石の美しさのことで、これを眺めといい、実用の飛び石の上を歩いていくことをわたりといっています。眺め三分わたり七分、または眺め四分わたり六分ともいわれ、庭園のなかにおいて飛び石の上を歩いて行くことにおいても美と用、つまり実用と実用でない部分が組み合わさっているわけです。

たとえば、2点間の最短距離をいかに早く障害がないように行けるかということで道をつくれば道路になるわけですが、これでは建設業になってしまいます。ところが、2点間をいかに快適に心地よく渡って行けるか、つまり快適さを加えてつくられたものは造園になるわけです。

庭づくりのなかで、生活環境にいかに実用として、たとえば前庭は、門から玄関までのアプローチは人の誘導とか、そこに車をいかに収納するか、あるいは主庭で考えれば、そこでこどもをいかに安全に遊ばせるか、などの実用に、いかに快適さを加えて生活の場という太いパイプを構成するか、それが造園、つまり庭づくりということになるわけです。

そして、その快適さのひとつとして敷地のなかに植物を植えることによって、季節の変化とともに集まってくる野鳥や昆虫など、自然とのふれあいの場ともなるわけです。

現在では、昔のようにただきれいにつくられた庭を観賞することから、自分が参加して一緒につくりあげて、維持管理は自分自身の手で行なうものが庭づくりの形になっています。

建てる前に庭の設計も考える

庭づくりのいちばんの楽しみはどこにあるのでしょう。専門家として考えてみると、家をつくる前に敷地が決まったときに「家をどこに寄せてもらって、庭をつくる余地をどこにつくるか」というときがいちばん楽しいといわれます。家をつくる位置によって、庭ができるかできないかがほとんど決まるからです。

ところが、ほとんどの家づくりは、まず土地を手配することと家を建てることが先になって、庭のスペースを広くとることはまれです。最近の住宅事情から広い面積は望めないうえ、日照権の問題などから家の位置が先に決まり、空いている敷地に庭をどうつくるか、ということになりがちです。

とはいえ、できれば家をつくる前に、本当の家づくりはこれでよいのか？　カーポートはどうするか？　家のまわりの庭はどうなるだろうか？　ということまで含めて、建築以前に庭づくりを考えるということをしっかりとやってほしい、というのが造園の立場からの願いといえます。そうすることによって、いい格好の庭の仕上がりはもちろん、住みやすいよい宅地になるわけです。

庭づくりの基本

庭を考えるとき、ただ木が植えられている、緑があるというだけでは庭とはいえません。自然の眺めのよさとは違った、人が手を加えることによってより美しく自然の情景を構成しなおしてつくられたものでなければなりません。しかし、あまりにも技巧的で人工的なものは、わざとらしい庭になりがちです。

つまり、人間が自然の眺めから美しさの要素をとりだして上手に構成しなおしたものが庭といえるでしょう。

庭づくりにはいろいろな条件がありますが、

洋風の開放的なアプローチ

そのなかで庭を構成している主なものをあげてみると、木（草花も含む）、石、水（池・流れ・滝・つくばいなどの水庭）が構成材料の大きなものとして考えられます。

もちろん、石は使わない、あるいは水庭はつくらない、というように部分的に欠けることはありますが、木・石・水の三つの大きな素材を組み合わせることによって庭の中心になる眺めがつくられています。それに中心になる眺めをいっそう引き立てるために、わき役がいろいろ配されて庭の全体が構成されているわけです。

これに盛り土などをして部分的に起伏をつけることもありますが、広がりをあらわすという意味で、平らなところ（平面）がつくられます。

この平面に昔は白砂を敷いたりしましたが、現在では主に芝生に変わってきています。広さを感じさせる芝生で覆われた平面に木・石・水の三つを配してひとつの眺めにまとめあげるのが、現在、一般によく見られる庭園の形です。

これにいっそう眺めを引き立たせるための添景物がそえられますが、それには石灯籠や飛び石、あるいは木戸、手水鉢《ちょうずばち》、鹿《しし》おどし、藤棚、庭園灯などが使われています。さらに洋式のものではアーチ、トレリス（飾り棚）、コンテナ（鉢植え）、テラスなどがあげられます。

また、わたしたちの住宅は天地自然のなかに1軒だけポツンとあるわけではありません。隣近所に家があったり、道路があったりします。このような周囲の状況との区切りや境界として生垣・垣根などの囲障材料も必要です。

この囲いの材料は、ただ境界をつけるという実用的な意味だけでなく、そのものの観賞価値を考えたり、背景にある不要な風景をかくすという目かくしの意味もあります。

また、もっと積極的に公共の植栽（公園樹や街路樹）や隣家の植栽などを庭の眺めの一部に取り入れる（借景《しゃっけい》という）ことなども考慮するとよいでしょう。

さらに庭のなかをいろいろ考えてみると、ひとつの室からはよい眺めでも隣の室からの眺めはよくないこともあります。また、庭の用途区分ということから前庭と主庭、側庭と裏庭、あるいは洋風の眺めと和風の眺めを区切るために袖垣や低い刈り込み生垣、植え島が必要になってきます。

このようにして、わたしたちの庭は木・石・水などの中心になる構成材料と、広さ、あるいは平面を埋める材料としての芝生や地被植物、砂、敷石、それらの景色をより引き立たせるための部分的な添景物、そして周囲の囲い、間仕切りなどからなりたっているわけです。

庭は住む人の個性をあらわす

庭をつくるとき、名木や名石を集め、お金をかけさえすれば立派な庭になるとはかぎりませんし、庭師に頼んでつくることだけが庭づくりではありません。庭もひとつの造形物ですから、そこに住む人の人がらがほのぼのと感じられる

添景物で景を引き立たせる

ものであってほしいものですし、何よりも自分自身が納得のいく必要があります。そのためには、自分で構成を考え、手を汚し、汗を流してつくることです。

確かに専門家の手をわずらわしてつくれば、すっきりした洗練されたものに仕上がるかもしれません。しかし、本当の美しさ、創造の喜びを味わうためには、自分の手でつくりあげることによって、いっそう自分の手でつくることです。自分の手でつくりあげることによって、いっそう愛着も深くなろうというものです。

実際に自分で手をくだし、一家総出で汗を流してつくったわが家の庭。専門家から見れば、あるいは笑われるような庭かもしれません。しかし、家族でつくりあげた努力の結晶は、一本一本の木、ひとつの石、それぞれにまつわる思い出がいつまでも心に残るすばらしい庭となるでしょう。

本書はここにねらいをおいて、わが家の庭をつくるときに、どのように考えて、どのようにつくりあげたらよいかということを、自然風の庭づくりに重点をおき、材料についてもできるだけ身近にあるものが使えるようにまとめました。

庭の作例も、必ずしもその木である必要はありません。同じような樹形の木であればよく、園芸センターや近くの花屋さんで購入できるようなものを自由に取り入れるなど、いろいろくふうしてわが家ならではの庭づくりをめざしてください。

庭は、つくったらすぐに眺められるようにしたいと思うのは人情です。ところが、「庭は数年後を考えてつくる」という言葉があります。自然と接し、自然を生活の中に取り入れていこうという基本的な態度を考えれば、せっかちにならず、育っていく過程を楽しみながら、年がたつにつれてよくなってくるような庭こそ、趣のある本当の庭といえるでしょう。

夏に涼を呼ぶ水鉢を配して…

景観づくりの基本設計法

●庭づくりの楽しみ

庭の構成と配植

庭は展覧会などの飾りつけと違って、その場かぎりのものではありません。数年先を見越して、しかもあきのこないようなものに仕上げなければなりません。

庭の区画割り

設計にあたっては、敷地内の建物と庭の配置（植栽する部分、通路になる部分、広く平坦な部分など）を、その使用目的に応じた広さや形で区画割り（地割り）する必要があります。

敷地内の住宅を中心にして庭を基本的な形に区分すると、前庭、主庭、側庭、中庭、裏庭、車庫に地割りされます。ただし、敷地の形状や方向、家の間取りなどによって隣接する庭の位置関係は違ってきます。

また、敷地が狭くなった現代の住宅では、すべての区画を敷地内に取り入れることはむずかしいので、主庭と前庭を兼ねた場合、主庭を省いて前庭のみにするなどのほか、空いている場所に主庭の要素を取り入れた小庭の設計を考える必要もあります。

●前庭

門から玄関までアプローチと、その周囲の庭で、家の印象づけをし、全体を引き立てる庭として最も大切な部分です。

また、通路としての実用面でもその設計は重要です。「歩きやすい」ことに重点をおいた庭づくりをすることが大切で、玄関を直接に見すかされないようにして庭に奥行きをつけるくふうをします。

●主庭

居間や食堂などの憩いの場所に面してつくることが多い主要の庭で、観賞用、実用として日常生活でいちばん利用することの多い場所です。開放的な部分を南側に設けて、明るい庭を設計するのが主庭づくりの基本です。

●側庭

前庭や主庭と裏庭（勝手口）をつなぐ通路としての実用目的をもつ庭です。

細長いスペースになることが多いので、通行を妨げないように設計する必要があります。

●中庭

建物の内部に光や風を導くために設ける庭で、壁や塀に囲まれた狭い空間（坪庭）ですが、観賞する主庭の代わりになる部分ともいえ

都会地では小スペースを有効に

[庭の区画割り]

●裏庭（サービスヤード）
- 土間に水たまりができないように排水勾配に注意する
- 大きな庭木や多種類の密植はさける
- 観賞する庭を設ける場合は、家事設備をかくすくふうをする

●中庭
- 日照、通風の悪いことが多い部分なので、日陰に強い植物の配植や衰弱した植物の植え替えを考える
- 大きな庭木や多種類の密植はさける
- 植物の添景物が過剰にならないようにする

●側庭
- 平坦な舗装で歩きやすい通路にする
- 通路脇の壁面（ブロック塀やフェンス）の装飾にくふうをこらす
- 地被類や敷砂利で地面を覆う

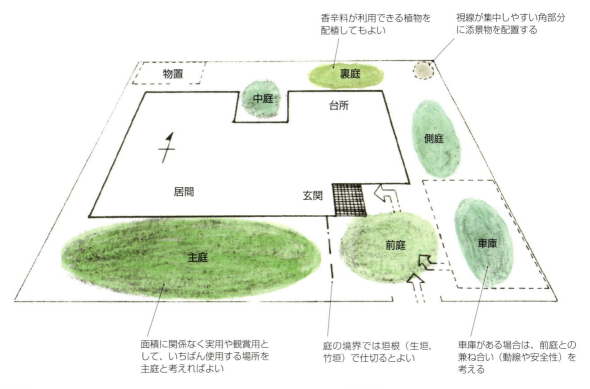

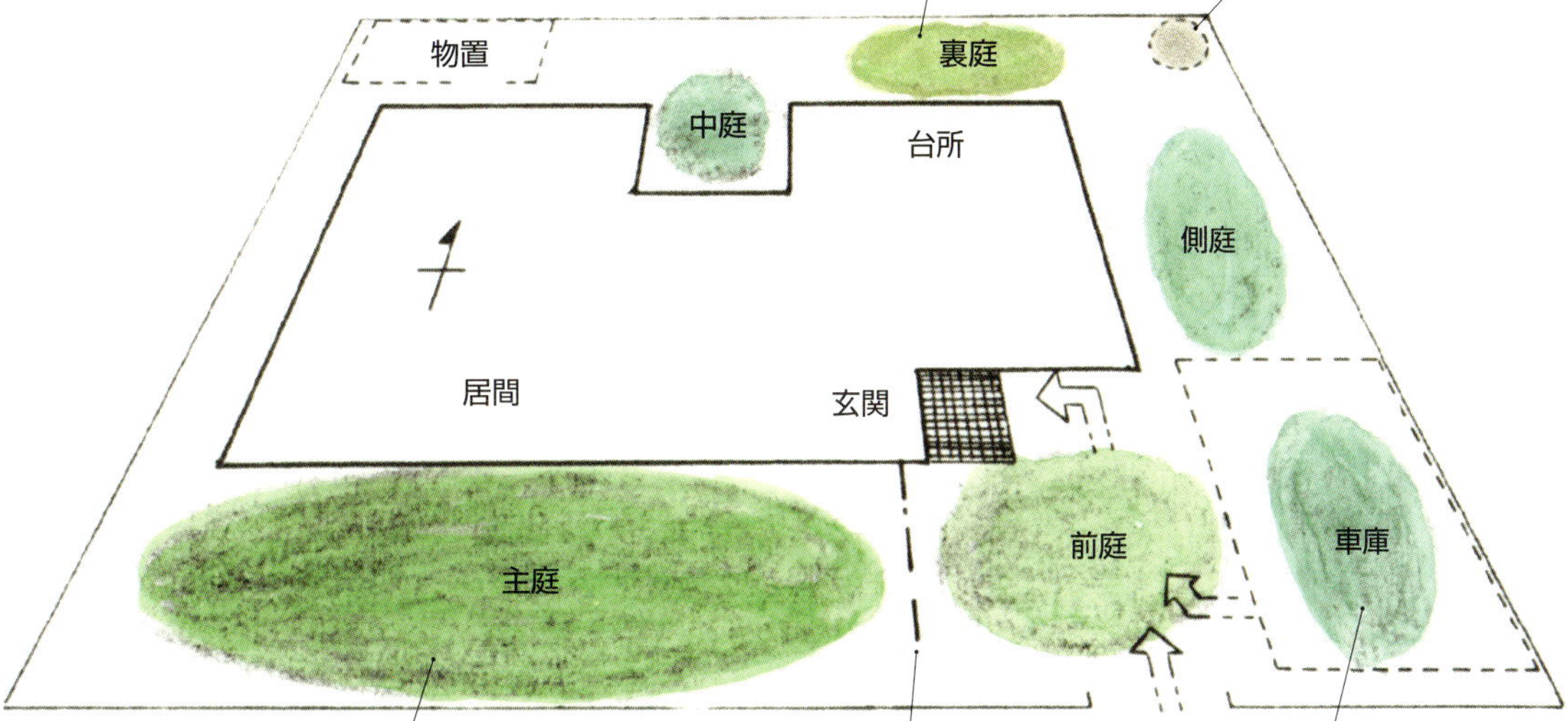

香辛料が利用できる植物を配植してもよい
視線が集中しやすい角部分に添景物を配置する
物置

車庫
面積に関係なく実用や観賞用として、いちばん使用する場所を主庭と考えればよい
庭の境界では垣根（生垣、竹垣）で仕切るとよい
車庫がある場合は、前庭との兼ね合い（動線や安全性）を考える

●主庭
- 部屋の延長としての広い空間（テラスや芝生）、木陰をつくる緑陰樹、日よけなどの配置を考える
- 観賞する庭とこどもたちが運動する場所を隣り合わせにしない
- 不等辺三角形の配植により、庭に奥行きをつくりだす

台所

居間
玄関

●前庭
- 折れ曲がったアプローチで庭に奥行きをつける
- 「歩く」という実用性を重視し飛び石よりも、のべ段（自然石やタイルなどを平坦に敷き舗装する）のアプローチでまとめる
- 修景に使用する素材は大きすぎて威圧感を与えるものをさける

ます。室にいちばん接近した庭ですから、やすらぎが求められるようにきゅうくつな設計はさけるようにします。

●裏庭

勝手口や洗面所、物置や家事設備などに接する実用的な場所で、清潔にしておきたい部分でもあるわけです。

汚れにくく、歩きやすいことに注意を払って設計しますが、浴室からの眺めを楽しむ場合には、ボイラーやオイルタンクなどの設備をかくすくふうが必要になります。

主景をどこに配するか

庭の区画割りがすんだら、その庭の修景（景観づくり）の重点を決めます。それにしたがって観賞するものや実用的なものの素材を配置します。

●主景を決めるポイント

観賞する庭の場合、通常は、①庭に奥行きがあるほう、②敷地の高いほう、③居間や客間に面したほう、④借景や大木が望めるほう、などに修景の重点をおきますが、庭のバランスがとれる位置ならば、常識にとらわれずに設計してもよいでしょう。ただし、修景の重点は主木の配置と同様に、庭の中央に配置しないことを念頭においてください。

主景によく使われるものには、景石、灯籠、つくばい、滝、噴水、彫刻などがあり、庭の広さに応じて調和のとれた大きさのものを1～3カ所に配置します。

ひとつの庭を地割りし、区分して主景になるものが決まったら、その残りの部分に好みの庭木をいれていきますが、そのとき芝や石、水庭、添景物にふさわしい樹木の選定が必要になってくるので、単に好みだけで選ぶというのはおすすめできません。

木には住み分けがある

庭木を配置する場合に、どんなことを考慮したらよいのでしょうか。

木は灯籠や池などと違って生きものですから、木それぞれがおたがいに闘争したり協調したりして、その木に適した生活の場をつくりだします。つまり、木には「住み分け」があるのです。

●自然の情景づくりには木の性質を生かす

地面に近いほうからみていくと、地表面を這うようにして生きているコケ類や地被植物があり、その上には灌木状の植物がよく育ち、中どころに大部分の落葉樹や常緑樹があり、その上に針葉樹や落葉樹の大きな木が生えているといったように、植物の性質に合った住み分けが自然に調和されているわけです。このことは観賞する面からいっても、むりのないごく自然な情景を味わうことができることになります。

根にもいえることで、直根性で地下深くはいるものもあれば、地表に張るものもあるといったぐあいです。たとえば地表に強く広く張る性

主景は中央を外すのが基本

質の植物があるところに、同じような性質をもったものを植えてもよく育たず、やがては枯れてしまって眺めをそこねる結果になります。

　これを庭木の配置のほうからみると、上木、中木、下木、根じめ、地被植物といった分類があって、これによって天地の関係、つまり垂直的な分布についての構成がつくられています。

　また、環境の面からは、通風や日当たりなどの植物相互の関係を考えにいれておかないといきいきした庭にはなりません。

対照の美しさを考える

　眺めの面からいうと、季節の変化をだしたい、濃い緑を強調したい、明るい感じにまとめたい、などの希望があるでしょう。その点から考えると、ただ好みの木が植わっていればよいというものではないはずです。

　植え込まれたたがいの木どうしがある調和を保ち、ある種の情感が出るようでなければならないはずです。これも配植のひとつの基本といえるでしょう。このことは庭という範囲で考えると、木以外の池や石などとの関連ができてきますが、一応ここでは木の配植の面から基本になる点だけを考えてみることにします。

●対照的なものを加えるとより効果的

　まず自分の庭をどのように表現したいのかはっきりさせ、それに見合った樹種を選ぶことから始めます。

　たとえば、明るい感じの庭にしようと思えば葉色の明るいものを選び、落ち着いた感じをだそうと思うならば常緑樹や針葉樹が多くなってきます。しかしこれは、おしるこをつくるときの砂糖と塩の関係のように、いずれか一方だけにしてしまうと、かえって明るさや落ち着きが強調されません。むしろ、おたがいが同居して、どちらに重点がおかれるかによってねらいとする感じが強調されるのです。

　ここは大切な点で、常緑樹や針葉樹だけで落ち着きのある庭を表現するよりも、落葉樹を少し配することによって常緑樹や針葉樹が強調され、落ち着いた感じにまとまります。反対に落葉樹ばかりになってはわびしく、単調な感じになります。

　落葉樹のよさを生かすためには、背景に常緑

［木には住み分けがある］

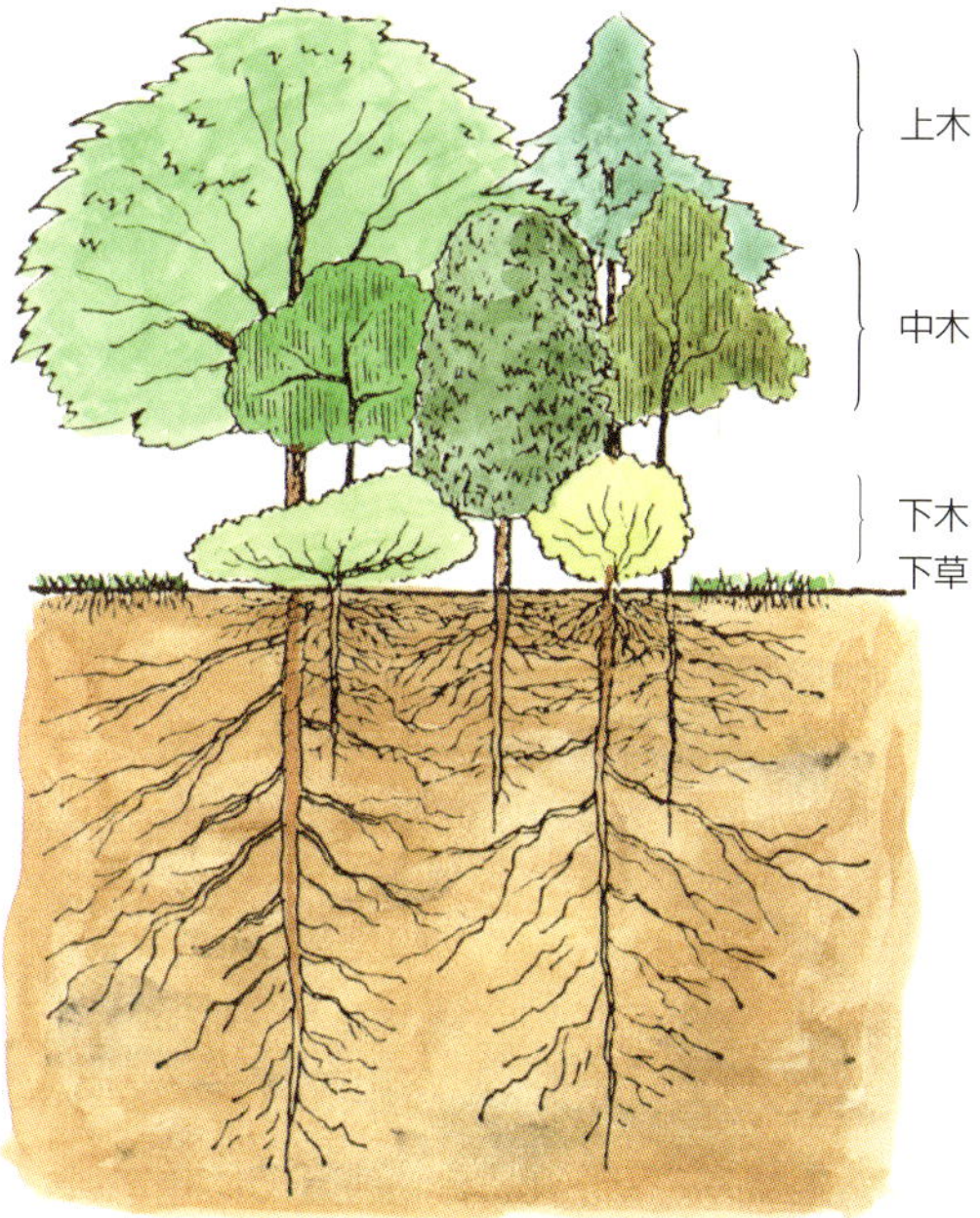

背景の常緑樹によって落葉樹の四季の変化が強調される

の植え込みをおいたり、灌木や根じめなどに常緑のものを使い、そのなかに配するなどのくふうをすると、庭全体の感じが落葉樹を主景にいきいきとしてきます。

美しさを構成する基本の形

全体の感じが決まったら、次に主木を選び、わき役の木を配するといった手順で植えられますが、何を基準に考えたらよいのでしょうか。庭を構成するのは、絵を描くときと同じように特別な原理・原則があるわけではありません。つくる人の感覚にまかされています。

しかし、基準になるものがないくらい困ることはありません。そこで、ここでは昔からいい伝えられてきた約束ごとのなかから、手本にできるようなすじ道をわかりやすく取り上げてみます。

ベースになるものは不等辺三角形

植木の配植だけでなく、石組みにしても生け花などにしても美を構成する場合の日本的な考え方では、同じ大きさや形のものを規則正しく並べるような直線的・幾何学的なものよりも、変化にとんだ自然な形を基本としています。

ごく自然な形といってもわかりにくいことですが、その元のもとを洗いだしていくと、美を構成するひとつの尺度として不等辺三角形が応用されていることがわかります。それは、等量のものをいくつかくり返してバランスをとるのではなく、対象にするものを三つに分け、それ

[共通している生け花と庭木の配植]

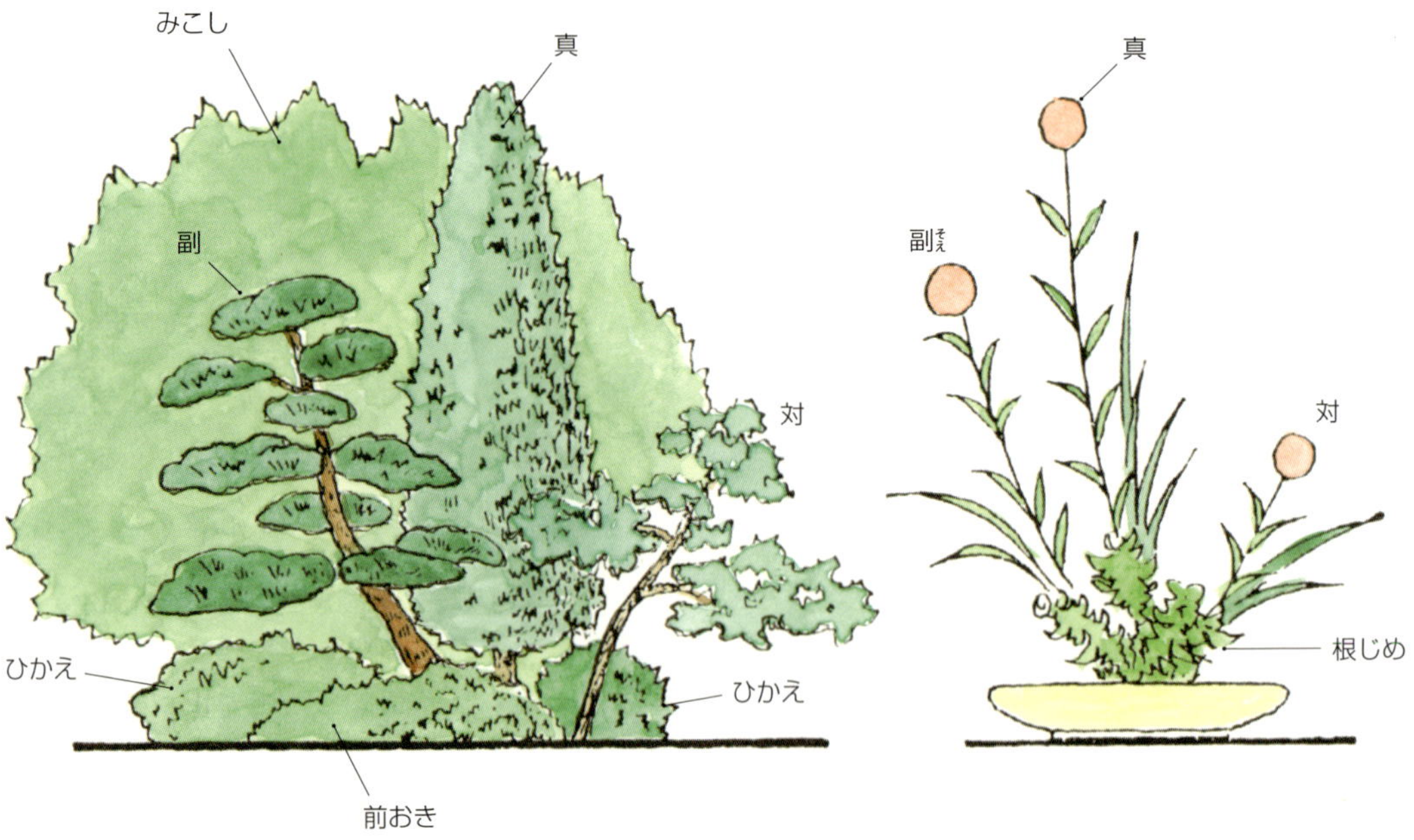

ぞれの量は違うけれども全体としてのバランスがとれる、そんな考え方で構成されています。

　この不等辺三角形がうまく応用されているのが、生け花の「真・副・対《そえ》」の考え方です。生け花の場合は流儀によって呼び方はいろいろですが、この真・副・対の比重を真に対して副は2分の1から3分の2にし、さらに対をその2分の1といった大きさなり量の違いで全体のバランスをとり、その位置も不等辺三角形で構成されています。

　植木の場合も、それと同じことがいえます。真・副・対の原理を植木に生かすとどうなるでしょうか。

効果的な配植の基本形

　植木の配植には、昔から次のような基本形があります。

　庭のなかで木を中心にした庭を考えてみると、ここが眺めのポイントだという眺めの中心になるものと、そうでないものの二つに分けられます。この中心にある眺めは、1本の木だけがポツンと植えられていることはなく、その木を中心にいくつかの木をそえて眺めがつくられています。この中心になる主木を「真」といい、主木の次に立派な木でつながりをとっている木が「副《そえ》」になり、この2本の木に対してさらに変化をつけて引き立たせるために植えられるのが「対」になるわけです。

　それに3本の木をより引き立たせたり、欠点をかくしたりするために前後に木がおかれています。前に植えられて地面とのつながりをつけているのが「前おき」、後ろに植え込まれて低いところの背景効果を考えているのが「ひかえ」、さらに眺めのポイントの背後に背景効果としておかれるのが「みこし」と呼ばれ、これらがまとまって全体の眺めができあがっています。それぞれ1本の場合もありますし、数本であったり、群植だったりする違いはありますが、眺めの関係、構成された内容は同じです。

　以上の基本形をわかりやすくするために、同じ樹種を用いて配してみたのが16ページの図です。ここではコウヤマキを使ってみましたが、一番大きな主木になるものを中心に植え、それに対して副にあたる次に大きい木を左斜め前に配し、小さな木を右斜め前に植えます。木の高さがそれぞれ違うので、木の頂点を結んでみると不等辺三角形になり、植え込まれた位置の関係をみるとやはり不等辺三角形となり、さらに三つの量感をみても同じようなことがいえます。こうして植えると自然の変化がありながら安定感があり、量感を感じさせてくれます。これが配植の基本にある原理です。

　さらに変化をつけるために樹種を3本とも変えてみたものが、同じ図の左側にあるものですが、原理は変わりません。主木になるコウヤマキはそのままにして、副にあたる木はマツにし、対にあたるものにモミジを配してみました。こうすると量感の違い以外に、同じ樹種のときとは違って形や色彩の変化が加わり、眺めとして

前おきやひかえの役割も大切

[配植の原理とその応用]

いっそう整ってきます。

ここでは真・副・対の関係を真が中央にくるような形を例にとりましたが、いつも中心にくるというものではなく、真が端になることもありますし、手前にきてもよいわけです。自由な構成で、調和がくずれないようにだいたんに組み替えればよいわけです。

●わき役があってこそ主役が引き立つ

3本の木が植えられ基本形は一応できたわけですが、これだけでは根元の部分がさみしく、背景も単調です。そこで、この基本になる3本の景をより引き立たせるものが必要です。根元をかくす意味で前おきにサツキの低く刈り込んだものをいれ、ひかえとしてマツの後ろにドウダンツツジ、モミジの後ろにはキャラの刈り込みものを配して地面とのつながりをつけ、背景には主木のコウヤマキと対照するようにみこしの景としてソロを配してみました。

このように不等辺三角形を応用して構成された3本の木に対して、それを引き立たせる意味の前おき・ひかえ・みこしが加わってひとつの眺めが仕上がったわけですが、庭木の配植ではこの原理が基本になって構成されているといってよいでしょう。

以上はまとまったひとつの景ですが、さらにこの景にいろいろな木をあしらって庭としての眺めをまとめたのが下の図です。

ここでも真・副・対の不等辺三角形の考え方を、さらに発展させて応用しています。3本の木の関係は前述しましたが、それを庭全体として考えるときは、それぞれひとつひとつの植えられた島を1本の木として考えればよいわけです。真にあたるひとつの植え込みを庭のなかで最も見ごたえのある場所に配置し、それに対して副にあたる植え込み、対にあたる植え込みをつくり、それぞれ量感の違いをだし、位置についても不等辺三角形の関係に配すればバランスのとれた、しかも変化のある庭が構成できます。

それぞれの植え島のなかは、それ自体で完成された構成になっていてもよく、そのものだけでは完成していなくても三つの植え島との関係のなかで生きてくればよいわけです。むしろ、ひとつひとつが完全であってもおたがいがこぢんまりまとまりすぎると、全体としてダイナミックな構成が殺されてしまうことがあります。

［庭全体の配植の例］

17ページの図の景は庭全体を真・副・対だけで構成していますが、これにみこしの意味で背景に遠くの山を借景として利用したり、何か植え込みを考えてもよく、前おきの意味で縁先のくつぬぎ石、飛び石などをあしらえば、さらに趣があります。

この景の場合は、副・対にあたる植え込みはひとつの景としては不完全なものですが、これはあくまでも主景を引き立たせる比較対象の景ですから、省略の形になっています。

眺めを二分しない

主木は真木ともいい、庭いちばんの立派な木を植えます。木の形にはいろいろありますが、問題は植える場所です。眺めの手前におくか奥のほうに据えるかは、構成上どちらでもよいのですが、左右の眺めの中央にはおかないことが原則です。座敷から眺めたときに、真正面にデンと主木が植えられていると、主木を境にして眺めは二つに割れてしまうからです。

絵を描くときは、電柱や大木をまんなかに描いてはいけないという原則がありますが、これと同じで、左右どちらかに寄せることが基本です。

木をたくさん使う場合はどうするかというと、木の集団を1本の主木と考えればよいわけで、中心の景を眺めの中央におくことはさけるべきです。

大きな三つの植え込みで構成したいときは、たとえば主木に相当するかたまりは右の奥のほうにいれ、それを補うものとして左にひとかたまり配し、それを受ける形で右にそえるといったふうに構成します。

[眺めの中央に主木や主景はおかない]

狭い庭を広く見せる

庭には面積の制限があり、いくら広い庭でも自然の規模からみたら小さいものです。

そこで、狭いところをいかに広く感じさせるか、という考え方が庭づくりの根底に流れています。

●木の高さに大・中・小の高低をつける

庭を広く見せる方法のひとつとして、植える木の高さを変えて高低をつけることがあげられます。頭がそろって一面に植えられていると目の前に壁があるような感じになり、全体が狭く、息苦しい感じになります。高低をつけるためには、木の大きさを変えるほかに、出入りをつけることも効果的です。同じ大きさの木でも手前に植えられたものは大きく見え、遠いものよりは高く見えるからです。

もうひとつは、奥行きを感じさせるために手前から奥にかけての間に植え込みを使って左右から出たりはいったりの変化をつけると遠近感が出て奥行きが広く感じられます。

この2点をうまく組み合わせると随分広い感じがして、深みが出てきます。

●大木の根元はかくす

さらに加えたいことは、ひとつの木を幹の元までまるだしにしないということです。大きな木を庭のいちばん奥において、上から根元まですべて見える状態にすると、木は目の前に迫ってきます。しかし、その根元にサツキの玉物などを配してかくし、木の途中にモミジの枝などをさしかけて枝越しに眺めるようにすると、ぐっと奥行きが出てきます。

●植え島の配し方もポイント

植木本位でまとめる庭の場合、近景・中景・遠景とまとめ方のポイントがあり、これを植え島といっています。この植え島の配置を入り組んでつくり、その奥のほうに遠景があるようにつくると奥行きを感じさせることができます。

また、落葉樹で手前から大きさを落としていっ

[庭を広く見せる手法]

高さを変え、前後の出入りをつける

大きさを変え、遠近感を強調する

平面の広がりを近景、中景で強調する

て植え島をつくり、奥のほうを常緑の遠景であしらうと、たくさんの林を通り越して遠景がより遠くに見えるようになります。

つまり、手前から奥まで地続きに見える部分をつくり、その間に両側から植え島が配されるようにすると、グッと距離感が出るわけで、そこがポイントになります。どのように島を配するかは、絵を描くのと同じ造形的な感覚で考えるしかありません。

●遠景は植えつぶす

近景・中景・遠景と分けた場合、遠景を通して向うが見えるのはきらわれます。木の間がすけて隣の塀などが見えるのも距離感をそこねます。したがって、遠景の部分にはすき間ができないように植えつぶしをして見えなくなるようにします。

庭が隣家との境界の塀で囲まれた例（下図）でいえば、庭の奥（遠景）はツバキやカクレミノなどの常緑樹の植え込みを使って塀（背景）をかくし、庭の中央（中景）にはラカンマキの主木と景石、根じめの下草類、織部灯籠を配しています。

家つきの位置（近景）には落葉樹のシャラをいれることで幹越しの景をつくり、主木や背景までの間隔に奥行きが感じられるようにまとめます。

［背景を塀で囲まれた庭の例］

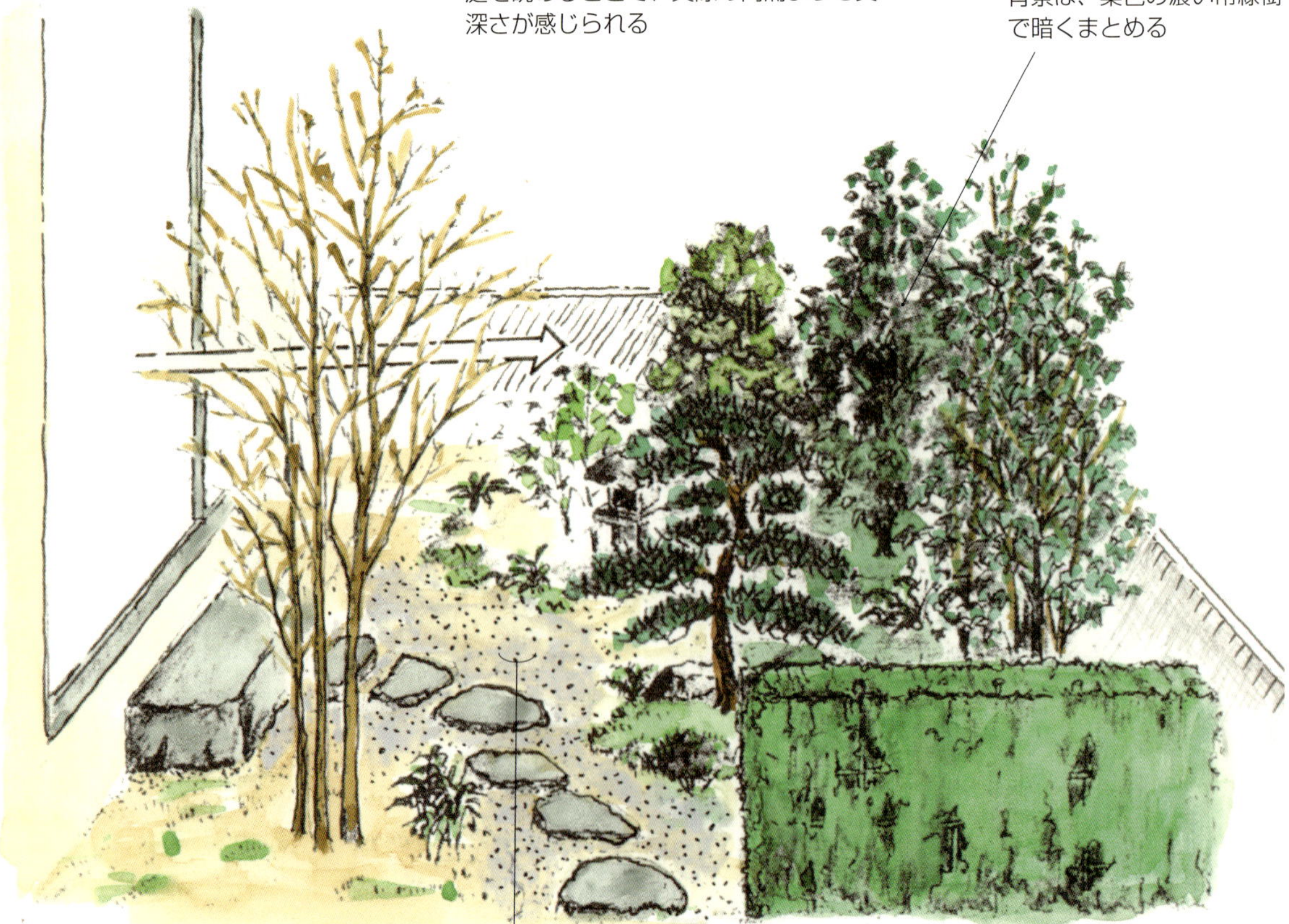
幹肌のきれいな株立ち状の落葉樹越しに庭を眺めることで、実際の間隔よりも奥深さが感じられる
背景は、葉色の濃い常緑樹で暗くまとめる
中景には、高い木を植えずに敷き砂利で明るくまとめ、庭に広がりをつくる

第2章

自分でつくる自然風庭園

シンボルツリーのあるコニファーガーデン

折れ曲がった五つの石段からなるアプローチの両脇を、コニファー類でまとめた前庭。

敷石を布敷き（目地を一定方向に通して並べる）して歩きやすくデザインしたアプローチをはさむようにモミノキ、センジュ（コノテガシワ）、ゴールドクレスト、ハイビャクシンなどの針葉樹を配植しています。這う性質のコニファー類を地被として密植することでアプローチを汚れにくくし、庭に雑草が生えるのを防いでいます。

塀や垣根を設けない解放的に構成された前庭では、門の位置やアプローチの曲がり角に大きな木（主木／モミノキ）や添景物（ペチュニアの吊り鉢）を配植すると庭に安定感が生まれ、全体が引き立ちます。

← 吊り鉢とコンテナに植えられたペチュニアがアプローチ脇の地被（コニファーや芝生の緑）の葉色と対比して映えます

↓ 玄関までの長いアプローチの両脇に配植したモミノキのシンボルツリーと、地面を覆うコニファーで落ち着いた雰囲気と奥行きを演出

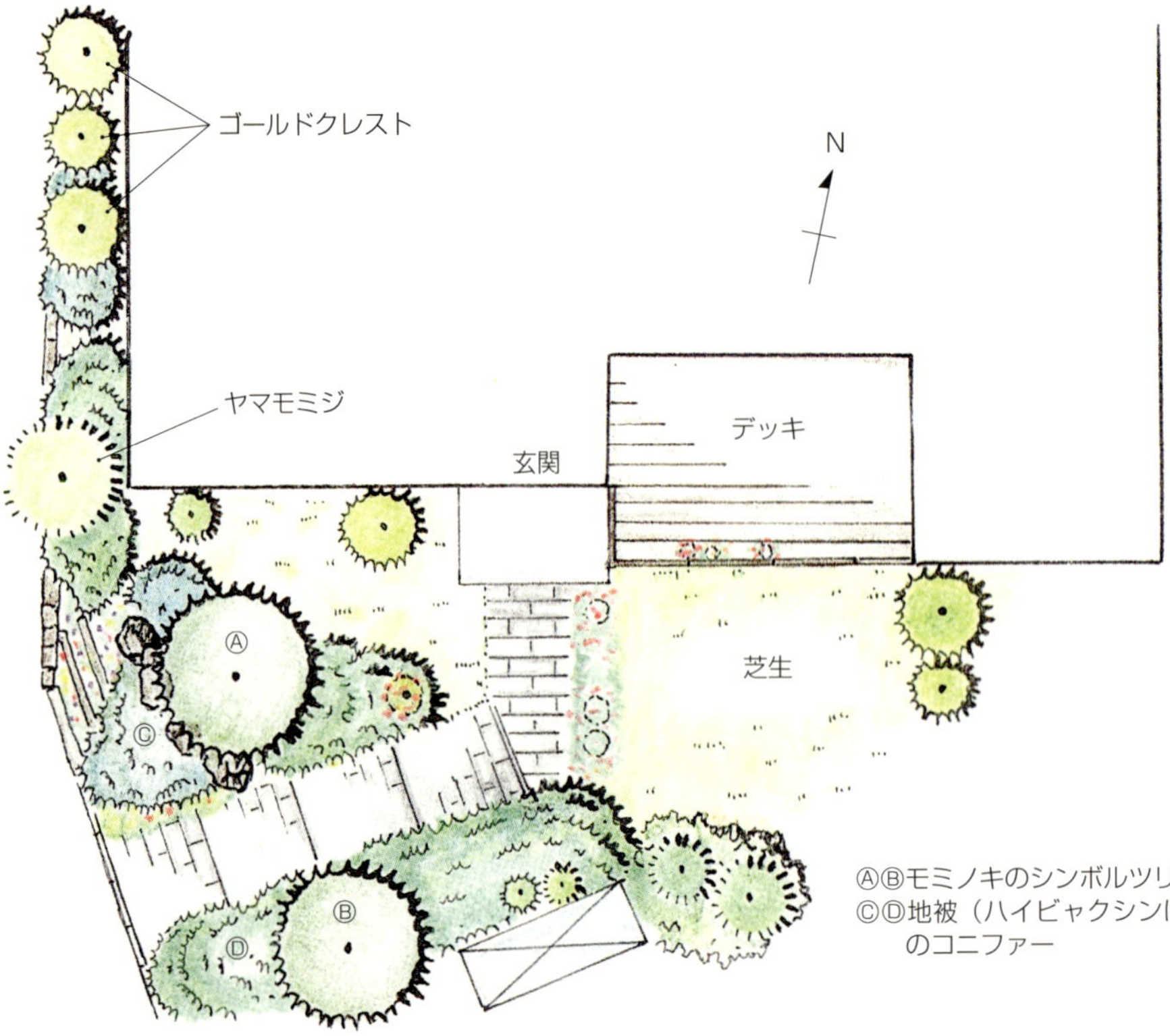

↑ デッキテラス前の芝生と中央に植えたサンシュユで、主庭の広がりが感じられます
→ 枕木の土どめをした側庭に目隠し用のゴールドクレストと地被のコニファー、パンジーを配植し、出窓にヤマモミジの枝をさしかけて…

雑木と石の落ち着きのある庭

錆色の御影石を素材にした飛び石や切り石で園路を構成し、アルミのフェンスと四つ目垣で仕切った雑木の庭。

玄関ポーチの脇にある中庭を鉄砲垣でかくし、短冊形の切り石を横に敷きつめたアプローチとマンリョウの地被でまとめた前庭を、飛び石とナツツバキの植栽で奥の庭（主庭）とつないでいます。主庭には6個の景石が眺めのポイントに据えられ、中央部には、くつぬぎ石と飛び石でつながれたつくばいが配置されています。

自然石の手水鉢と六角の生け込み形の灯籠、背景のモッコクと右側のヤマモミジ、根じめのアセビ、フッキソウ、ヤブコウジなどが向かい鉢形のつくばいの役石と美しく調和しています。地被の中や景石のそえには花ものの下草も配殖され、雑木の庭に華やかさをそえています。

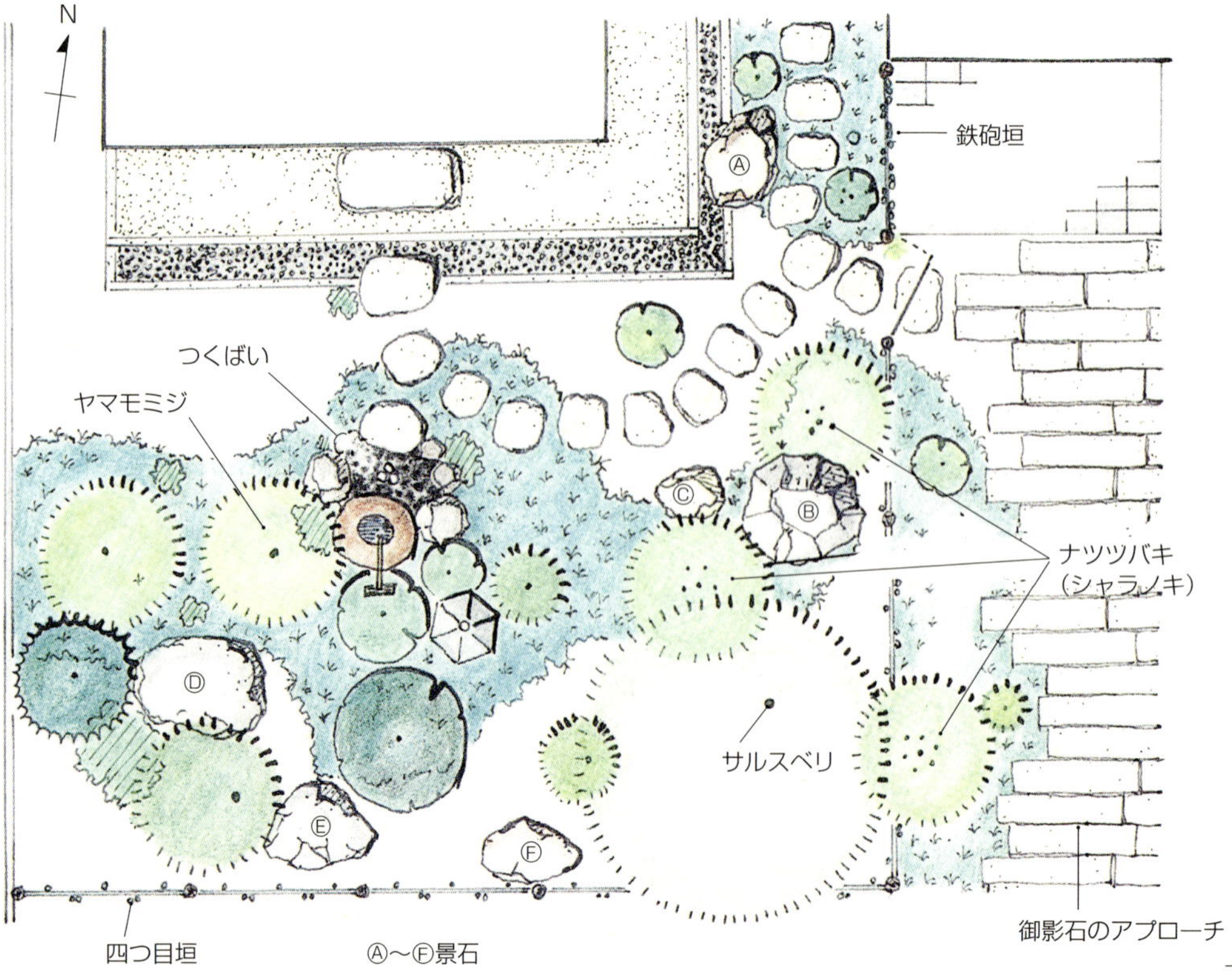

↑くつぬぎ石と飛び石でつなぐ中庭は、御影石の縁取りと敷き砂利によって、スッキリとした犬走りや雨落ちにまとめられています

↓生け込み形の灯籠をそえた向かい鉢形のつくばいの周囲は開放感のある設計

↗タマリュウの中に据えられた景石には、どっしりとした安定感があります

→横に並べられた御影の切り石が玄関までアプローチを導き、ナツツバキや地被のタマリュウが落ち着きのある雑木の庭を演出しています

シンプルで空間のあるモダンな庭

カースペースから門、玄関へと向かうアプローチのまわりに必要以上の植栽や遮へい物を配置せずにまとめた解放的な庭。門まわりはRC（コンクリート）の土どめと塀を境に、ナツツバキ、ヤマボウシ、地被のコグマザサなどを植え、御影石の長いアプローチへつないでいます。

二つの階段を上がるアプローチは、奥へ進むにつれて高さを増し、玄関先で折れ曲がって奥のつくばいにつながっています。奥行きの長いアプローチの両脇は、花壇、水草（アサザ）のはいった水鉢、雑木を主にした植え込み、日陰に強い地被類と景が展開し、訪れる人の目を楽しませてくれます。

庭のいちばん奥の飛び石でつながれたつくばいは、花木を主に下まわりの植栽とともに、シンプルでモダンな水景となるように六方石などの直線的な石材で構成されています。

↑ 地被にコグマザサを使った開放的な門まわりとカースペースの全景。コンクリートの塀と植栽されたヤマボウシ、ナツツバキ（シャラノキ）の緑葉がよく似合い、清潔感あふれる庭となっています

← 奥行きの長いアプローチ脇に配された花壇と水鉢。草花とサツキの花がアプローチの固い感じをやわらげています

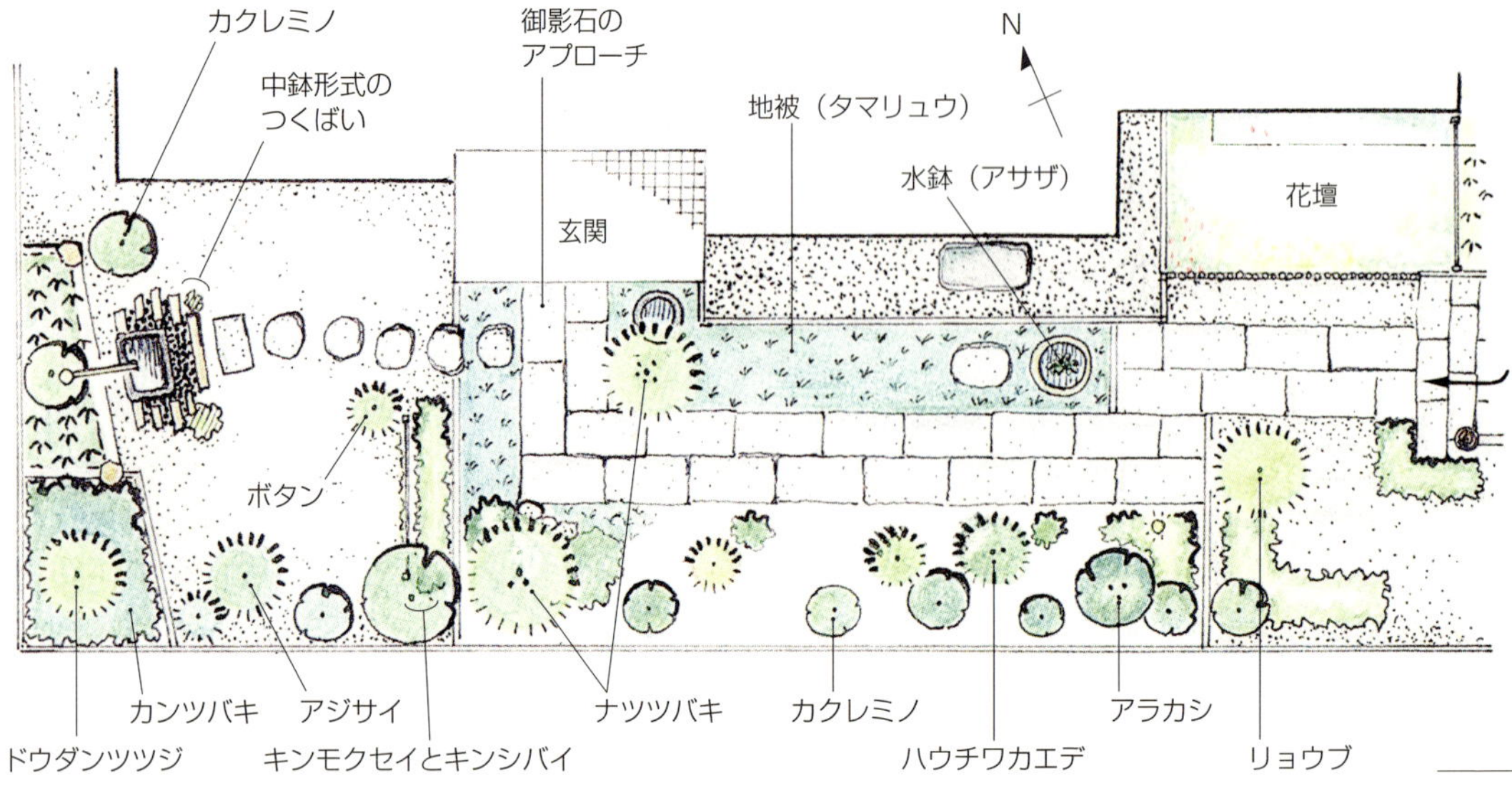

↑ 玄関先から折れ曲がって進む御影石のアプローチ。ナツツバキの下にさり気なく置かれたアサザの水鉢が小さな水景をみせてくれます

→ 枡形の手水鉢を据えたモダンな中鉢形式のつくばい。役石の代わりに使用した六方石と脇のヒメシャガが調和し、さわやかさを演出

四季を彩る雑木とコンテナの庭

解放的な庭と、居間に接した約5坪のスペースを直線的なアプローチと目かくしでまとめた庭。前庭は、玄関が直接見通せないようにハウチワカエデ、アラカシ、ナツツバキなどの株立ちをL字形に配植し、居間の前の道路からの目かくしと室内からの眺めの背景を兼ねた御簾垣《みすがき》を配置しました。

前庭の落葉樹の下や居間のくつぬぎ石へ向かうのべ段の脇は、タマリュウやチゴザサを植えてアプローチを汚れにくくし、庭のコーナーやつくばいの脇では四季の花や実が観賞できます。

ビョウヤナギ、サザンカ、ミツバツツジ、ワビスケなどを配植したほか、コンテナ類をそえて楽しむスペースが確保されています。

↑玄関が直接見通せないように配植した落葉樹の緑やポスト下のヒイラギナンテン、鉢物（コンテナ）などが建物の色と調和して美しい

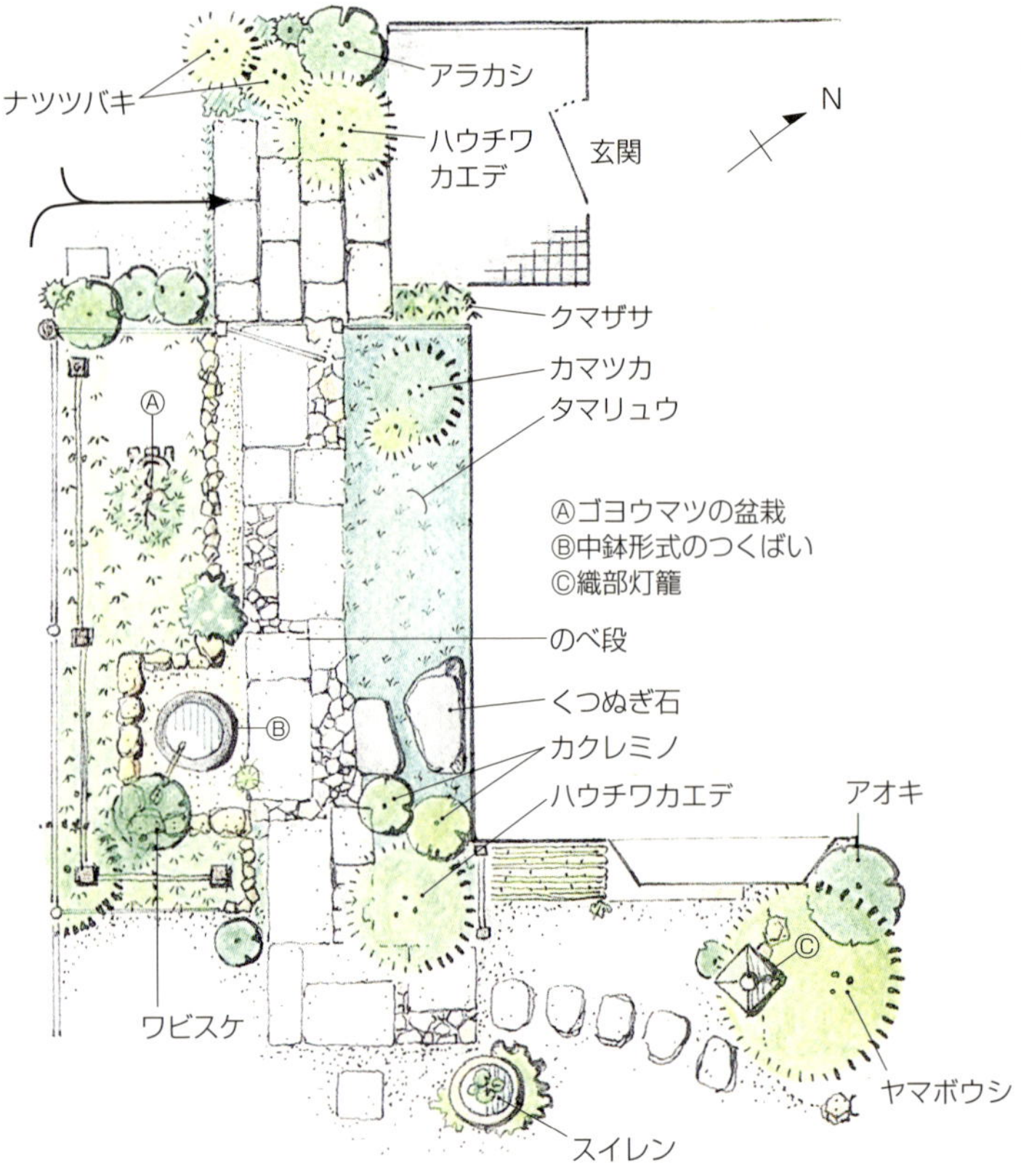

↑出窓に枝をさしかけたヤマボウシと織部灯籠。室内から眺めた白い花の美しさが想像できます

↑ 園路の脇に据えられたスイレンの水鉢が、のべ段の固い雰囲気をやわらげています

↑ 庭の東側から見通したのべ段。鉄平石の配列と玄関前の植え込みで奥行きが強調されています

↓ 御簾垣を背景に飾ったゴヨウマツの盆栽と臼形の手水鉢を用いた中鉢形式のつくばい。
脇で咲くビョウヤナギの黄花と、そえられたヒメシャガの黄色が絶妙

テラス風の敷き石と流れのある雑木の庭

カーポートの脇や居間に接したアプローチ部分に短冊形の御影石を敷きつめ、横長のテラスや流れをデザインした庭。

流れの上手には大きな鳥海石を組んだつくばいを設け、流れだした水を御影石のすき間を通して下流に運んでいます。落ち着きのある色合いの鳥海石や、多用しているタマリュウが、細幹の落葉樹や下草類などと調和するように、樹高や盛り土の高さを調整しています。

↑ 車庫の入り口からの眺め

← 御影石の切り石（短冊形）を敷きつめ、中央にすき間を設けてモダンな流れを意匠。タマリュウの地被やナツツバキ、ヤブソテツの配植で沢の趣が感じられます

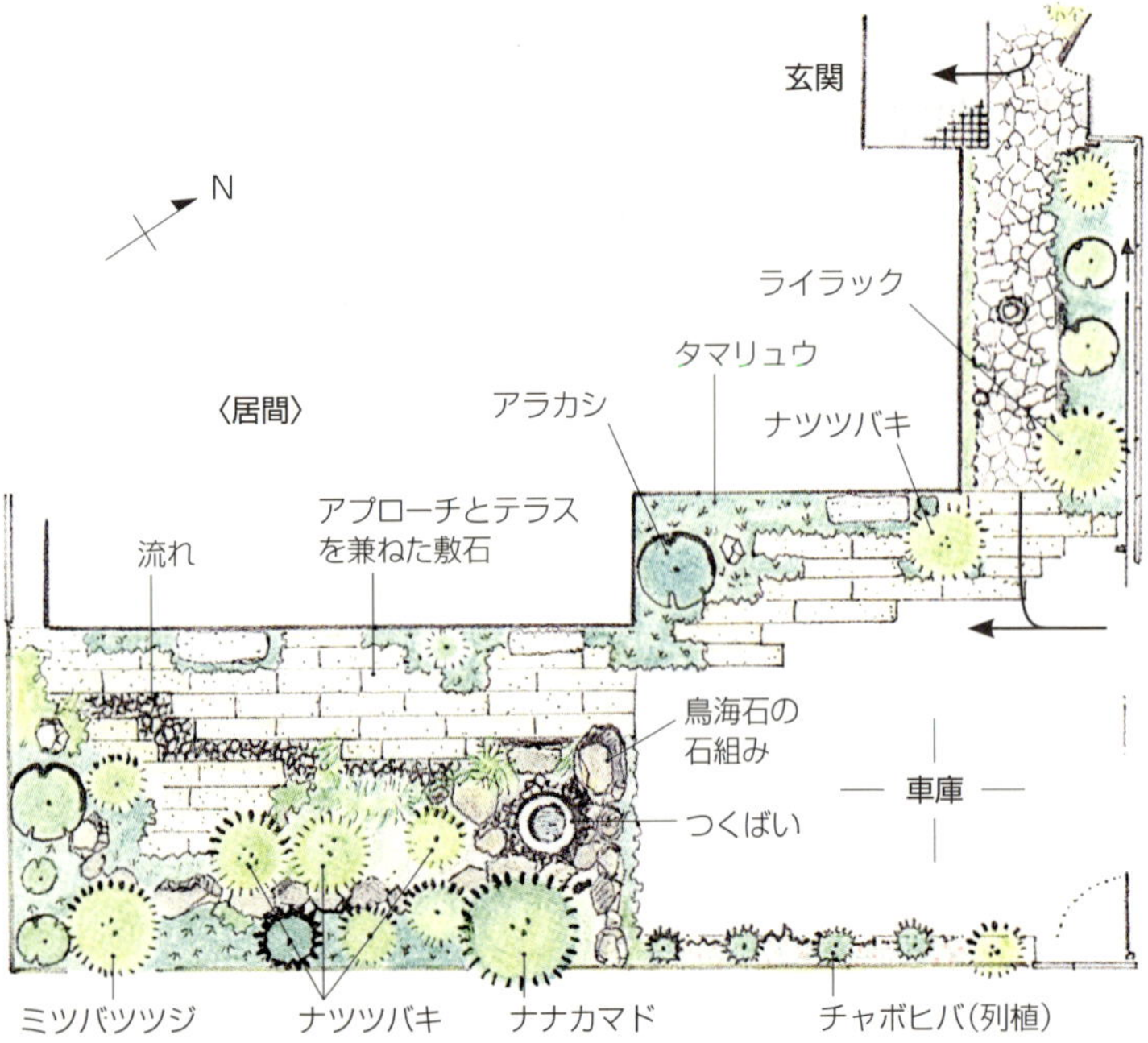

↑ 車庫の脇から玄関へ向かうアプローチは、鉄平石の乱張りと両側の植え込みでまとめました

雑木を多用した開放的なアプローチの庭

道路に面した踏み込み部分に門や扉を施行せずに、雑木の植栽と添景物でまとめた解放的な前庭。

車庫とアプローチが一体となった地面には、平板を敷きつめて歩きやすくし、アプローチの両脇にナツツバキとハウチワカエデを植え、玄関が直接見通せないようにしながら奥行きのある景色をつくっています。

視線が集まりやすいアプローチの曲がりのポイントには、織部灯籠（つくばい）や照明つきのポストを配置して、奥行きの深さを強調しています。

↑門扉を設けない開放的な入り口から見た前庭の全景。アプローチの曲がりが巧みで奥深さを感じられます

↓簾《すだれ》で覆った窓を背景にハウチワカエデやアセビが織部灯籠と調和しています

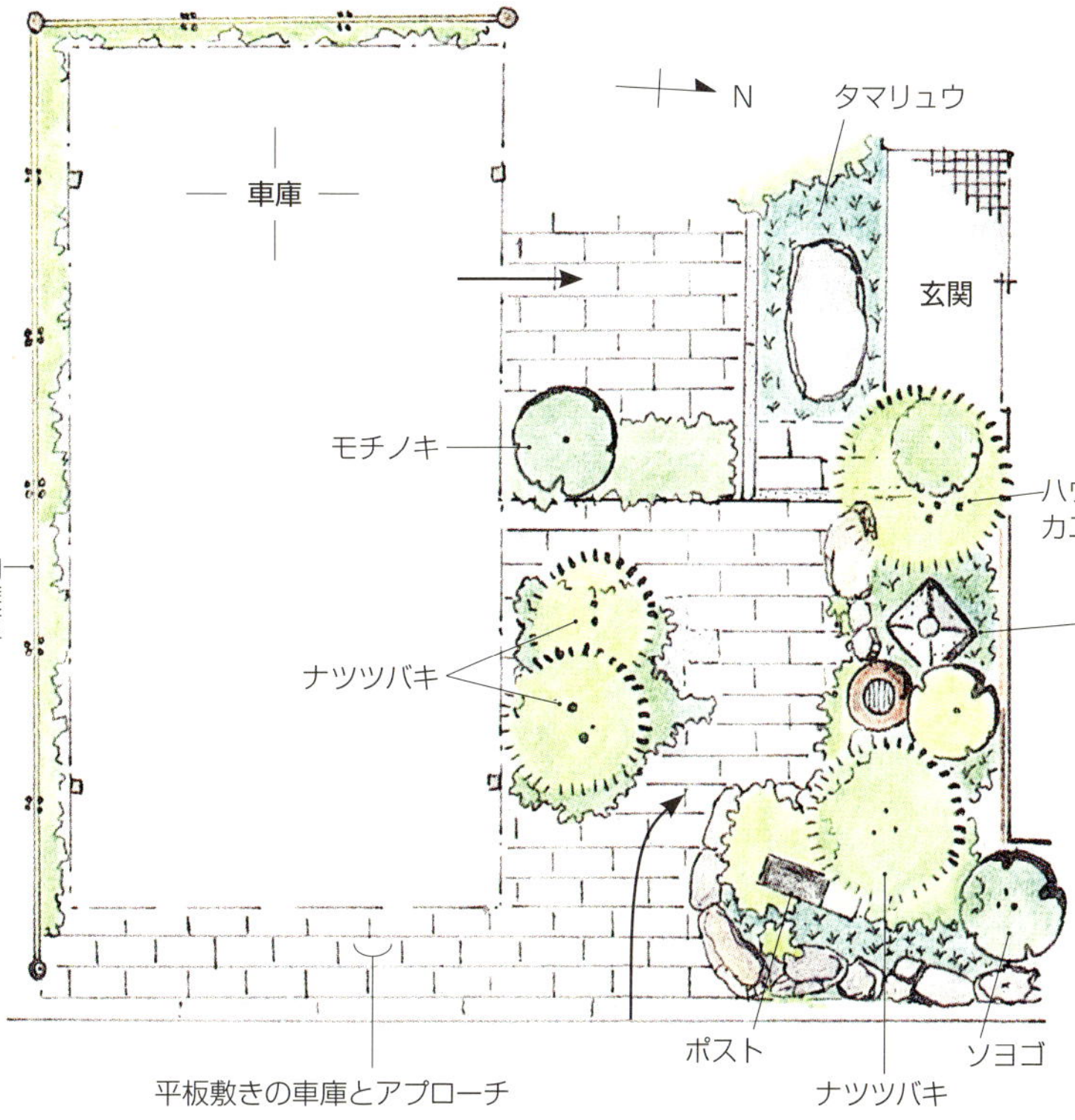

Ⓐは自然石の手水鉢とアセビの植え込み、織部灯籠からなるつくばい

鉄平石の乱張りテラスと池のある芝庭

芝庭の中央に庭全体を眺める円形のテラスを設け、日本の伝統的な手法で仕上げた庭木や池を観賞できるようにまとめた庭。流れ（小滝から流れ込む）から池へつながる水景は、眺めの真正面をさけて右側に配置し、芝生の広がりが感じられるように意匠しました。

庭木は曲幹の玉散らしや貝づくりの仕立てものが多く、ノムラモミジや紅梅の赤は四季を通じて対照的な変化がつくことをねらっています。池縁はより自然らしく見えるよう石組みにのぞき（石が水面にせりだし懐をつくる）の部分を設け、護岸はゴロ太石の洲浜で水面との差を少なくしています。

↑美しく管理された庭木と芝生の緑が鉄平石のテラスに据えられた擬木の腰掛けで眺められます

→庭の外側を回遊して離れへつなぐ園路。ご主人の丹精が庭のすみずみによくあらわれています

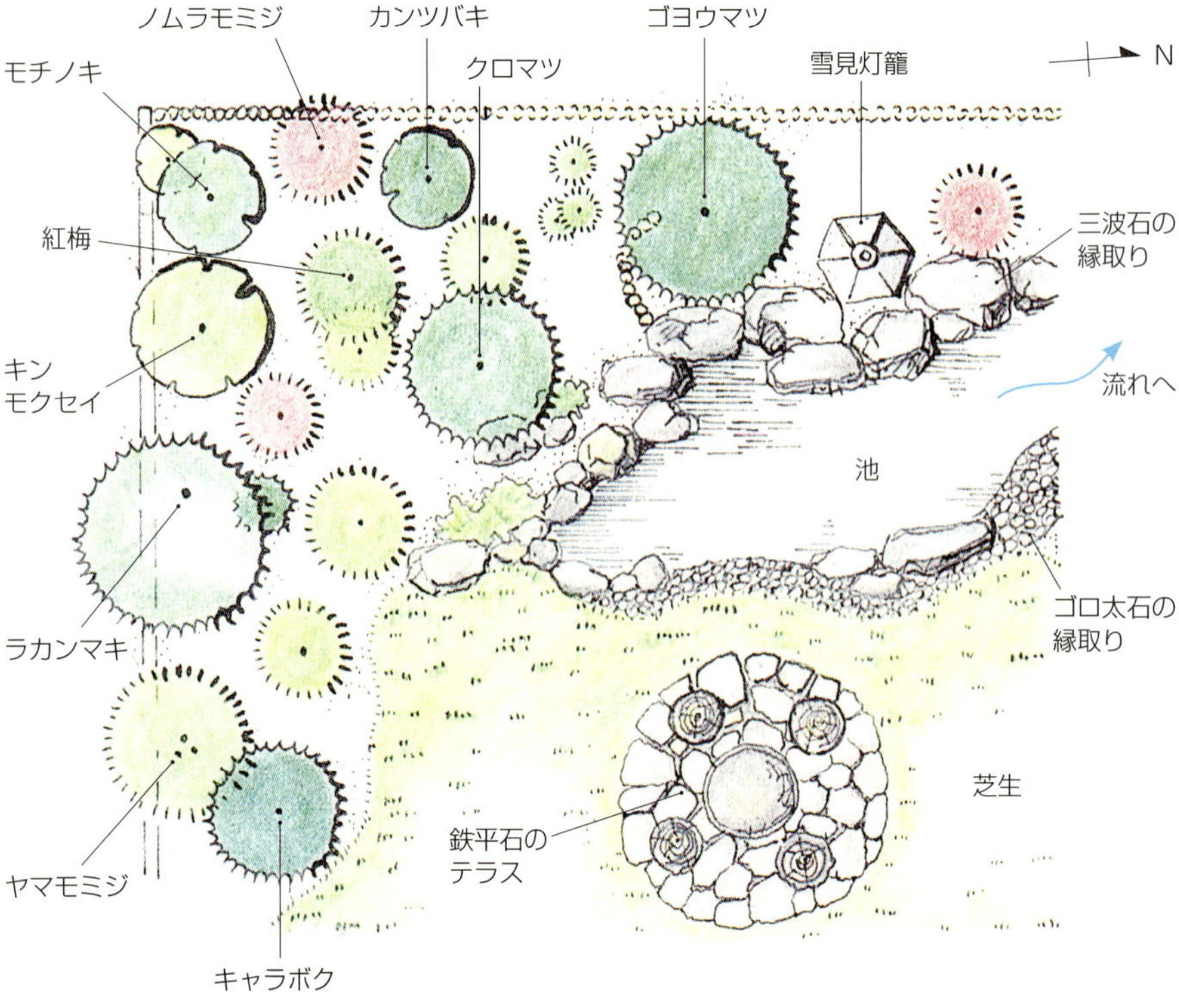

枯れ流れに石組みの庭

ぬれ縁からの眺めに滝と流れの水景を取り入れた庭。黒ぼく石を組んだ滝口からの流れは、岸辺のかけいや前石を置いた流れつくばいと合流し、庭の中央に導かれます。流れの下手には芝生と植えつぶしの部分をつなぐ橋がかけられ、築山の背景は、渓谷の奥深さを感じさせるようにモチノキやモッコクなどの葉色の濃い庭木を植え込んでいます。

→ 枯れ流れにかかる橋の上に枝をさしだすアカマツの幹肌が奥深い緑の葉と対比して美しい

↓ 枯れ流れの下手からの水景。滝口のサツキが黒ぼく石の築山に色をそえています

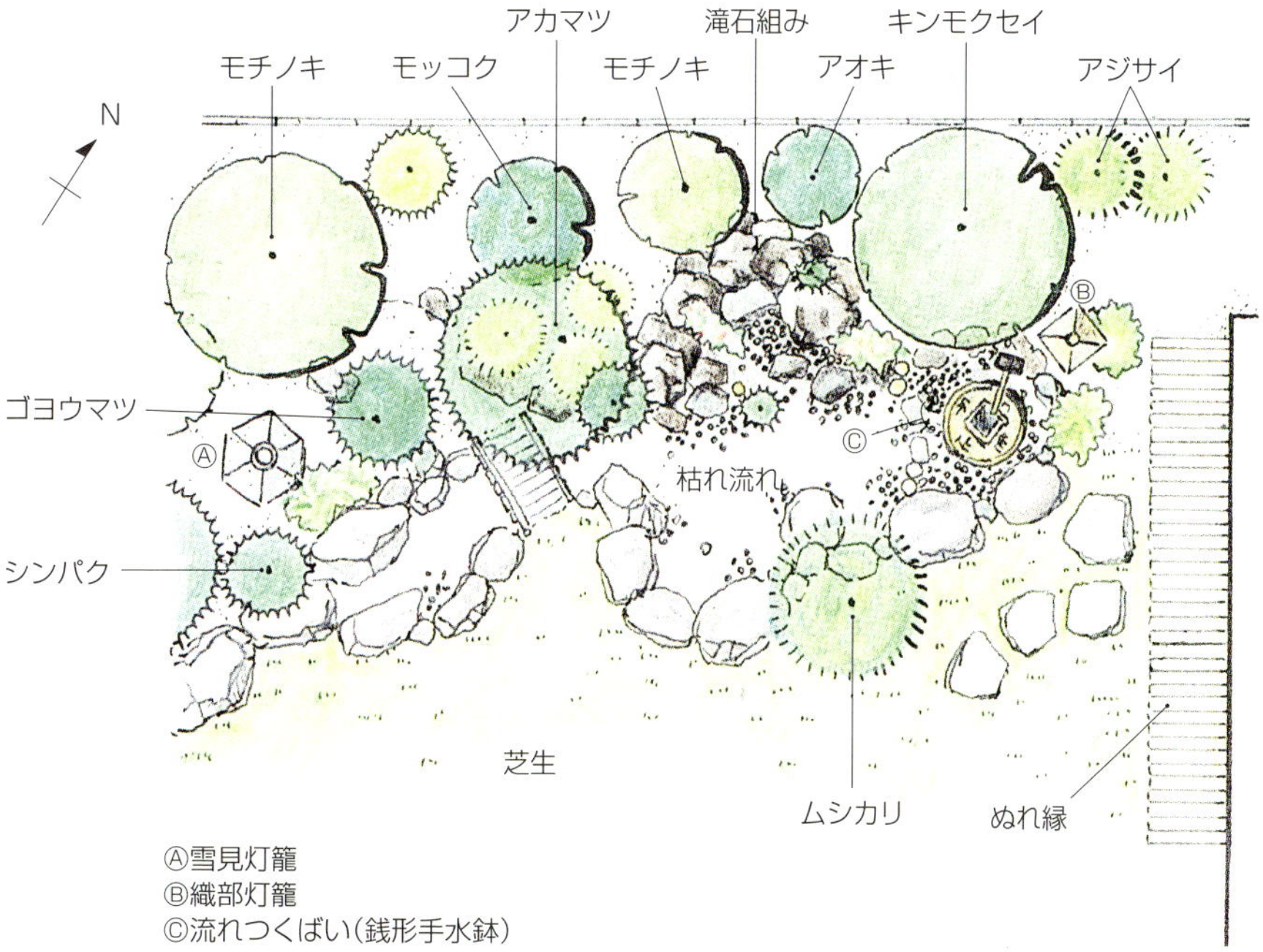

自然石の飛び石を生かした庭

シイノキやカイヅカイブキの列植を背景に、庭全体を三つの植え込みに分ける配列の飛び石で園路をまとめた庭。

中央の植え込み部分はアオキとナツツバキの下に菊形の手水鉢を使用した中鉢形式のつくばいを配置しています（99ページ・つくばいの項参照）。

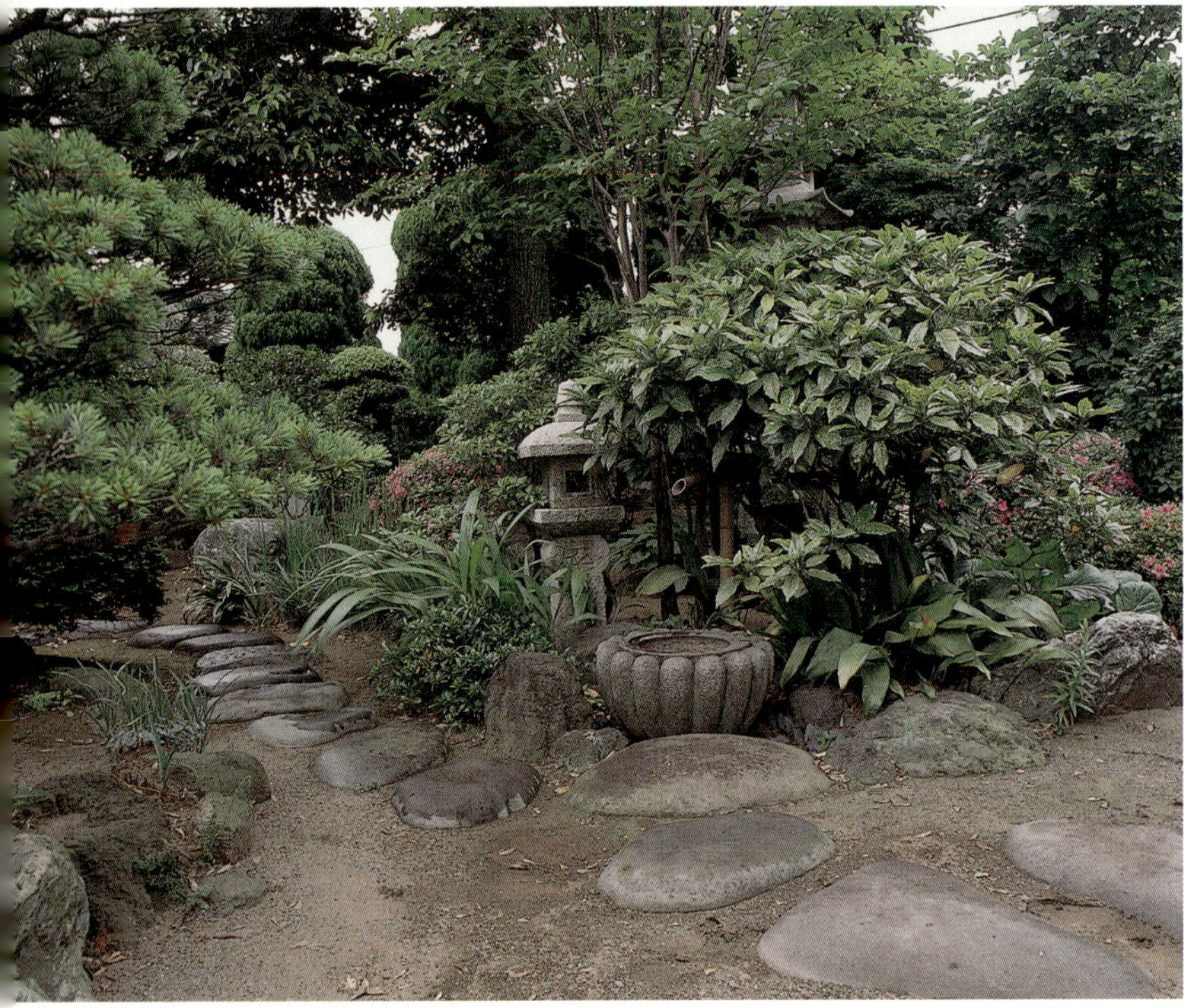

つくばいから居間のくつぬぎ石、玄関のアプローチ、さらに庭の奥へと連ねた飛び石には自然の川石を使用しています。園路脇にはシラン、カキツバタ、ヒマラヤユキノシタなどの下草類も多く配植し、散策しながら四季の花や木々の間から見えかくれする灯籠を観賞することができます。

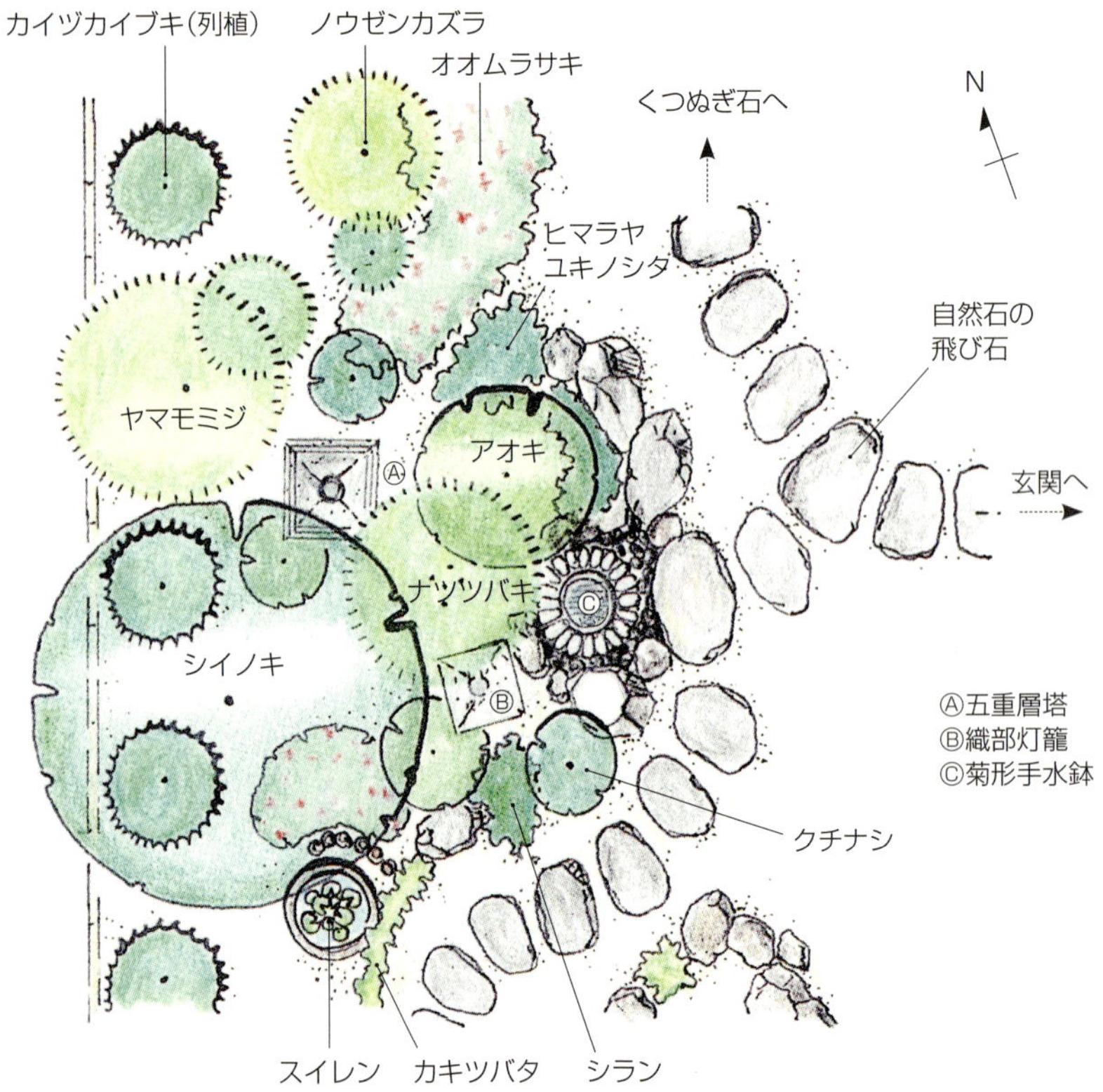

光悦寺垣を背につくばいのある玄関

折れ曲がったアプローチ（御影石の切り石）の角部に袖垣とつくばいを設けた小庭。和風の玄関を引き立てる光悦寺垣と解放的な中鉢形式のつくばい、アセビ、マンリョウなどの低木、地被のタマリュウで前庭の一角をまとめています。

小庭を対角線で仕切る光悦寺垣は大型のものを使用して庭の安定感をまし、解放的なつくばいを意匠するために植え込むアセビやほかの落葉樹は、細幹や棒状の素材を選びます。また、添景物は眺めの範囲内に数多く据えないようにします。

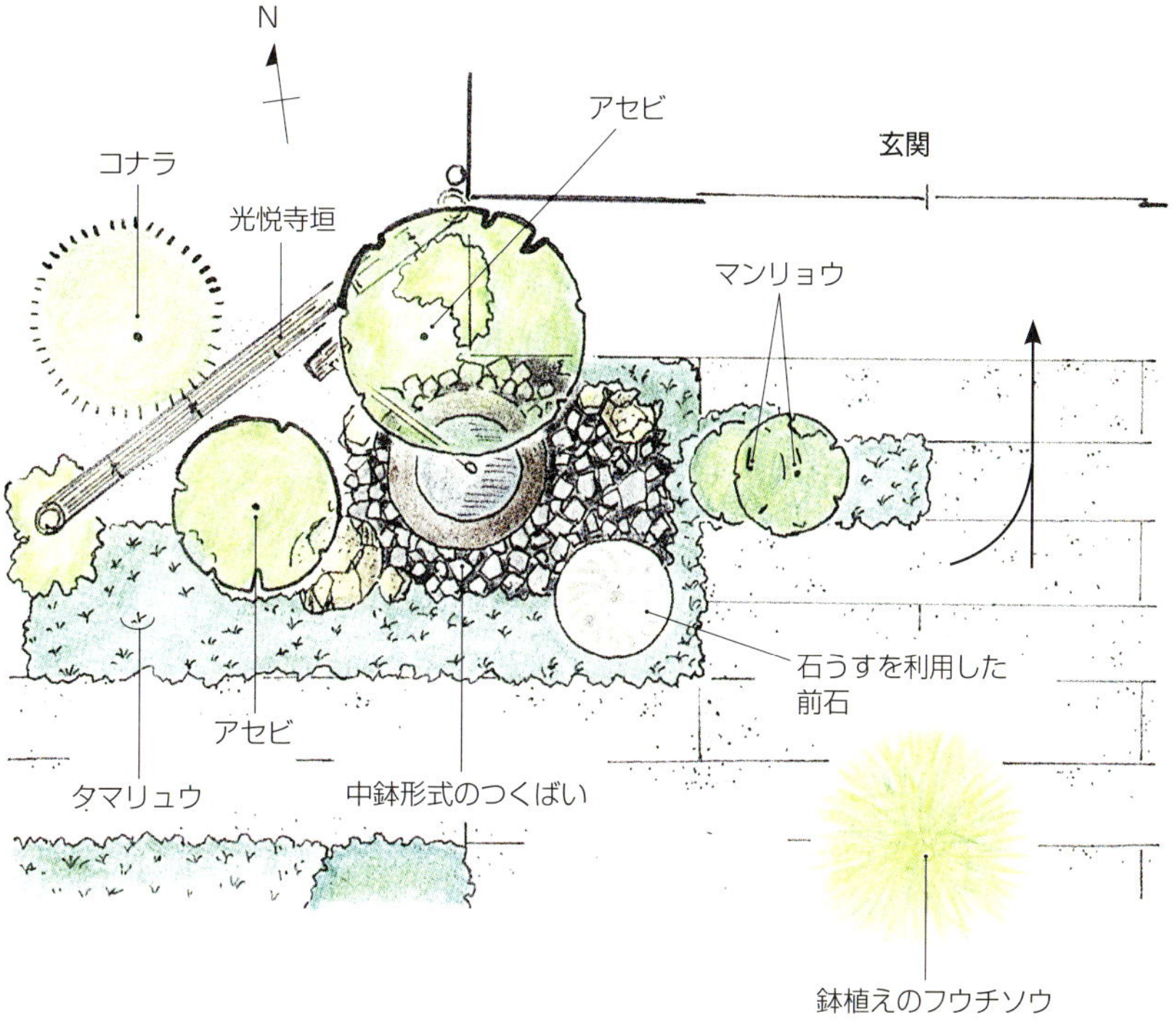

縁先の小スペースを彩るつくばいのコーナー

縁先の小スペース（約2㎡）を目かくしの竹垣とつくばいでまとめた庭。

自然石の手水鉢と木曽石の役石でつくられた向かい鉢形式のつくばいは、落ち着いた色合いの黒穂垣で囲み、軒下部分はカクレミノとマンリョウ、日当たりのよい側にはナツツバキやミツバツツジ、ワビスケなどを配植しています。

小庭を汚れにくくするために地面は敷き砂利（錆砂利）で覆い、根じめにそえたギボウシは早春に花をつけるミツバツツジ、初夏のナツツバキ、冬のワビスケとともに縁先を花で彩ります。

手水鉢に手をさしのべ、小スペースで水音を楽しむために鉢まわりの枝葉は密生しすぎないように管理します。

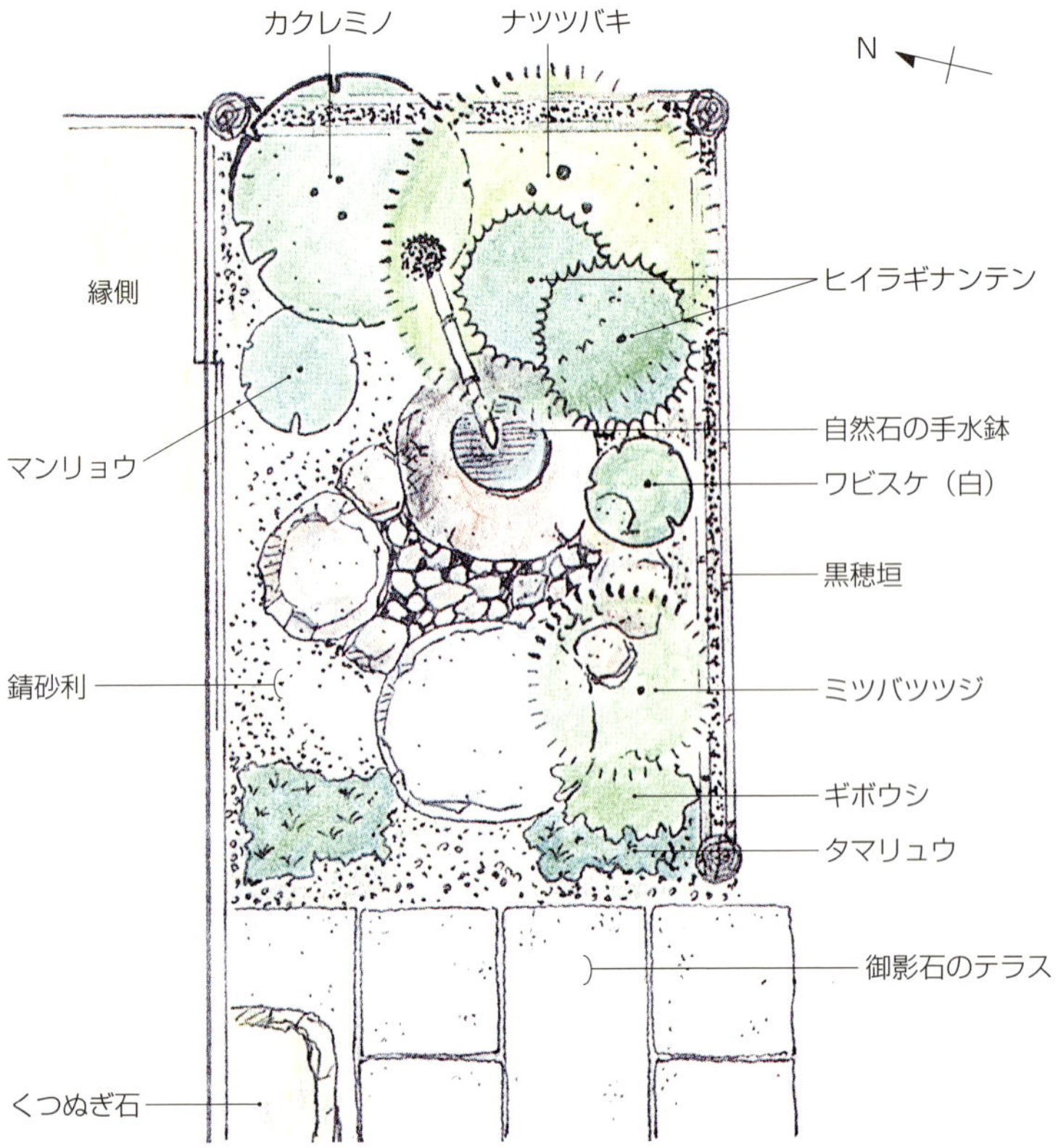

部分で生かせる小景の例

●自分でつくる自然風庭園

●自分でつくる自然風庭園

22～36ページで紹介したものは、ある程度の広さの庭の例を中心に、いろいろな考え方を示したものです。

実際には、もっと狭い坪庭式のものもあれば、広い庭でもっと変化をつけなければまとまらない場合もあるでしょう。そこで、坪庭的にも、前庭の景としても、また、植え島のように広い庭の部分景としても使えそうな小景の例をいくつか考えてみました。

木や石の種類や配置の仕方は、あくまで考えるうえでの目安や手がかり程度の意味ですから、これらにとらわれずに自由に〝わたしならこうする〟と頭の体操をやって、造園的な感覚をとぎすましてください。

こうした小景をまとめるコツは、あまりいろいろな種類をごたごた並べずに、少ない材料でスッキリと仕上げることが大切です。とくに坪庭的な場合には、一本一草をもって大自然を表現させるような感じに、極限までムダを省いていった簡素化された美が求められています。

前庭では、住んでいる人の好みや性格が表現されていなければなりません。広い庭の部分景としての小景は、あくまで部分景であって、そのおもしろさに引きずられて庭全体のバランスをくずすようなことのないようにします。

囲いのある坪庭

庭づくりに必要な木、水、石の要素を小スペースに凝縮した坪庭です。御簾垣や壁を背景に、灯籠の火口やつくばいの前石を観賞点に向けて配します。

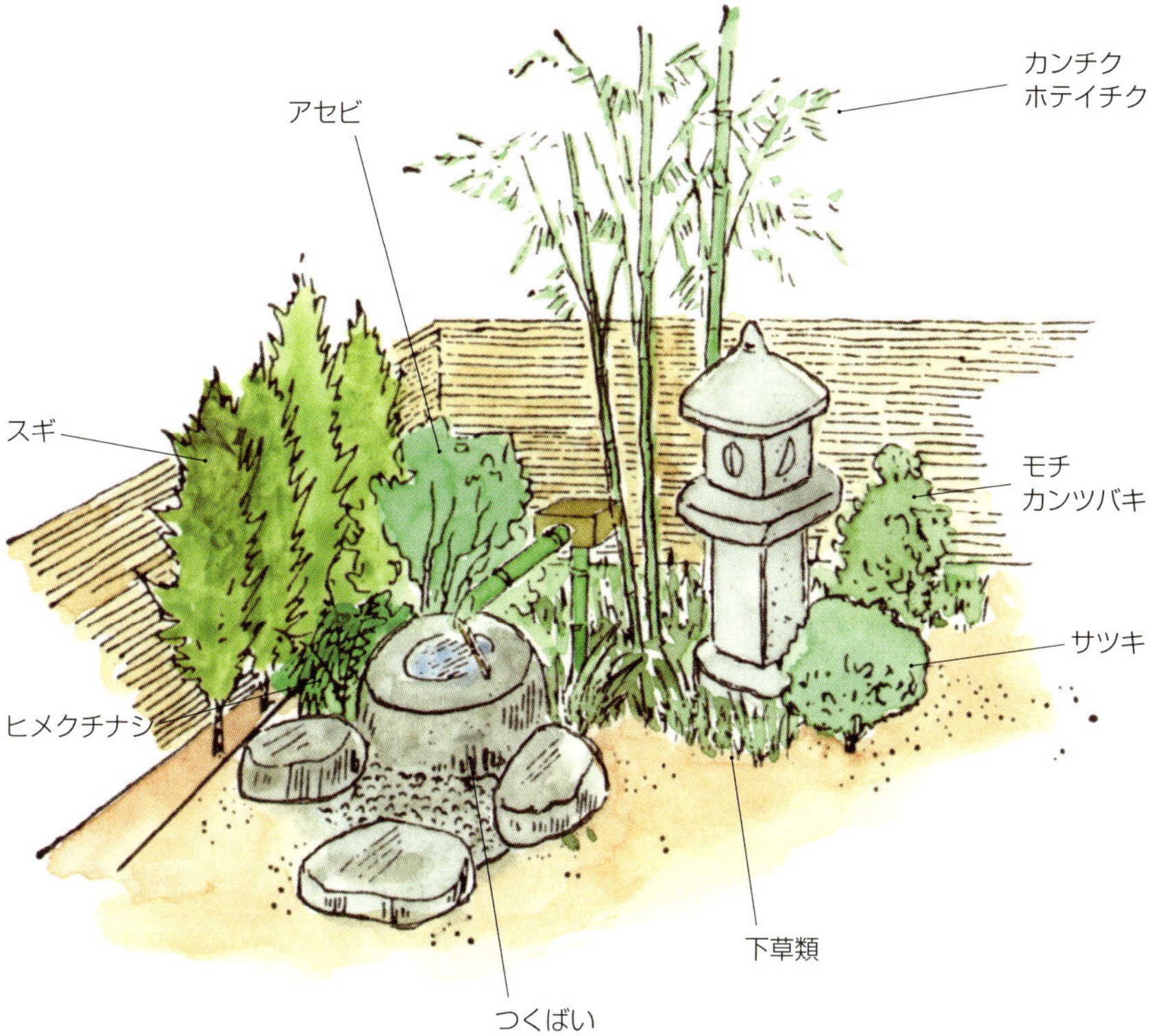

刈り込みの庭木と石でまとめる

イヌツゲの樹形（玉散らし仕立て）のよしあしに景の美しさが左右されます。庭石を立てた状態に据えることはさけ、玉物も低い位置で仕立てます。

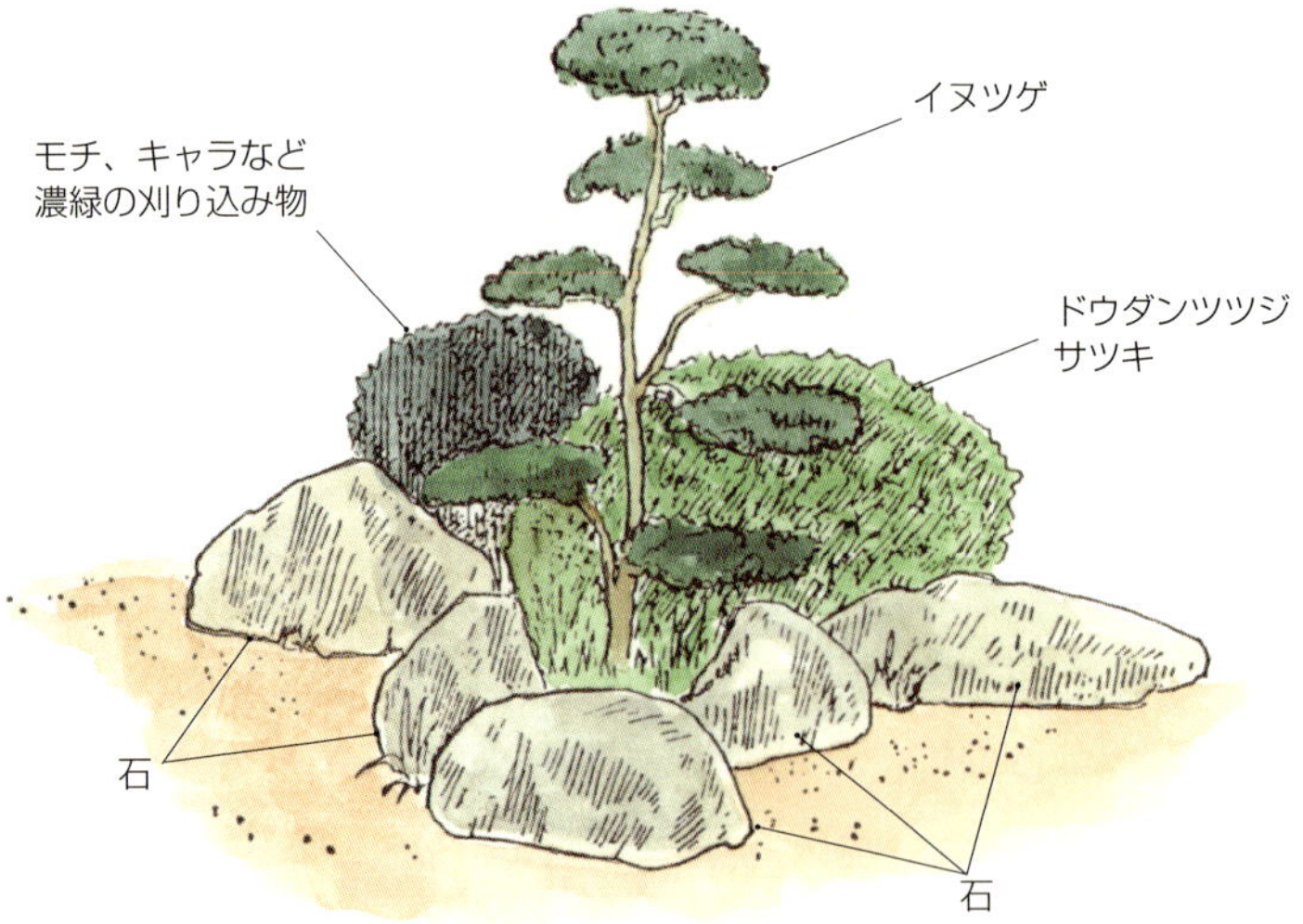

敷き砂利と玉物でまとめる

石組みで囲いをつくったなかへ敷き砂利をして枯れ池風にまとめ、葉色の濃い低木類を背景に植え込みます。石組みの間に地被をはさんで趣を。

芝庭につくる植え島

広い芝庭の小高い場所へマツやヒバ類の針葉樹、モミジやサクラの落葉樹、キャラやサツキの玉物、それぞれを不等辺三角形で構成し配植します。

敷き砂利の庭につくる植え島

敷き砂利の庭の部分景として、自然樹形の庭木を主に配植を考えます。雑木は「みこし」の位置、サツキやドウダンは「ひかえ」の位置で変化をつけます。

トウジュロの点景

樹高に変化をつけた2～3本立ちのトウジュロの根じめに、玉物や低木類をそえて小景をつくります。根じめの木々で日陰から日なたの庭まで使えます。

植え島にそえる石と下草

自然樹形の常緑樹と落葉樹の根元近くに平石や中間石を据え、景を補います。さらに地被と平石の植え島を手前に配置して景に奥行きをつけます。

マツ類と玉物、石でまとめる

曲幹仕立てのクロマツ、ゴヨウマツ、アカマツなど、後ろに大きめの玉物、手前に小さめの玉物と庭石を配してまとめます。庭石は小さめのものを使用。

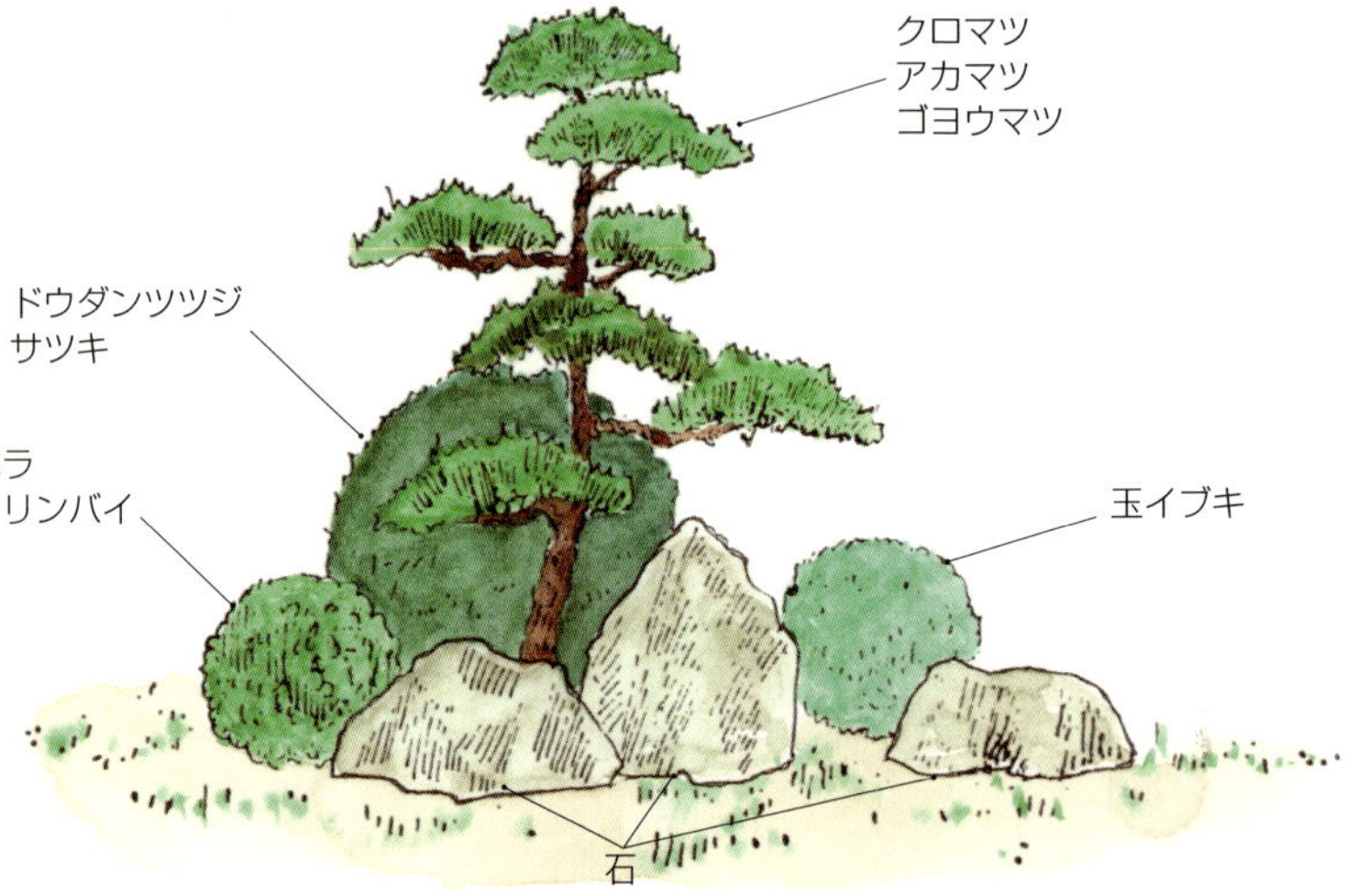

枝ぶりのよいクロマツでまとめる

太幹や差し枝で安定感のある樹形（末広がりで量感のある樹形）をしたクロマツと日当たりを好む下草、平石や中間石に据えた景石で和風の景を。

石組みと低木でつくる

主、賓《ひん》、副《そえ》、あしらいの石組み（五石組み）の間や後ろに低木類を配植。不等辺三角形の間隔は、低木類の生長度も考慮します。

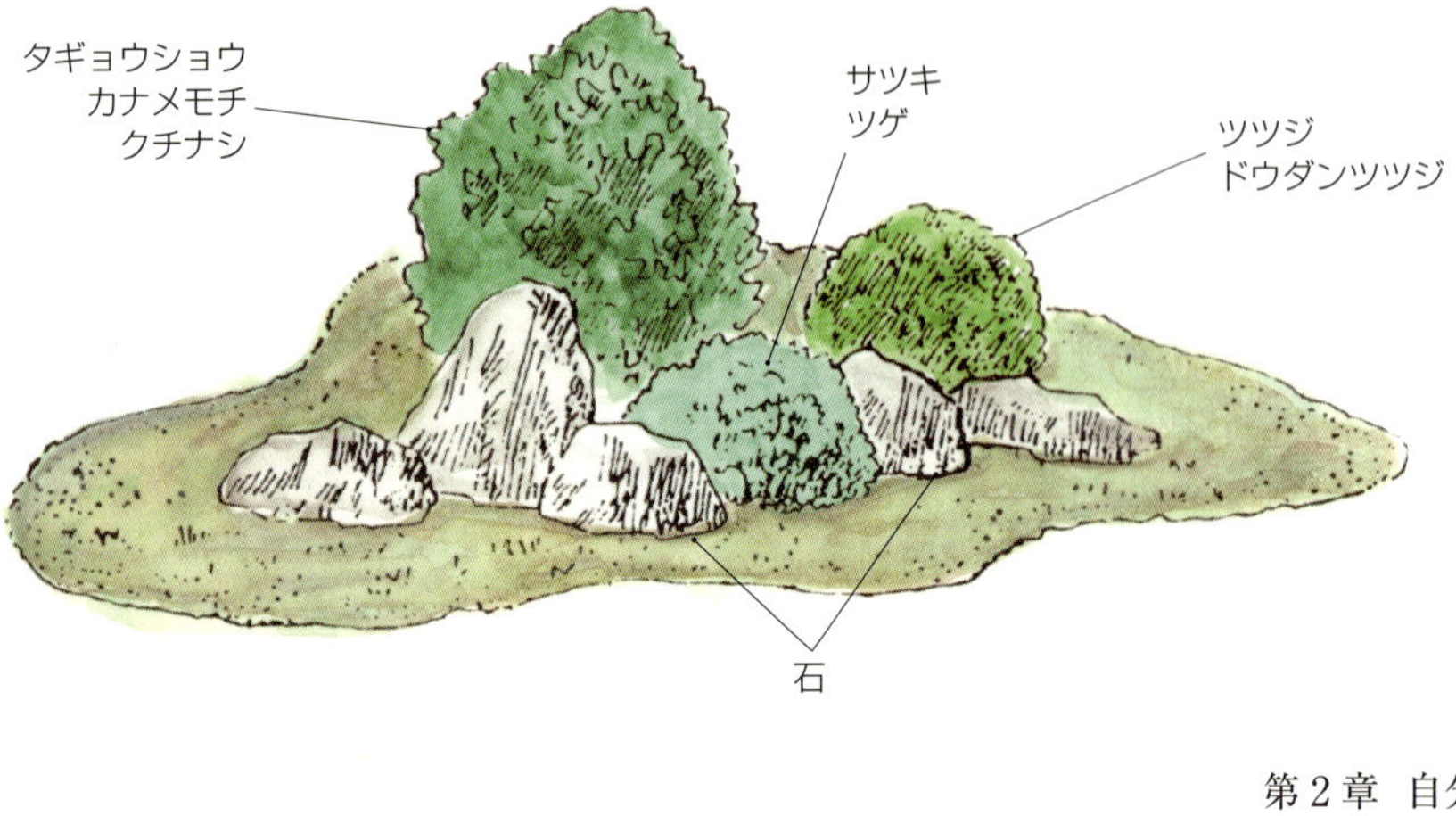

常緑樹と石組みでつくる

葉色の濃い常緑樹と石組み（三石組み）、玉物のイブキやサワラでまとめます。構成は真、副、対、ひかえ、前おきの基本的な配置です。

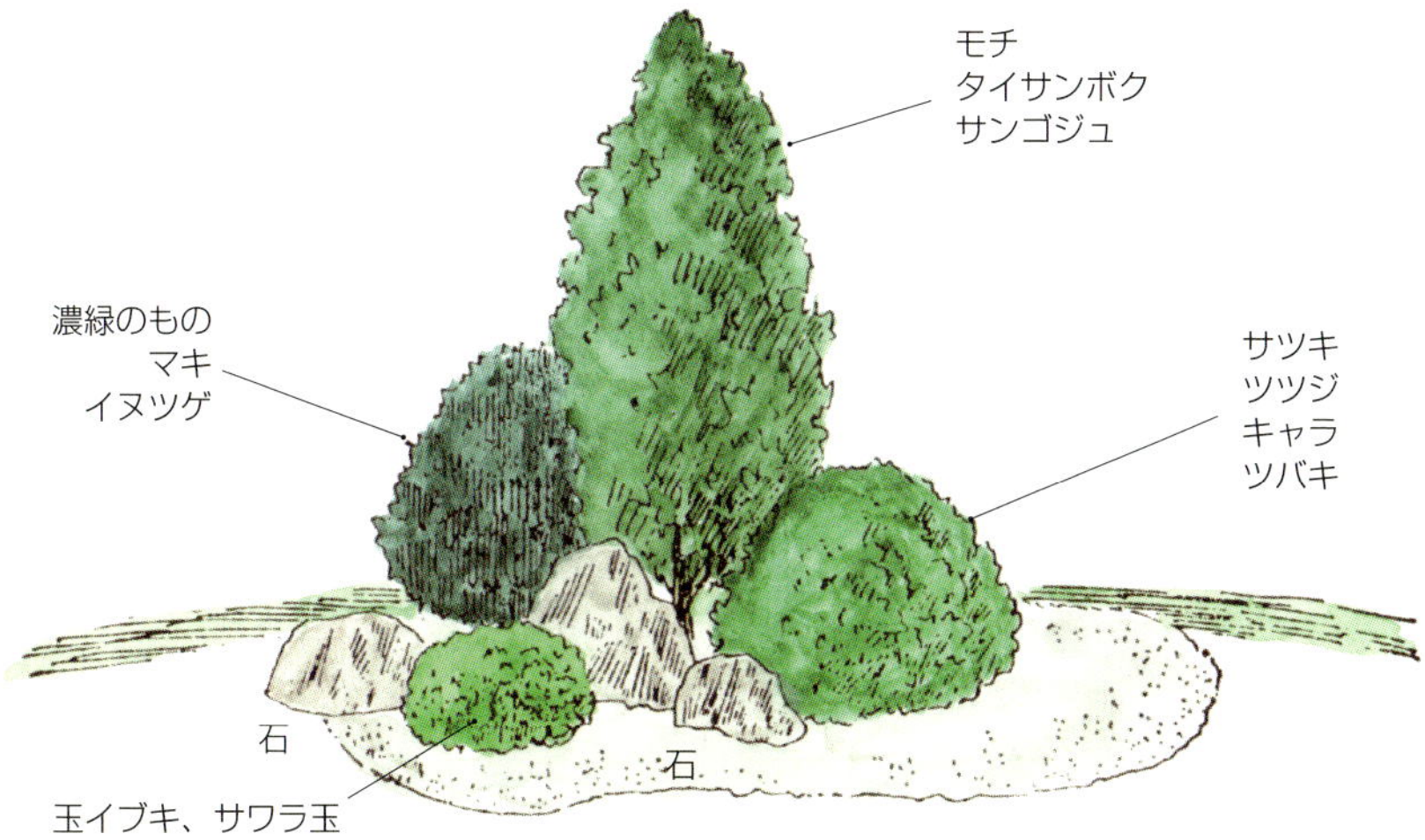

1本の落葉樹と景石でつくる

見栄えのする景石（末広がりで安定感のある庭石）と樹形の整ったカエデに、根じめのハランやツゲをそえます。景石は眺めの中心をさけて据えます。

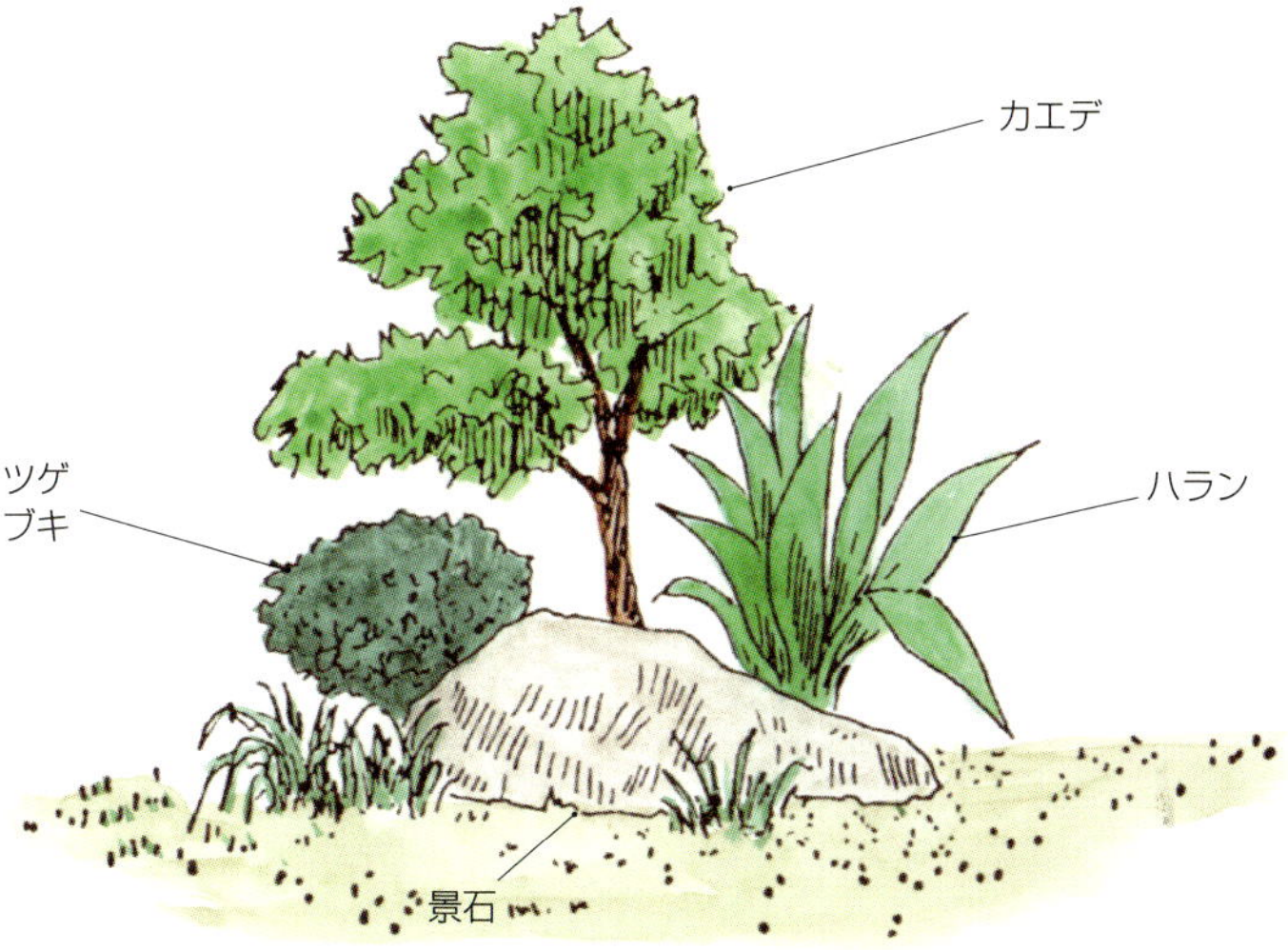

芝庭につくる真、副、対の小景

ドウダン、景石、サツキの頂点を結ぶ形と位置関係が不等辺三角形をした配植の基本形です。ドウダンツツジの下枝部（すそ）を平石とサツキで埋めます。

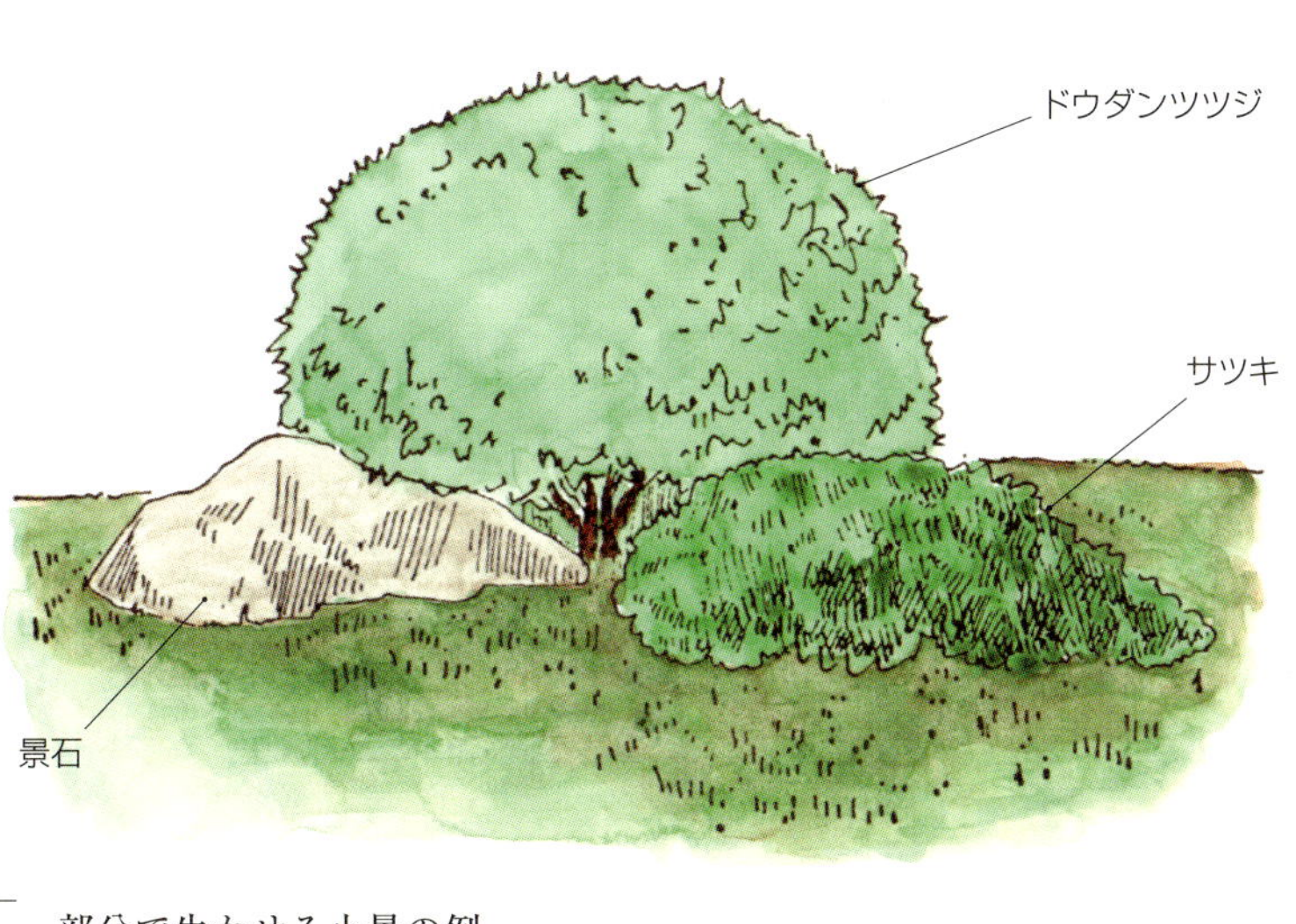

コケと低木でまとめる

日陰でも生育する低木や下草、地被などを配植して、こんもりとした植え島をつくります。ナンテンを真に、葉色の濃いハランやヤブランでしめます。

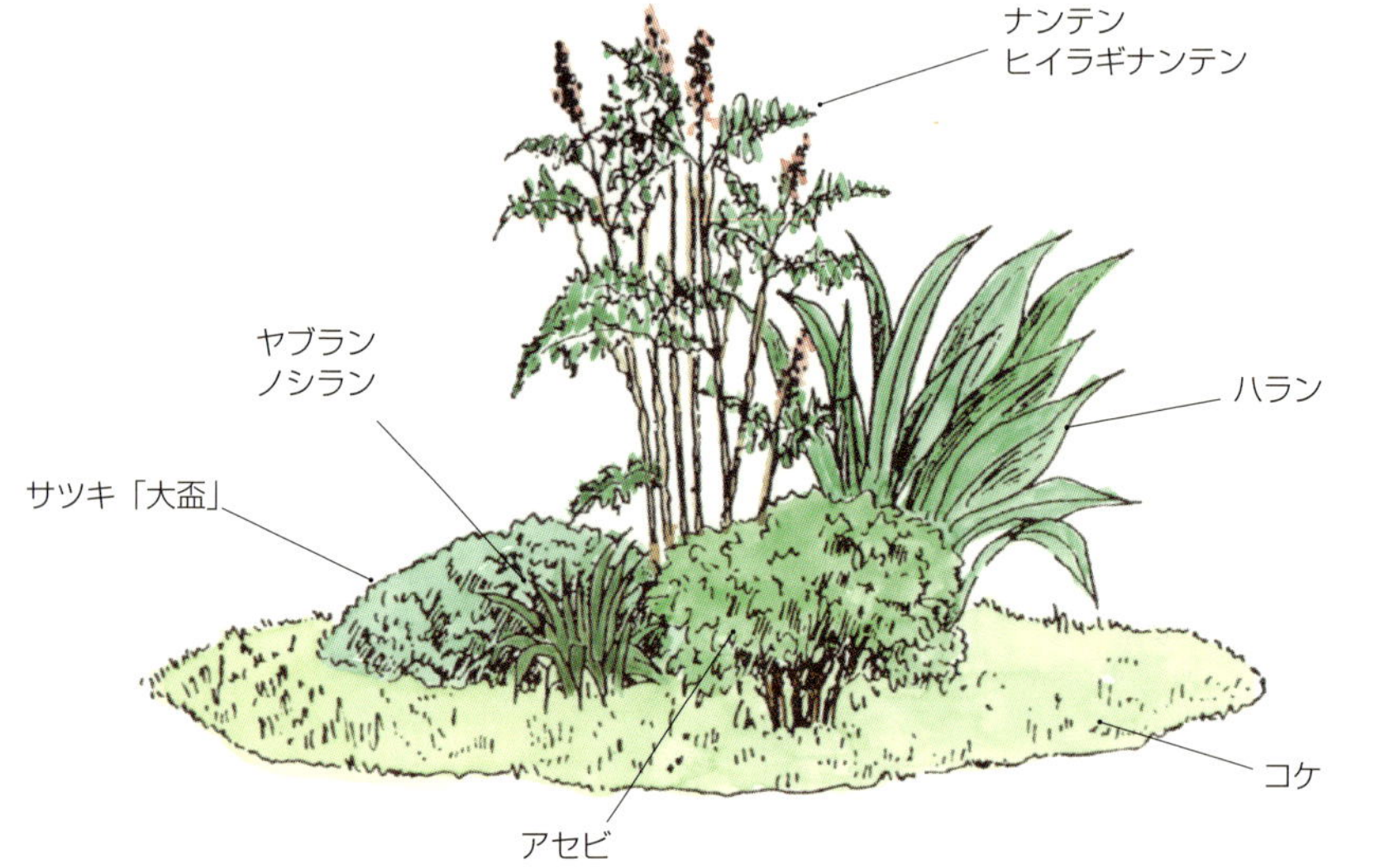

陰地に向く石組みと低木

極陰地でも生育するヤツデを真に、立石組みと低木をそえて景をまとめます。「前おき」に据えた3石は根が切れて見えないように注意します。

低湿地に向く石組みと竹

立石を主にした石組みに小稈《かん》の竹類をそえ、低湿地でも生育するトクサ、セキショウなどを配植します。竹は外へ伸びださないよう型枠内に植えます。

落ち着きのある陰地の坪庭

黒色系の敷き砂利と、のべ段の地面に極陰地でも耐えるカクレミノと大型の景石を配して坪庭をまとめます。景石は壁や塀、竹垣から隔して据えます。

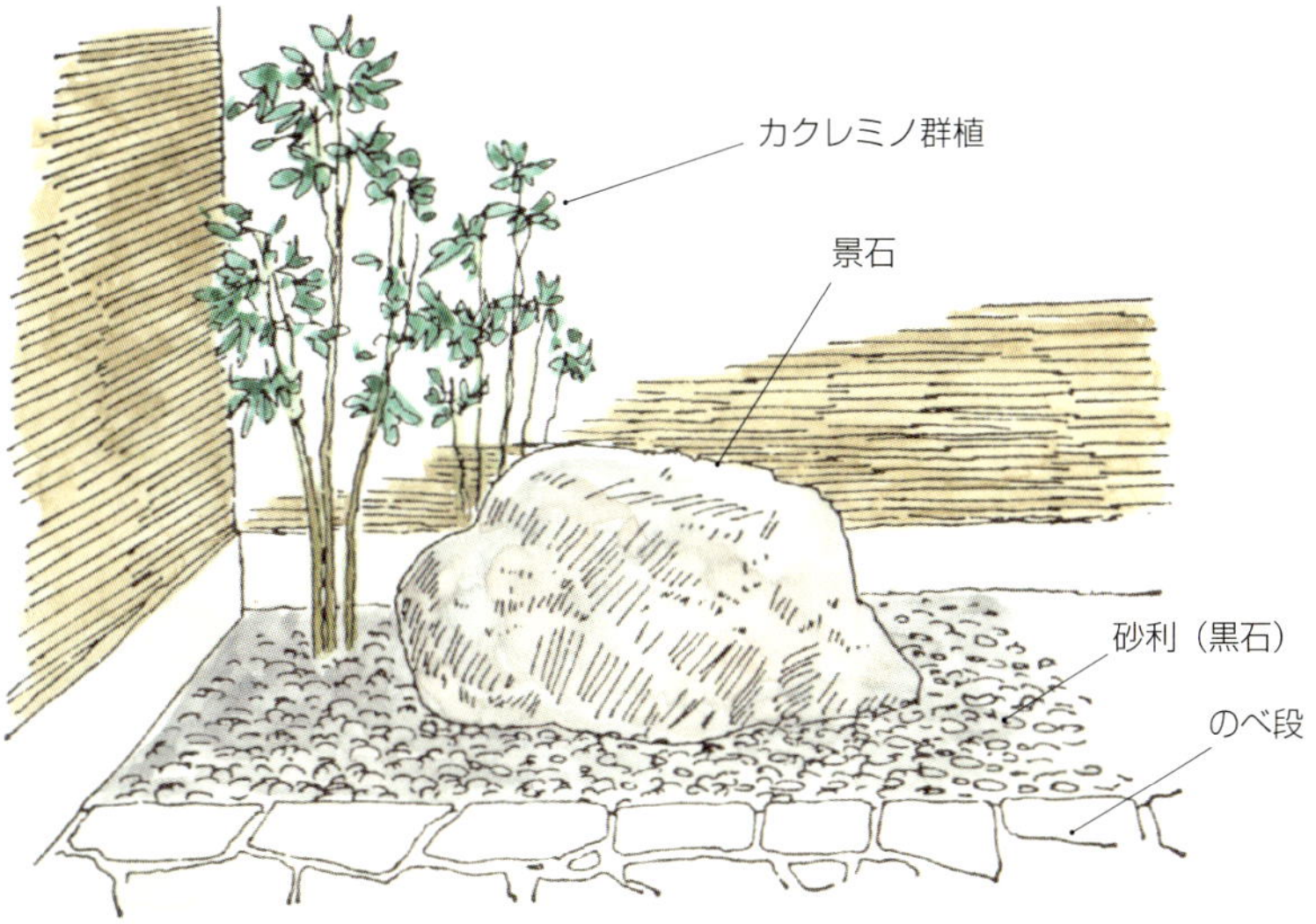

開放感のある坪庭

白色系の敷き砂利と小さい景石、細幹のナンテンを配して明るい雰囲気の坪庭にまとめます。そえる玉物や下草も形が大きく量感のあるものはさけます。

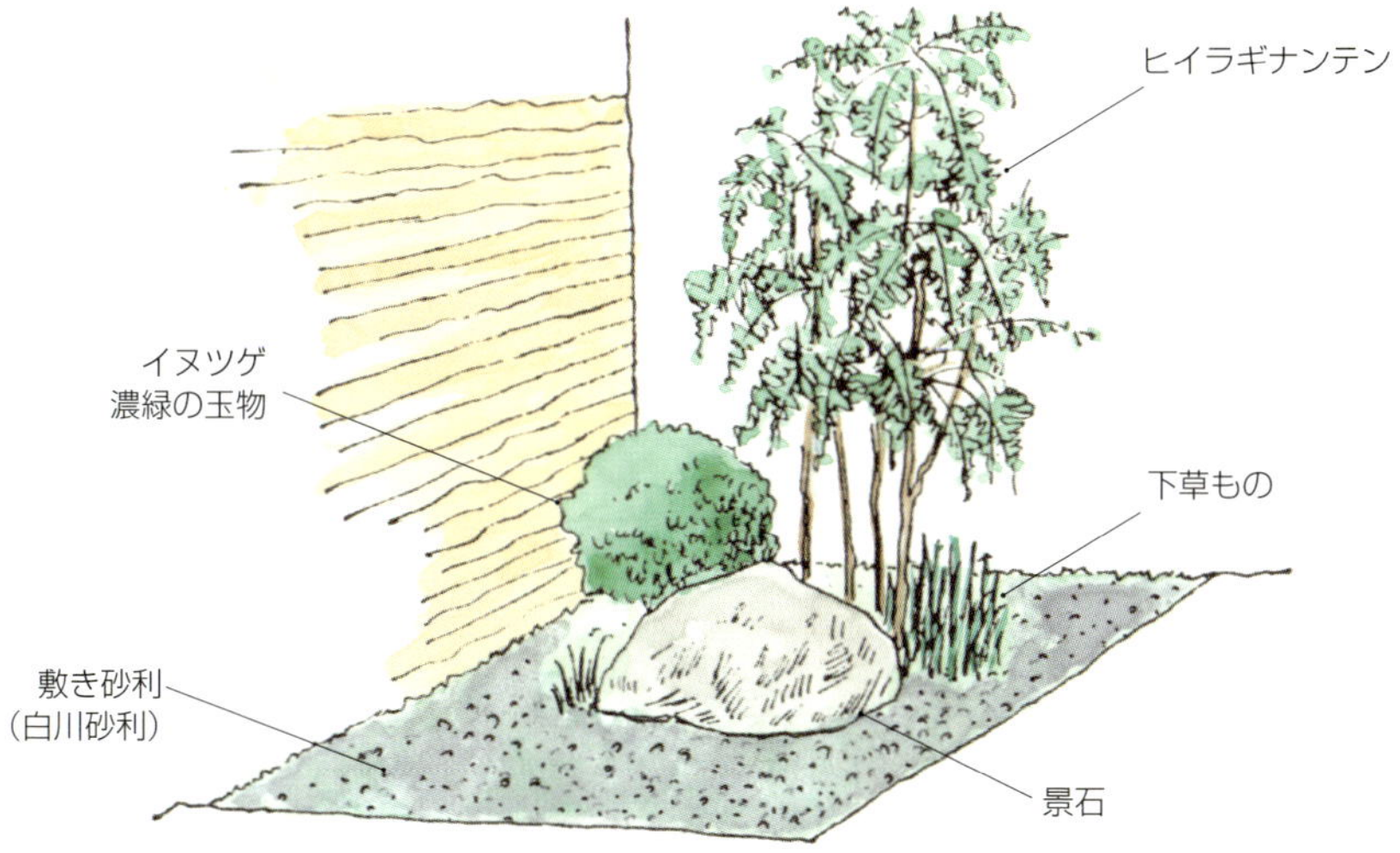

園路にそえる竹と石

くつぬぎ石から続く飛び石の園路脇に竹と石を配して角地をまとめます。竹の根じめは葉色の濃い地被や刈り込み物で低く覆い、趣をだします。

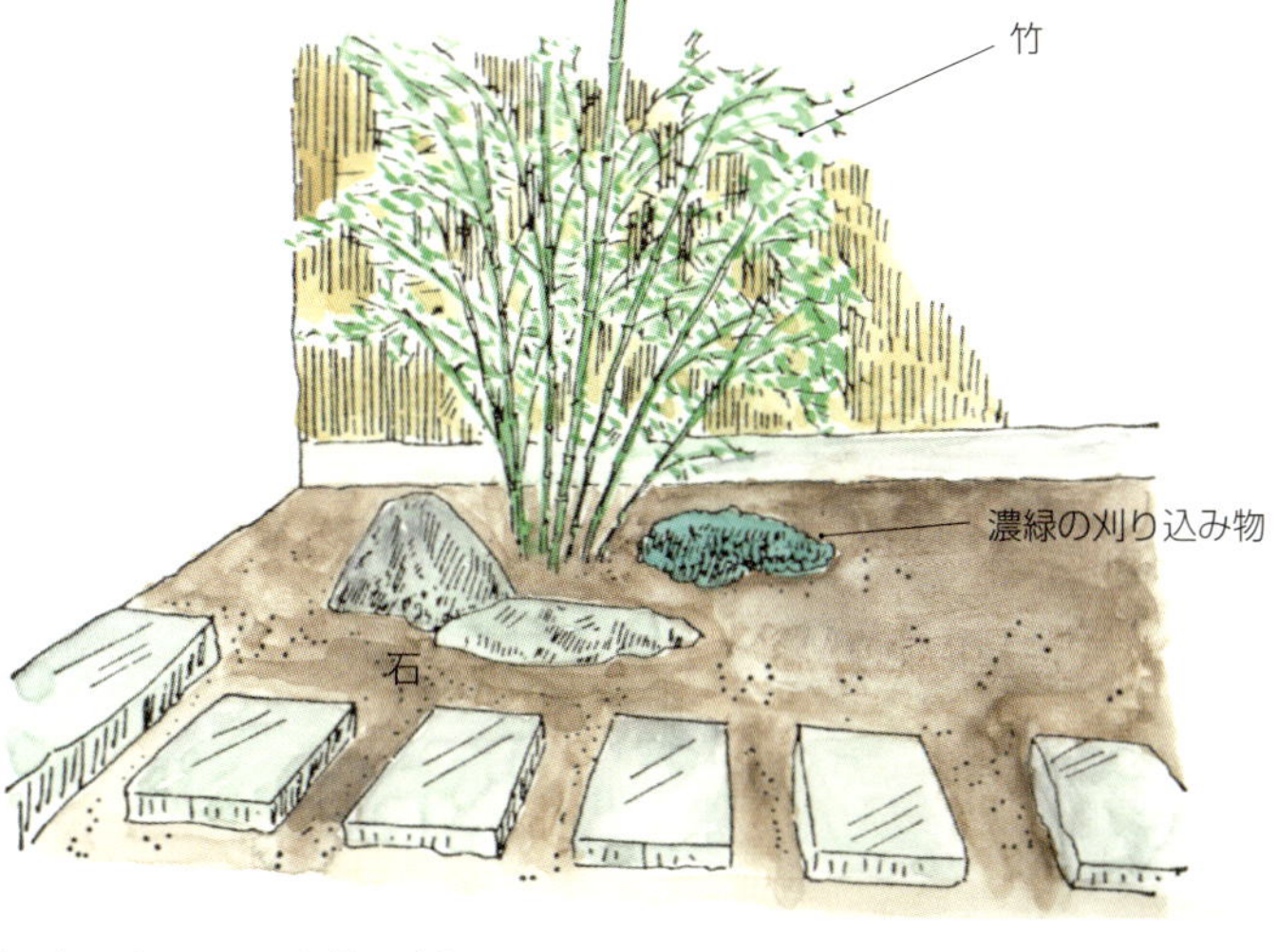

変形の手水鉢を据えたつくばい

灯籠の竿部分を加工した手水鉢（見立て物）で向かい鉢形式のつくばいをつくります。役石の間には水景にそえるセキショウやシダ類を配します。

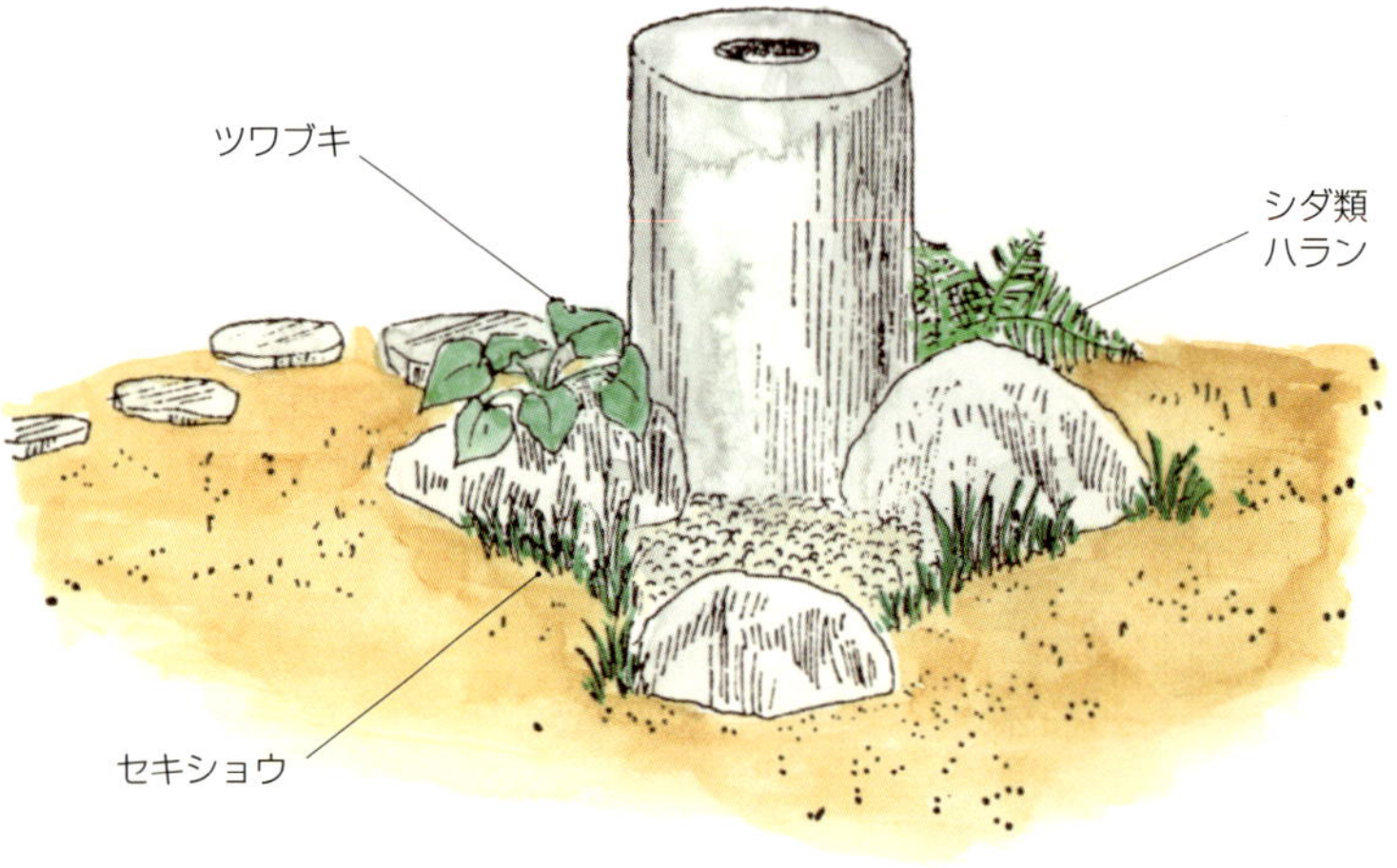

野趣ある山灯籠を据える

自然石を組み合わせた素朴な風情の灯籠と、その根じめにヤブソテツ、シダなどの山草類、地味な色合いの山石を配して景を引き立たせます。

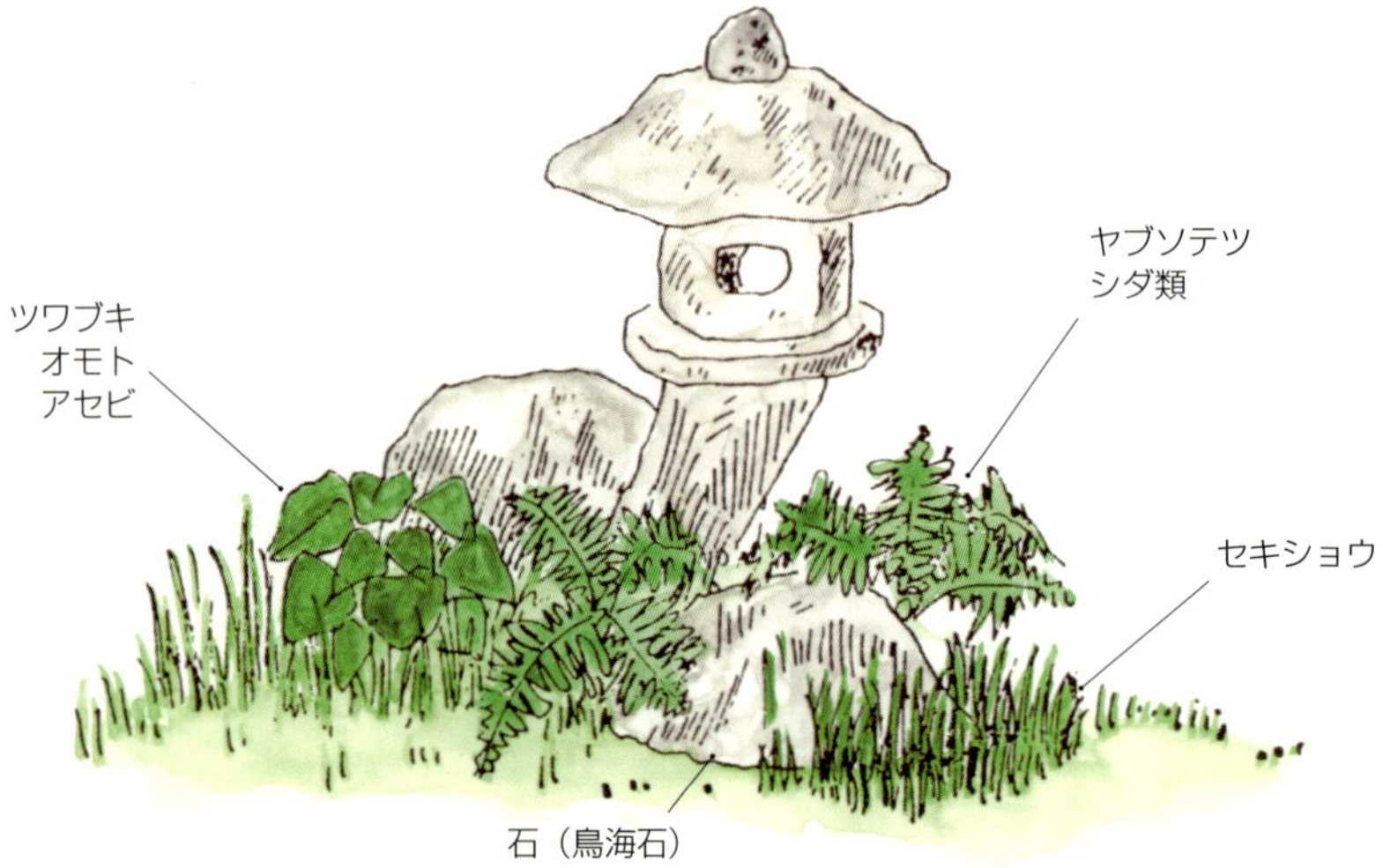

角地を箱庭風につくる

露地よりも一段高い枡《ます》形ののべ段の角を、灯籠と後ろに配置する竹、根じめの笹類、玉物などでまとめます。のべ段と地被の境は自然にまとめます。

第3章

庭木の選び方

景を構成する樹種の適性

●庭木の選び方

庭木選びのポイント

庭木を選ぶ場合は、用途に適した樹種を選定する必要があります。主な用途をあげると次のようなものです。

庭木の用途

●主木

主木とは庭の中心になる木で、その木自体（樹形・幹肌・葉）の美しさを観賞し、一般に背丈の高い立派な木が用いられています。

多く使われるものでは、たとえばアカマツ、クロマツ、ゴヨウマツ、コウヤマキ、ラカンマキ、イチイ、キャラボク、イトヒバ、カイヅカイブキ、モッコク、シイ、イヌツゲ、などをはじめ、ウメ、モミジ類、サルスベリなどの立派なものも使うことができます。

●植え込み

植え込みとは、数本の木を寄せて植え付け、ひとつの空間を埋めることをいいます。したがって、2～5ｍくらいの高さの木が用いられ、ほとんどの樹種が植え込みとして使われています。とくに植えつぶしといって、背景を緑のかたまりで埋め、視線を庭に集中させるために常緑広葉樹を主体に植え込むことがしばしば使われています。

●みこし

雑木林から突きだしたマツのこずえや杉林の上に頭を突きだしたケヤキのように、景に奥行きや深みを与えて自然の姿をつくりだしてくれます。

常緑樹の植え込みにはケヤキ、サクラ、クヌギ、ソロなどの落葉樹を、落葉樹の植え込みにはマツ、モミ類、スギなどの針葉樹をもってくると対照的に生きてくるでしょう。どちらかといえば、大きめの庭のほうがより効果的です。

●根じめ

木や石の根元に植えて根元をかくしたり、根元にアクセントをつけるために用いられるものです。根じめに使われる樹種や草物は、背丈の低いものが選ばれています。

多く使われているものは、ツゲ、ツツジ、サツキ、アオキ、ハギ、ボケ、アスナロ、アセビ、クチナシ、シャリンバイ、トベラ、ナンテン、ヒイラギナンテン、ニシキギ、キャラ、ハラン、トクサ、オモト、ツワブキ、ギボウシなどがあります。

●地被植物

地面を薄く這うように覆うもので、草物か、あるいはツル性のものが用いられています。

多く使われているものは、ハイビャクシン、ヒメクチナシ、サツキ、ノシラン、ヤブラン、セキショウ、フッキソウ、キチジョウソウ、リュウノヒゲ、マンネングサ、シバザクラ、シダ類、コケ類、笹類などがあります。

●刈り込み物

植木の仕立て方のひとつに刈り込み物というのがあります。自然に放任されている木は、実際に庭では使えないわけで、手入れをしながら自然の放任樹らしい形に仕立てるのが自然形です。

それに対して人工的にある形をつくりだすものが仕立て物といわれ、そのうち

[庭木の主な用途]

[刈り込み物の樹形]

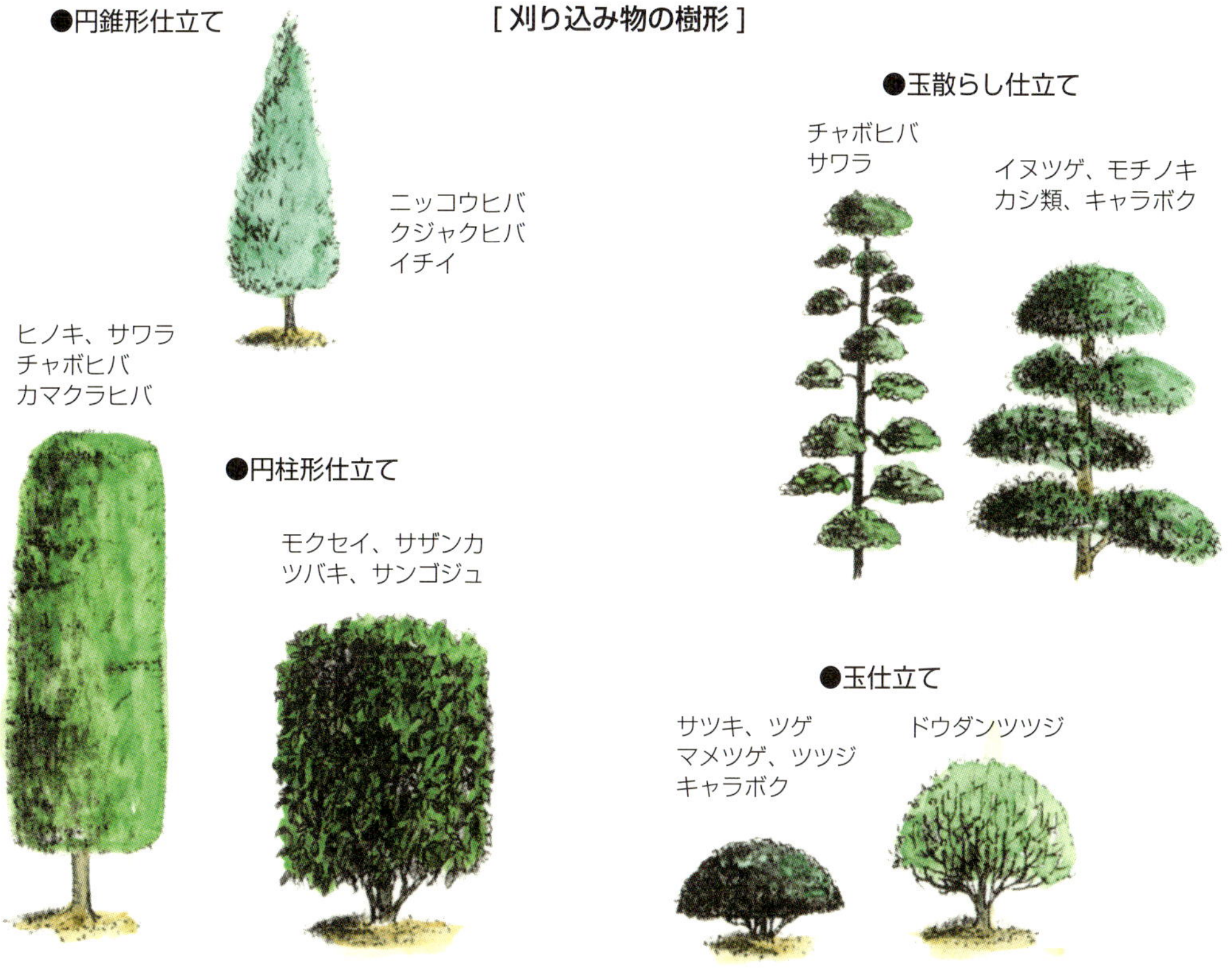

輪郭線が切りそろえられているものが刈り込みといわれています。

刈り込み物のうち、1枚ずつ丸く刈り込んでいくものを玉散らし仕立て、全体を丸く刈り込んでいくものを玉仕立てといい、ほかに円柱形仕立て、円錐形仕立て、スタンダード仕立てなどがあります。

環境に合った木を選ぶ

次に、選ばれる樹種がその土地に適するかどうかを考えなければなりません。その植物の性質を考え、どんな気候や土壌で育つのか調べる必要があります。

●近所の庭木なども参考に

日本は南北に長く横たわっているので、北は北海道の亜寒帯から、南は九州の亜熱帯まで位置し、そこにはいろいろな樹木が入り混じっています。これらの樹木が、自分の住んでいる地方で生育できるかどうかをよく見きわめてください。

隣家に植えられている樹種の生育状況を見るのも参考になります。

また、小さな条件、つまり通風はどうか、何時間くらい日が当たるかなどを調べたうえで、この場所には何がよいのかが決まってきます。

どんな環境に適するかについては、表を参照してください。

●描いたとおりの木はない

個々の木を選ぶとなると、木は生き物ですから自分の描いていたような樹形のものを入手することはなかなかできません。そのなかでも庭の中心となる主木の選定はむずかしく、樹高や葉張りのほか仕立て方（幹の曲がりや傾きの状態、枝のつき方など）や予算によって別の素材を選ばなければいけないこともあります。そこで入手する別の樹形を生かすように組み替えながら計画を修正していかなければなりません。

したがって、はじめにつくられた設計図はあくまでも目安であって、そのとおりにできるものではありませんし、生きた材料に制約されるわけです。

地被（主に草本類）の性状、用途と特性

	植物名	性状	地面を覆う高さ（cm）	光環境			参照頁
				日陰	半日陰	陽地	
ア	オモト	常緑	20～30	○			73
カ	キチジョウソウ	常緑	10～30	○			73
	ギボウシ	冬枯れ*	20～30		○		74
サ	シバザクラ	常緑	5～10			○	74
	シャガ	常緑	30～50		○		74
	ジュウニヒトエ（アジュガ）	常緑	5～10		○		74
	セキショウ	常緑	10～30		○		75
タ	ツルニチニチソウ	常蔓	5～10		○		75
	ツワブキ	常緑	20～30		○		75
	トクサ	常緑	30～50		○		75
ナ	ノシラン	常緑	20～50	○			76
ハ	ハラン	常緑	30～60	○			75
	ヒマラヤユキノシタ	常緑	10～30		○		75
	フッキソウ	常緑	10～20		○		76
マ	ミヤコワスレ	常緑	20～30		○		76
ヤ	ヤブソテツ（ココミ）	冬枯れ*	30～50		○		74
	ヤブラン	常緑	20～50	○			76
	ユキノシタ	常緑	5～10		○		76
ラ	リュウノヒゲ	常緑	10～30※		○		76

*地上部は冬枯れ。※タマリュウは５～１０cm

樹木の性状、用途と特性

【凡例】

性状…常高＝常緑高木　落高＝落葉高木　半高＝半落葉高木　針高＝針葉高木　常竹＝常緑竹
常中＝常緑中木　落中＝落葉中木　半低＝半落葉低木　針低＝針葉低木　常笹＝常緑笹
常低＝常緑低木　落低＝落葉低木　常蔓＝常緑ツル性
（高木は樹高４～５ｍ、中木は２～４ｍ、低木は２～３ｍ以下）

用途・光環境…◎＝最適　○＝適　**公害**…○＝強　△＝中　×＝弱

移植難易度…○＝やさしい　△＝普通　×＝むずかしい

樹木名	性状	用途							光環境			公害		移植難易度	参照頁
		主木	植え込み	刈り込み	根じめ	生垣	地被	列植	陰樹	中陽	陽樹	潮害	煙害		
ア　アオキ	常低		◎		○	○			○			○	○	○	64
アカマツ	針高	◎	◎		○			○			○	×	×	△	54
アジサイ	落低		○		○			○	○			○	△	○	68
アセビ	常低		○		◎	○			○			△	○	△	68
アラカシ	常高		◎	○		○		○		○		△	○	△	59
イチイ	針高	○	○	○		○		○	○			△	△	×	52
イチョウ	落高		○					○			○	△	○	○	67
イトヒバ	針高	○	○								○	×	△	△	52
イヌツゲ	常中	○	○	◎	○	◎			○			○	○	△	55
イヌマキ	針高	○	○	○		○			○			○	△	△	54
イブキ	針高		○			○		○			○	○	○	△	68
ウバメガシ	常高		◎	○		○		○		○		○	○	×	59
ウメ	落高	○	○								○	○	△	○	52
ウメモドキ	落低		○							○		×	△	○	56
エゴノキ	落高	○	○								○	○	△	△	56
エニシダ	落低		○								○	○	○	×	68
オオムラサキ（ツツジ）	常低		◎	○	○						○	△	○	○	70
オカメザサ	常笹				○		○		○			△	○	○	77
カ　カイヅカイブキ	針高	○	○			○		◎			○	○	○	△	53
カエデ類	落高	○	◎	○						○		△	△	○	62
カクレミノ	常高		◎					○	○			○	○	×	56
カナメモチ	常高		○		◎	○		○		○		○	△	○	56
カヤ	針高	○	◎						○			○	○	△	－
カンツバキ	常低		○	○	○	○		○		○		△	△	△	56
キササゲ	落高		○								○		○	×	－
キヅタ	常蔓						○		○			○	○	○	77
キミガヨラン	常低		○					○			○	○	○	×	－
キャラボク	針低	○	○	○		○		○		○		△	△	△	69
キョウチクトウ	常高		○					○			○	○	○	×	－
キンモクセイ	常中	○	◎	◎		○		○		○		△	△	△	61
ギンモクセイ	常中	○	◎	◎		○		○		○		△	△	△	61
クスノキ	常高		◎					○		○		○	○	△	64
クチナシ	常低		○	○	○	○	○			○		△	○	○	69
クヌギ	落高		◎								○	△	△	×	－
クマザサ	常笹						○		○			△	○	○	77
クロチク	常竹		○								○	△	○	△	77
クロマツ	針高	◎	○					○			○	○	△	○	54
ゲッケイジュ	常高	○	○	○					○			○	○	×	57
ケヤキ	落高	○	○					○			○	△	×	△	67
コウヤマキ	針高	○	○	○		○		○	○			△	△	×	54
コデマリ	落低		○		○			○			○	×	×	△	69
コナラ	落高		◎								○	×	×	△	57

樹木名	性状	用途							光環境			公害		移植難易度	参照頁
		主木	植え込み	刈り込み	根じめ	生垣	地被	列植	陰樹	中陽	陽樹	潮害	煙害		
コノテガシワ	針高		○					◎		○		△	△	×	–
コブシ	落高		○							○		△	△	×	62
ゴヨウマツ	針高	◎	○							○		△	△	×	54
サ サカキ	常高		◎	○		○			○			△	△	△	–
サクラ類	落高	○	◎					○			○	×	△	△	67
ザクロ	落高	○	◎								○	△	○	△	–
サザンカ	常高	○	◎	○		○			○			○	○	○	65
サツキ	常低		○	◎	◎	○		○		○		△	○	○	70
サルスベリ	落高	○	◎								○	△	△	△	57
サワラ	針高		○			◎				○		△	△	○	64
サンゴジュ	常高		◎		○	◎		○	○			○	○	○	57
サンシュユ	落高		○								○	△	△	△	58
シイ	常高		○	○						○		○	○	△	53
シダレヤナギ	落高		◎					○			○	△	○	○	–
シモクレン	落低		○								○	△	△	×	62
シャクナゲ	常低		○		○				○			×	×	×	–
シャリンバイ	常低		○	○	○			○			○	○	○	×	69
シラカシ	常高		◎	○		◎		○		○		○	○	△	–
シラカバ	落高		◎								○	×	△	×	58
ジンチョウゲ	常低		○	○	◎				○			△	○	×	–
スイカズラ	常蔓					○	○				○	○	△	△	69
スギ	針高		○					○			○	△	×	×	64
センダン	落高		◎					○			○	○	△	△	58
センリョウ	常低				◎					○		○	△	○	–
ソヨゴ	常低		○							○		○	○	○	58
ソロ（イヌシデ）	落高		◎							○	○	×	△	○	–
タ ダイオウショウ	針高	○	○								○	△	△	×	–
タイサンボク	常高	○	○								○	△	△	×	58
タギョウショウ	針高	○	○					○			○	×	×	△	70
タラヨウ	常高		○	○					○			△	○	○	59
チャ	常低		○	○	○	◎				○		○	△	×	–
チャボヒバ	針高		◎	○				○		○		△	△	△	59
ツゲ	常中		○	◎	◎	○		○		○		○	○	×	70
ツバキ	常高	○	◎	○		○		○		○		○	○	△	65
テイカカズラ	常蔓			○		○	○		○			△	○	○	71
テッセン	落蔓					○					○	△	△	○	71
トウジュロ	常高	○						○		○		○	○	○	–
ドウダンツツジ	落低	○	○	◎		○		○			○	×	△	○	71
トサミズキ	落低		○							○		△	△	△	71
ナ ナツツバキ（シャラ）	落高	○	◎								○	×	△	×	59
ナナカマド	落高		○							○		△	○	△	59
ナンキンハゼ	落高		○					○			○	○	△	○	59
ナンテン	常低		◎			○			○			△	△	○	71
ニシキギ	落低		○	○					○			△	△	○	72
ニッコウヒバ（シノブヒバ）	針高		○	○		○		○			○	×	△	△	65
ニワウメ	落低		○								○	×	×	△	72
ネズミモチ	常高		◎	○		○		○	○			○	○	○	66
ノウゼンカズラ	落蔓					○				○		△	△	○	–

	樹木名	性状	用途							光環境			公害		移植難易度	参照頁
			主木	植え込み	刈り込み	根じめ	生垣	地被	列植	陰樹	中陽	陽樹	潮害	煙害		
ハ	ハイビャクシン	針低				○		◎				○	○	△	×	72
	ハギ	落低		○		◎						○	△	△	○	60
	ハクチョウゲ	常低		○	◎		◎		○		○		×	△	○	−
	ハクモクレン	落高	○	◎							○		△	△	×	62
	ハナカイドウ	落中		○								○	×	×	△	60
	ハナズオウ	落中		○								○	△	△	×	60
	ハナツクバネウツギ（アベリア）	半低		◎			○		○			○	○	○	○	−
	ハナミズキ	落低	○	◎					○			○	×	×	×	−
	ハリエンジュ（ニセアカシア）	落高		○					○			○	△	○	○	−
	ヒイラギ	常高	○	○	○		◎		○		○		○	○	○	−
	ヒイラギナンテン	常低		○		◎		○		○			△	○	△	71
	ヒイラギモクセイ	常高	○	○	○		◎		○	○			△	○	○	−
	ヒサカキ	常高		○	○	○	○				○		○	○	○	−
	ヒノキ	針高		◎	○		○		○		○		△	△	×	−
	ヒムロ	針高		○	○							○	×	×	△	65
	ヒメシャラ	落高	○	◎							○		△	△	×	60
	ビョウヤナギ	半低		○	○	○		○			○		△	△	○	72
	ピラカンサ	常低		○	○		○		○			○	△	○	×	60
	フジ	落蔓	○	○								○	△	△	○	77
	フヨウ	落低		○					○			○	○	○	△	73
	ボケ	落低		○		○						○	△	△	△	61
	ボタン	落低		○		○			○			○	×	×	×	73
	ホテイチク	常竹	○			○					○		△	△	○	77
マ	マサキ	常高		○	○		◎		○	○			○	○	○	−
	マダケ	常竹		○								○	△	△	△	77
	マテバシイ	常高		◎	○							○	○	○	△	66
	マメツゲ	常低			○		○		○		○			△	○	77
	マンサク	落高		○							○		×	△	○	61
	マンリョウ	常低		○		○				○			△	○	○	−
	ミツバツツジ	落低		◎							○		△	△	○	70
	ムクゲ（ハチス）	落低		○			○		○			○	△	○	○	61
	モウソウチク	常竹	○	◎								○	△	△	△	77
	モチノキ	常高	○	○	○					○			○	○	○	66
	モッコク	常高	◎	◎	○					○			○	○	△	55
ヤ	ヤツデ	常低		○		○				○			○	○	○	62
	ヤマツツジ	半低		◎								○	△	△	○	70
	ヤマブキ	落低		○					○		○		△	△	○	62
	ヤマボウシ	落高	○	◎							○		△	△	○	63
	ヤマモミジ	落高	○	◎							○		×	×	△	62
	ヤマモモ	常高		◎	○						○		○	○	△	66
	ユキヤナギ	落低		○					○		○		○	○	○	73
	ユズリハ	常高	○	◎								○	○	△	△	−
ラ	ライラック	落中		○								○	△	△	○	63
	ラカンマキ	常高	◎	○	○		○				○		○	○	△	54
	リョウブ	落高		○							○		×	×	△	63
	レンギョウ	半低		○			○		○			○	△	△	○	−
	レンゲツツジ	落低		◎							○		△	△	△	70
	ロウバイ	落低		○							○		△	△	○	63

庭木の種類と特徴

●庭木の選び方

Garden Tree Guide

主木に適したもの

イチイ（円内は実）

イチイ

イチイ科｜常緑針葉高木

生長がきわめて遅い木で、自然樹形や円錐形・玉散らし形の刈り込み仕立てのほか、生垣などにも多く使われています。

葉が線状に互生し、水平に配列していることからキャラボクと区別することができます（キャラボクは葉の並び方が不規則になっています）。雌雄異株。

イトヒバ

ヒノキ科｜常緑針葉高木

全体の形は円錐形や円筒形に仕上がります。この木は幹や枝の途中からの胴吹き芽が期待できないので、すかし剪定で幅を狭めに小枝を枯れ上がらせないようにつくることがポイント。

幹は、そえ竹をしてやれば相当高くもなりますが、自然にしておくと芯の幹の部分も垂れ下がってきます。

背丈を低くして丸く育てようと思えば上のほうを止めれば小さくまとまりますし、大きくする場合は1本で仕立て（何本も立てない）、それを中心にして四方に枝を配り、枝先を密にした葉でやわらかな感じの樹形になるよう育てます。

ヒノキに似ていますが、小枝は細長く下垂します。別名ヒヨクヒバ（比翼檜葉）。

イトヒバ

ウメ

バラ科｜落葉高木

古木になった太い幹のものは主木として使われ、生垣や袖垣にそえるわき役の木としても使われます。

ウメの魅力は花と実のように思われがちですが、じつは太い幹から直接若い枝が出て花が咲く、太い幹と細い枝との対照が観賞のポイントです。こうした性質は、ほかの木にはないものです。

ウメ（紅梅：大盃）

近景にも使えますし、中景にいれても生きます。遠景ではせっかくの古木の相などが観賞できないうえ、芳香も楽しみにくくなります。雌雄同株。

カイヅカイブキ

ヒノキ科｜常緑針葉高木

カイヅカイブキは、どちらかというと洋風の庭向きとされていますが、明るい緑の樹木として石ともよく合い、和風庭園にも使いたい木です。この木は生長がよく、幹を立てるようにして育てると直径30～40cmもの大木になり、枝がねじれたようにして這い上がっていきます。したがって、主木として十分に眺めることができます。

刈り込みがきくので整形に仕立てて列植えにし、生垣としても広く利用されていますし、石と配しても引き立つ樹種です。

主木に仕立てる場合は円錐形に育てますが、芯を切れば高さも自由に制限できますし、1枝ずつ刈り込んでいけば玉散らし仕立てとしても使えるといったふうに、いろいろな目的に使える便利な木です。

木の性質は日当たりのよい暖かいところに適しているので、関西地方で葉が細かくつんだ立派な木が育っています。ところが、関東地方ではやや寒いせいかあらくつきます。放任しておくと徒長枝が出て樹形がくずれやすいので、枝先を切り込んで下枝がよく出るような手入れが必要です。また、強風などで転倒することが多いので、支柱を施す必要もあります。

カイヅカイブキ（生垣）

生長は早く、普通、苗木は4年生で1～1.2mありますが、植え込んで2年育てると1.5～2mに育ちます。煤煙には割合強いほうで、高速道路のセンターラインの植え込みなどにも使われています。その他の注意点は、ダニがつきやすいことと赤星病が潜伏することで、これらの消毒とさび病の防除が必要です。

剪定では、日陰側の枝葉を強く刈り込みすぎると鋭いスギ葉が伸びだし（先祖返り）見苦しくなるので、加減して刈り込みます。

カイヅカイブキ（列植）

シイ

ブナ科｜常緑高木

樹形が完全な球形になると、一年中濃い緑を楽しめるのが特徴です。若いうちは徒長枝が出ますが、大きくなると出なくなり、樹形はくずれにくくなります。ただし、放任状態で球形になったものは、なかから枯れ上がってくるので切りすかしをして、樹冠に風がはいるようにしておくと枯れ込みは少なくなります。

洋風の芝庭などの主木として使われていますが、和風の庭でも平らな庭に使えます。

シイの実と葉

シイ（玉散らし仕立て）

コウヤマキ

ラカンマキ

イヌマキ
（段づくり）

マキ類

常緑小～高木

　同じマキ類でもコウヤマキ（コウヤマキ科常緑針葉高木）と、イヌマキ（マキ科常緑針葉高木）、ラカンマキ（マキ科常緑小高木）とは違い、コウヤマキは幹が立って自然に円柱状に高く育ち、枝が四方に出るので和風の庭の主木として使われ、模様木や玉どりはできません。日陰にもよく育ちますが、放任しておくと下枝が枯れ上がることがあるので、上のほうを適度に切りつめて、下枝がよく育つような注意が必要です。生長は割合ゆっくりしているので、樹形の維持はらくにできます。

　ラカンマキの原木は、ミカン畑の防風林としてよく使われている（関東以北の寒い地方での植栽はむずかしい）くらいで、芽立ちは大変よいものです。

　イヌマキ、ラカンマキは幹ぶりを眺めるもので、仕立て物の代表としてマツと並んで門冠りにも多く利用されています。主木としてもよく、みこしの景などにも使われています。

コウヤマキ（刈り込み仕立て）

マツ類

マツ科―常緑針葉高木

　マツ類のなかで主なものは、アカマツ、クロマツ、ゴヨウマツでしょう。

　クロマツは葉が長く堅い感じなので男マツといわれ、アカマツは葉は明るくやわらかで、幹の赤さなどの感じから女マツといわれています。

　ゴヨウマツは枝ぶりが細かく葉がつんでおり、小さく仕立てられるので狭い庭の主木に適しています。また、ゴヨウマツはアカマツやクロマツに比べると生長が遅いので、できるだけ樹形の整ったものを選ぶようにします。

　最も勢いの強いものはクロマツです。アカマツは生長が早いので、庭で生長させながら仕立てることができます。

　マツは仕立て方によって直幹、模様木、斜幹、段づくりなど、どんな形でもつくることができますが、ある程度樹形が整った

クロマツ（葉とみどり）

ゴヨウマツ

アカマツ（葉とみどり）

ものは徒長枝をださないようにみどり（新芽）摘みなどの手入れによって形を維持します。樹形を維持しやすいのはゴヨウマツで、アカマツ、クロマツは徒長枝が伸びやすく、あばれるほうです。マツは一般に日当たりのよいところを好みます。

煤煙にはアカマツが一番弱く、クロマツ、ゴヨウマツは強いほうです。

モッコク

ツバキ科｜常緑高木

樹形は円筒形から卵形になり、姿がくずれないのが特徴です。育ちは遅く、枝先は細かく分かれ、枝ぶりはみごとです。芽立ちのときは幾分赤味をおびますが、一年中光沢がある濃い緑を眺められます。姿がよいので和風庭園の主木としても常緑樹のなかでは一級品といえるでしょう。

購入するときは、予定している高さのもの買い、庭にいれてから横幅を育てるようなつもりで仕上げることです。

木が若いうちは立ち枝や徒長枝が伸びやすいのですが、葉張りが大きくなると枝の徒長は少なくなり、手入れが少なくてすみます。切りすかしをして風がはいるようにする程度です。

夏の終わりからハマキムシがつきやすいので、消毒します。夏に径2cmくらいの白花をつけ、果実は紅熟します。高さは約10m。雌雄異株。

モッコク

Garden Tree Guide

わき役もの

イヌツゲ

イヌツゲ

モチノキ科｜常緑中木

イヌツゲは、刈り込みで樹形をきちんと仕立てたものは主木として使われます。強い刈り込みをしてもよく芽を吹くので、庭の大きさに合わせて仕立てることができます（生垣にも）。

購入するときは葉や小枝ぶりを気にしないで、幹や基本になる枝がしっかりしたものを選ぶことです。庭に植えてから生長させるよりも、予定の大きさのものを植え、庭で仕上げていくほうがよいでしょう。

ハサミでパチパチと刈り込めるので、手入れはしろうとにもらくにでき、刈り込み物の手本となる木です。陽地にも耐えます。

ウメモドキ

モチノキ科ー落葉低木

細い幹を立てた株状の自然樹形が多く使われています。秋の鮮紅色の実が美しく、ほとんど剪定をする必要がないほどで手間のかからない庭木です。

雌雄異株なので実つきをよくしたい場合は、雄木を近くに植えます。実を多くつければ落葉後も枝に残り、野鳥を呼ぶ木としても利用できます。

ウメモドキ

エゴノキ

エゴノキ科ー落葉小高木

5~6月に、かすかな芳香がある白い花を下向きにたくさんつけます。細かな枝を広げる自然樹形で雑木の庭に混植したり、木陰をつくる主木の緑陰樹としても使われています。

樹形を維持しようとして強い剪定をくり返すと幹や枝がコブ状になり、自然な枝ぶりが失われるので注意します。

エゴノキ

カクレミノ

ウコギ科ー常緑小高木

葉の形のおもしろさと、場所を選ばない緑葉(適応力が強い)を楽しむもので、細い幹が下からスイスイと伸びてきて、各枝の先端に光沢のある掌状の葉がつきます。

縁先などの近くに植えて眺めるもので、袖垣の脇などに植えるのもまた風情があります。特徴のある木で、消費量は急激に増えてきています。

カクレミノ

カナメモチ

バラ科ー常緑小高木

この木の特徴は、春の芽立ちから夏の初めころまで、赤味をもった独特な色合いが眺められることです。それ以外の時期は常緑で葉が密につき、刈り込みしてもよく芽が出てきます。中景の植え込み用として丸く刈り込んだものが非常に多く使われています。刈り込みは素人がやっても失敗することもなく、仕立て方によって大きくも小さくもできます。勢いのよい木は徒長枝が出ますが、これは元から切り取ってしまえば木があばれることはありません。

陽地に耐え、最近では、芽立ちがさらに赤いベニカナメモチや、葉形の大きいセイヨウベニカナメモチが多く植栽されています。生垣にも利用され、高さは5~6m、春に白い小花を密につけます。

カナメモチ

カンツバキ

ツバキ科ー常緑低木

サザンカの変種(ツバキの園芸品種)で、幹や枝が直立する品種(タチカンツバキ)と横に伸びる品種があります。紅桃色

カンツバキ

で八重咲きの花がサザンカよりも少し遅く咲き始めます（12～3月の厳冬期）。

強い刈り込みや日陰にも耐えるので、生垣や樹木下の根じめ、寄せ植えなどにも多く使われています。

ゲッケイジュ

クスノキ科｜常緑高木

この木はあまり大きなものはありません。根元から株立ち状になり、濃い緑の葉をつけ、スクスクとすなおに枝が伸びる気持ちのよい木です。また、香りのよいのも特徴のひとつで、料理の材料にも利用されます。濃緑色のかたまりとして、洋風庭園の主木に使えます。和風の庭では、主木よりも植え込み用として使ったほうが生きます。日当たりのよいところでよく育ちますが、日陰でもけっこう育ちます。カイガラムシが多発しやすいので、消毒を必要とします。

新葉が黄色になる‘オーレア’

ゲッケイジュ

コナラ

ブナ科｜落葉高木

雑木の庭をつくるのに欠かせない木で、生長とともに縦に裂ける灰白色の樹皮に特徴があります。また、銀色の若芽や秋の紅葉、ドングリでおなじみの堅果も楽しむことができます。高さ5～20m。雌雄同株。

コナラ

実

サルスベリ

ミソハギ科｜落葉小高木

サルスベリは色のとぼしい夏の間100日近くの花が咲くところに価値があり、もうひとつは特徴のあるすべすべした幹肌です。

放任しておくと小枝が分かれて花は咲きにくいので、毎年切りもどしてやる必要があります。風通しのよいところによく育ち、日当たりのよいところを好みます。うどんこ病の消毒が必要です。大木の移植可能。

近景にも遠景にもよく、植え込みの中に混ざっていてパッと咲いているのもみごとで、非常に多く使われています。

サルスベリ（白花）

サンゴジュ

スイカズラ科｜常緑高木

緑色の大きい卵形をした葉がピカピカ光り、赤い実がなるのが特徴です。幹はどんどん大きくなり、幅も出ます。しかし、切り込みがきくので枝張りは自由に制限できます。

木は大きくなり株の張ることを予想して広さをとって植えれば、ほとんど手入れをしなくても樹形の維持はそれほどむずかしくありません（ヤゴを切り取る程度でよい）。自然にきれいな玉になります。

湿地に強く、煤煙などにも強い性質で、列植して高い垣根にも利用されています。雌雄同株。

サンゴジュの生垣と実（円内）

サンシュユ

ミズキ科―落葉小高木

早春（3月ごろ）、葉が開くよりも早く枝先に「ハルコガネバナ」の別名にちなんだ黄色の小花を多くつけます。

10月ごろに赤く熟す果実の彩りも美しく、江戸時代（享保年間）に渡来した歴史ある庭木としても知られています。

サンシュユの花と実（円内）

シラカバ

高さ約4m。果実は強壮薬になります。

シラカバ

カバノキ科―落葉高木

特徴は白い幹で、芝庭のような洋風の庭にも合いますし、和風のものにも使えます。

自然状態では群生しているので、植える場合も1本でなく、群植のほうが自然な感じが出ます。群植の場合は、中景から遠景に使うのが普通ですが、近景にいれて幹を通して遠景を眺める幹越しの景をつくるのにも使われます。幹の美しさがかくれないようにすることがポイントです。

シラカバの幹（樹皮）は山ではまっ白な色ですが、平地におろすと温度が高いので山地ほどの白い幹肌は望めません。

生長がよいので徒長枝を切ってやる程度で、ほかに手入れはいりませんが、幹にはいり込んで食害するテッポウムシに注意します。幼樹は移植容易。

高さ約20m。春に小枝から雄花穂が下垂します。

センダン

センダン科―落葉高木

暖地の海岸近くに自生があるように耐潮性が強く、砂地の植え込みにも耐えます。初夏（6月ごろ）に淡紫色の小花を多くつけ、秋には黄色の実になります。公園の緑陰樹や街路樹として多く使われており、太幹のものは建築材料にも使用されています。

センダン

ソヨゴ

モチノキ科―常緑低木

秋から冬の庭を彩る赤い実が楽しめる雌雄異株の常緑樹です。同科のモチノキが植えられない寒冷地での代用樹としても使われています。

株立ち状の棒ガシ仕立てにするとソヨゴ独特の趣を楽しむことができます。高さ2～5m。夏に白色の小花をつけ、秋には果実が赤熟します。

ソヨゴ

タイサンボク

モクレン科―常緑高木

大きな葉で幹が立ち、背丈が高く洋風の感じのする木です。初夏に香りのあるまっ白な大きな花が咲き、実がなるのも特徴です。木の特性からいうと、大きく横に張るように育てたほうが個性が出るので、大きな庭、洋風の芝庭などの主木にも適しています。高さ約15m。

手入れの際は、枝を強く切り

タイサンボク

込むと姿がくずれるので、切る場合は枝先だけにします。

タラヨウ

モチノキ科｜常緑高木

モチノキの仲間でいちばん葉が大きい木で、紅色の実が眺められます（雌雄異株）。

「タラヨウ」の名前のゆかりから寺院に植え込まれていることが多く、耐陰性が強いので庭の背景樹に適しています。高さ約10m。大木の移植可。

タラヨウ

チャボヒバ

ヒノキ科｜常緑針葉高木

この木は生長の遅い木で、背丈を伸ばしていくと横幅が出ないので、あまり伸ばさずに芯を止めます。

背丈が低いので主木には不向きですが、ヒバ類のなかでは高級品として評価されています。葉色は暗い緑です。

生長が遅いのは欠点のように感じられますが、樹形が乱れにくいことにもなるので、その意味では使いやすい木といえます。

枝も太りにくいので円柱形に刈り込んで仕立てた場合などは、枝葉の重みで先が垂れ下がり、輪郭が乱れることがあります。日陰でも日当たりでもよく育ちますが、湿気にはやや弱い性質をもっています。

高さ5mほどのヒノキの変種で、呼び名は枝葉の出方がチャボの尾の部分に似ていることによります。和風庭園の修景に多く使われています。

チャボヒバ

ナツツバキ（シャラ）

ツバキ科｜落葉高木

別名の「シャラノキ」の名が知られるツバキ科の庭木で、同じ科のヒメシャラと同様になめらかな樹皮や、梅雨期に咲くヤブツバキに似た白い花に趣があります。

湿り気の多い場所を好むので、強い西日がさけられる場所に寄せ植えすると見栄えがします。高さ約15m。

ナツツバキ

ナナカマド

バラ科｜落葉高木

秋の朱紅色の実や紅葉が有名な庭木で、寒冷地の植え込みに適しています。日当たりのよい場所を好みますが、暖地では結実しにくくなります。

萌芽力は弱いので、強剪定は行なわないようにします。

高さ10mくらい。夏に白い小花を枝先に多数つけます。

ナナカマド

ナンキンハゼ

トウダイグサ科｜落葉高木

黄色から紅色に色づく紅葉が美しい木で、公園の装飾樹や街路樹として使われています。

強剪定にも耐え、日当たりのよい場所を好み、湿地に適します。高さ15mくらい。

ナンキンハゼ（メトロ・キャンドオル：新葉が赤色や黄色になる品種）

ハギ

マメ科｜落葉低木または多年草

ハギは秋の七草のひとつとして風情のあるものです。チョウに似た形の花には赤紫と白があります。地上部は毎年枯れ込みますが、下から強い枝が伸びてきて灌木状に育ちます。長く伸びた枝は垂れ下がって、全体の株張りは丸い感じになります。

なるべく日のよく当たる暖かいところのほうが育ちがよく、花もきれいに咲きます。

剪定は、落葉後に地ぎわ部分から刈り取ります。

ハギ（ヤマハギ）

ハナカイドウ

バラ科｜落葉中木

4～5月ころ、短い枝の先に淡紅色の花を下垂させてつけます。枝が不規則に伸びやすく（からみ枝が多くなる）、赤星病の害を受けやすいので、不要枝の剪定と消毒に注意します。

日当たりのよい場所へ植えます。高さ2～4m。

ハナカイドウ

ハナズオウ

マメ科｜落葉中木

マメ科の落葉もので3mくらいの株立ちになります。冬の間も幹は白っぽい感じで幹ぶりが眺められます。春、葉が出るのに先立って、小さな紫の花が枝にびっしりとつくこと、黒っぽい実がなって風にゆれるとサヤサヤと鳴るなどなかなか風情のあるものです。

ハナズオウ

ヒメシャラ

ツバキ科｜落葉高木

淡い赤褐色の樹皮と、6～7月に咲く白い花が特徴です。単幹や株立ちになる自然樹形を生かして、雑木の庭や茶庭へ、ほかの落葉樹と混植します。

萌芽力はやや弱いので、軽い剪定で整枝します。

高さ15m。樹皮はなめらかで薄くはげます。

ヒメシャラ（円内は花）

ピラカンサ

バラ科｜常緑低木

トキワサンザシやタチバナモドキを総称（トキワサンザシ属）してピラカンサと呼ばれ、5～6月に白色の小花をつけます。晩秋に鮮やかに色づく紅色や橙黄色の実が見どころです。

鋭いトゲがあるので剪定は注意して行ないます。日陰では生育しにくいので、必ず日当たりのよい場所に植えます。

ピラカンサ

ボケ

バラ科―落葉低木

花の色は白に近いものから赤までいろいろあり、品種によっては1株のなかで紅白に咲き分けるものなど変化に富んでいます。花は春に先がけて眺められますが、最も早いものはカンボケです。灌木状の木ですが、まだ葉が出ないころに株全体にぎっしり花が咲くのが見どころです。

枝切りは花の咲き終わったころにやればよく、好みの大きさに仕立てることができます。するどいトゲがあるので、剪定時には注意が必要です。

高さ約2m。雌雄異株。

ボケ

マンサク

マンサク科―落葉小高木

2～3月、春の訪れを告げるように黄色の花を咲かせます。シナマンサクが多く用いられますが、横に広がる枝（不整形の自然樹形）を生かし、雑木の庭や常緑樹を背景にした場所へ植えると見栄えがします。

日当たりのよい場所を好みますが、乾燥地はさけるようにします。高さ10mくらい。生け花にもよく利用されます。

シナマンサクの花

シナマンサク（紅葉）

ムクゲ（ハチス）

アオイ科―落葉低木

同じアオイ科のフヨウに似た花が次つぎに咲き、夏の庭を彩ります。紫紅色の花（白や桃色の八重咲き品種もある）は朝開き、夕方ごろには閉じてしまいます。

萌芽力が強いので列植して生垣にも多く使われています。高さは約3m。

ムクゲ

モクセイ

モクセイ科―常緑小高木

モクセイには黄色い花をつけるキンモクセイと白い花をつけるギンモクセイとがあり、花が咲くと非常によい香りがします。開花期は10月上中旬ごろです。勢いの強い枝には花がつきにくく、垂れ下がったような弱い枝によく花が咲く性質があるので、できるだけ小枝が多く残るようにあまり強い刈り込みをしないように心がけます。

樹形は、円筒形か球形に輪郭線を切りそろえるような整枝法が一般的。花の終わった10月下旬から11月にかけて外側を切りそろえる程度に刈り込みます。

ギンモクセイの花

キンモクセイの花

キンモクセイ

モクレン

モクレン科—落葉低木

モクレンは紫色の花（シモクレン）で、どちらかというと株立ちします。主木として使う場合は、白花のハクモクレン（高木）かコブシを使います。花の早いのはコブシ、大きさではハクモクレンです。

また、コブシは花が枯れても茶色になり落ちませんが、ハクモクレンは花が散るのでみにくくなりません。

幹肌もきれいですし、強い剪定もきき、形を整えやすい種類です。高さは約4m。

シモクレン

モミジ

カエデ科—落葉高木

モミジはカエデの通称でヤマモミジ、イロハモミジ、オオモミジのほか品種もののノムラモミジやショウジョウ、枝先が枝垂れるベニシダレやアオシダレなどがあります。

ヤマモミジは春の新芽の赤さと、秋の紅葉を楽しむものですが、品種もののノムラモミジやベニシダレは一年中葉色が赤いので夏の間に赤い色どりをそえるのに多く使われています。池の縁や滝をつくったときなどには必ず使われ、また、常緑樹の植え込みのなかに混ぜて植えられていると、いかにも山の混合林の感じがします。

近景・中景・遠景・植えつぶしのなかなど多目的に利用され、庭木には欠かせないもののひとつです。古いものは枝が細かくなってあばれることはありませんが、若いうちは適度に手入れをしないと徒長枝が出て形がくずれます。

アブラムシの消毒は必要で、テッポウムシ（カミキリムシの幼虫）の食害にも注意します。高さは5～10m。

ベニシダレ

ヤツデ

ウコギ科—常緑低木

手のひら形の大きな葉で白い花が咲き、房になって実がつくなど他の低木と違った感じのする木です。

生長は早く日陰でよく育ち、大きな場所を埋めつぶしてくれるので、大きな木の根じめにも使えます。雌雄同株。

手入れはほとんどいりません。大きくなったら葉をかきとってやればよいし、下の芽を残して全部切っても萌芽してきます。高さは約2m。

ヤツデ

ヤマブキ

バラ科—落葉低木

黄色の花が咲き、一重咲きと八重咲きとがある落葉の株ものです。ヤマブキのみどころは、花はもちろんですが、春先の芽吹き直前に色づいてくる、すなおに伸びた緑色の茎もみごとです。

どこからでも切れば枝分かれするので、手入れは簡単です。高さは約2m。

ヤマブキ

ヤマボウシ

ミズキ科｜落葉高木

5～6月ごろ、白い花（花弁に見えるのは四個の総苞片）を上向きにつけます。花を楽しむためには、木を見おろせる場所に配植するとよく、雑木の庭へほかの落葉樹と混植すると、さらに見栄えがします。

10月ごろに赤熟する果実も楽しめ、食用にもなります。高さは約10m。

ヤマボウシ

ヤマボウシの花と実（円内）

ライラック

モクセイ科｜落葉中木

和名のムラサキハシドイの名はあまり知られず、「ライラック」や「リラ」の名が有名な花木です。

4～6月ころ、淡紫色で芳香のある小花（白、青紫、桃色などの品種もある）を枝の先端に密生してつけます。

寒冷地で日当たりのよい場所を好み、洋風の庭や芝生の庭へ配植すると見栄えがします。

高さは4～7m。半陰地でも生育します。

ライラック

リョウブ

リョウブ科｜落葉小高木

平滑で茶褐色の樹皮と、7～9月ごろに枝先に多数つける白い小花が特徴です。芝生の庭の緑陰樹やコナラ、クヌギなどと混植する雑木の庭などに利用すると、野趣ある庭づくりができます。

高さは6mくらい。材は床柱に用いられ、若葉は食べられます。

リョウブ

ロウバイ

ロウバイ科｜落葉低木

1～2月のほかに花の少ない厳寒期に葉に先がけ芳香のある黄色い花をつけ、冬を美しく彩ってくれる庭木です。花弁の内側全体が黄色のソシンロウバイも同様に用います。

枝の伸びが不規則でヤゴも多く発生するので、幹数を整理しながら株立ちに仕立てます。高さは約3m。

ソシンロウバイ（花弁の内側が暗褐色にならない品種）

ロウバイ

Garden Tree Guide

周年濃緑の 植えつぶし

アオキ

ミズキ科｜常緑低木

葉の色からいうと、緑一色のものと、それに斑点状の白の斑入りのものがあり、斑入りのほうが観賞価値が高いとされています。しかし、背景効果として植えつぶしに使うときは緑一色のほうが使いやすいでしょう。大きな緑の葉と赤い実が特徴で、植え込みや根じめに多く使われています。

アオキには雄木と雌木があり、雌木にしか実はつきません。しかも、アオキの実をまくとほとんどが雄木になってしまうので、挿し木で雌木を増やしてやれば冬の間、まっ赤な実がつきます。手入れは簡単で、切り込みにも強い木です。

斑入りアオキ

クスノキ

クスノキ科｜常緑高木

公園や広場、社寺境内や大きな庭園などに適した常緑の高木（樹高が30mにも達する）で、光沢のある葉や枝から樟脳《しょうのう》がつくられます。雌雄同株。

赤味をおびた若葉が緑葉に変わっていくころがとくに美しく、強い切りつめにも耐え、寿命が長い木としても有名。春に黄緑色の小花をつけます。

クスノキ

サワラ

ヒノキ科｜常緑針葉高木

サワラはヒバの一種で、生長が旺盛で葉はヒノキよりも小さく、枝分かれも細かく分かれる性質があるので、生垣用、植え込み用に多く使われています。

サワラの枝葉

刈り込みにも強いのですが、放任して枯れ上がると芽が吹かなくなってしまいます。切りもどしも葉のあるところまでにするのが原則です。

灰褐色の樹皮は縦に裂け、高さ約30m。雌雄同株。

スギ

スギ科｜常緑針葉高木

スギの欠点は、空気の悪いところでは育たないことです。生長はきわめて早く、予定した高さに自由に切りつめることができます。また、枝は横に張りやすく、枝を元から切ると幹から芽を吹き、枝を途中から切っても枝分かれするので、幅の調節はらくにできます。しかし、放任状態では枝はあばれ、下葉は枯れ上がったりします。

日陰にもよく育ち、和風の庭

スギ（直幹仕立て／右　ダイスギ／左）

では株状に仕立てたダイスギが使用されます。雌雄同株。
大きくなると、幹の直径約50cm、高さ40mにもなります。

ツバキ、サザンカ

ツバキ科―常緑（小）高木

濃い緑の常緑もので、球形、円筒形に仕立てられ、植えつぶ

ツバキ
（円筒形状仕立て）

ヤブツバキ

サザンカ

しに使える花ものとして代表的なものです。

日当たりのよいところでも日陰でもよく育ちます。樹形は放任しておいてもあばれることなく、切り込みをしても芽の出はよいほうです。

主木として育てる場合は、花の大きなヤブツバキを選んだほうが木の勢いが強く、樹形が整います。品種ものでは、ダイカグラのような花輪の大きいもの、八重咲き、獅子《しし》咲きのものなどがありますが、花を主として眺めるようなものを主木に用いると、かえってあきがきます。

ヤブツバキの手入れは、大きな木では徒長枝が出ないので、手入れは少なくてすみます。徒長枝が強く出るようであれば切り込む程度でよいでしょう。風が木の中にもはいるように、混んでいるところは切りすかしをしてやります。これ以上大きくしたくないときは、花が終わったあとで刈り込みます。

根じめ用に使えるカンツバキなどは、形のよい玉になって冬には赤い花が咲き、色のとぼしい冬の木として貴重な存在になります。ツバキ・サザンカは球形に仕上げられるので、近景の玉物としても使えます。

ニッコウヒバ（シノブヒバ）

ヒノキ科―常緑針葉高木

この木の特徴のひとつは、鮮やかな緑の葉先が、春には黄色に近い薄緑となってもえるような感じがあり、冬場にはいって霜に当たると葉先が金色になり、緑の部分が褐色に変わるというはでな感じのする木です。

もうひとつの特徴は枝先が立ち上がっていくことです。放任樹形では相当に幅が出ますから、小さなうちから切り込んでいって円錐状に仕上げるのが普通です。

木はいくらでも大きくなりますが、せいぜい2～2.5mといったところが理想の姿です。

下枝が枯れ込んでくるようであれば、上を強く刈り込んで下枝を張らせるようにします。

ニッコウヒバ

ヒムロ

ヒノキ科―常緑針葉高木

サワラの変種で、枝が多く円筒形や円錐形、玉散らし形などに刈り込んで仕立てることが多

ヒムロ

い針葉樹です。

全体が灰白色で生長するにつれて枯れ枝が多くなり、葉のない位置で刈り込むと萌芽せずに枯れ込むのが欠点です。

植え込む場所は、日陰にならない肥沃な土地を選びます。

マテバシイ

ブナ科｜常緑高木

光沢のある大きな葉が特徴で、6月に黄褐色の花穂をつけ、秋にはどんぐりがなります。

耐潮性や公害にも強いので、街路樹や防風林、工場緑化樹として多く使われています。

大きな葉が密生するので、庭の目かくし（高生垣）や遮光（緑陰樹）にも利用されます。雌雄同株。

マテバシイの実

マテバシイ

モチノキ類

モチノキ科｜常緑高木

中景から遠景にかけての緑の植え込みとしてはネズミモチやクロガネモチなどのモチノキ類が使われます。

モチノキは割合葉が大きく濃い緑で、性質も丈夫です。手入れはとくにありませんが、ときどき切りもどしてやる程度です。季節的な変化は特にありませんから、植えつぶしなどに向いています。

カイガラムシの発生に注意します。高さ約10m。陽光地に耐えます。

モチノキ（段づくり）

モチノキの実

クロガネモチ

ヤマモモ

ヤマモモ科｜常緑高木

6～7月ころ、暗赤色に熟した果実が生食できる雌雄異株の常緑樹です。枝葉が密生しやすく、下枝も枯れにくいことから遮へい効果の大きい庭木です。

強剪定にも耐え、耐陰性も強いので樹形を整えやすいのが特徴です。成木は陽樹。

高さ約15m。樹皮は褐色の染料になります。

ヤマモモの実

ヤマモモの仕立て例

Garden Tree Guide

遠景効果を高めるもの

イチョウ

イチョウ

イチョウ科―落葉高木

雄木と雌木があり、雌木だけに実がつきます。放任すると枝は立ってきます。横に広がった樹形にしたい場合は、幹から直角に出ているような枝を残すようにした仕立て方をとります。

整枝には強く、植え替えにも強い性質をもっています。見どころは、やはり秋の葉の黄色でしょう。大木の移植可能。

種子中のぎんなんは食用としてよく利用されます。

ケヤキ

ケヤキ

ニレ科―落葉高木

ケヤキは緑陰樹を兼ねた主木ということで、実用性を考えた洋風の庭によく使われています。たとえば芝生の庭に立っているなど、一木一草的な使い方が効果的。

ケヤキの魅力は、ほうき立ちの樹形と、春先の芽立ち、冬の小枝先の美しさでしょう。ほうき立ちにするには、放任でなければできないかというとそうではなく、枝をおろす間隔を4〜5年おきにして、短い枝を残して大すかしに切りもどしていくと、4〜5ｍの小形な樹形でほうき仕立てができます。生長は早いほうですが、本当にケヤキらしくなるには、やはり年数はかかります。

八重ザクラ（関山）

シダレサクラ

サクラ

バラ科―落葉高木

サクラは放任樹形にしないときれいな形になりにくいので、昔から、〝サクラ切るばか、ウメ切らぬばか〟などといわれています。枝をおろすと、その後の芽吹きが悪いために樹形がくずれるためです。

そのほか、ムシがつきやすく、長い年月にわたってよい樹形を保つのがむずかしいので、緑陰樹には向きません。

品種は３００種あるといわれます。

アジサイ

アジサイ

ユキノシタ科―落葉低木

樹高1～2mの株立ちになります。6月の梅雨期にかかるころから紅や青紫色の花をつけますが、日本のガクアジサイを母種として、多くの園芸品種がつくられています。

日陰に強く、夏季の乾燥にやや弱い性質があります。

セイヨウアジサイは花色が豊富です。

アセビ

アセビの花

アセビ

ツツジ科―常緑低木

アシビとかアセボともいわれています。白や紅色の花が多数垂れ下がって咲きます。

生長が遅く木が大きくならないのと、木ぶりがおもしろいので根じめとして使われますし、つくばいとか縁先手水鉢、袖垣のあしらいに多く使われています。背丈が低いので玉物に仕立てます。春、一面に白いつぼ状の小花の咲いたところはみごとで、純日本風玉物としてよく生きる木です（生垣にもよい）。革質の葉は小形で密生します。

タマイブキ

イブキ類

ヒノキ科―常緑針葉高木

イブキはビャクシンの別名で玉物の代表としてよく使われています。クロイブキやカイヅカイブキなどの芯を摘んで小枝を張らせて仕上げます。

芝庭の点景をはじめ、根じめや植え込みにも使われます。仕上がったものはハサミで刈り込みますが、生育途中のものは芯をツメで摘み取ったほうがよくできます（刈り込むとスギ葉が出やすい）。高さ約10m。

エニシダ

マメ科―落葉低木

花の色は黄色と、同じ黄色に赤の模様いりのものがありま

エニシダ

す。棒状の枝が気持ちよく伸び、小さな緑の葉がつき、春には目のさめるような花が多数咲くのが特徴です。花の咲き終わったあとは、実がなって、風にサラサラ鳴るのもおもしろい点でしょう。

挿し木が簡単にできますし、花の直後に切り込みをすればよく、手入れは簡単です。高さ1～3m。

キャラボク

イチイ科―常緑針葉低木

常緑の玉物、株物として石に配するほかに、大きくなった古木は刈り込み物として使われています。

低木状で芽吹きがよく、手入れがらくな点が特徴です。イチイと見間違えやすい庭木です。陽地に耐えます。

キャラボク

クチナシ

アカネ科―常緑低木

常緑の株物で、一年中光沢のある緑の葉がついていることと、香りのよい白花が見どころです。

陰地に耐えますが、欠点はムシがつきやすいことでしょう。

クチナシ

クチナシの一種にヒメクチナシがあります。ヒメクチナシの葉は非常に小さく、草丈が30cm以下で、細かく枝分かれします。花は目立って美しいものではありません。なかには白く葉が縁取られるものもあり、根じめとして多く利用されます。

黄赤色の果実は染料・薬用に。

コデマリ

バラ科―落葉小低木

4～5月ころ、株立ちの幹から分岐する細く湾曲した枝にそって球形（手毬状）の白い花序が次つぎに開きます。

老化した幹や枝には花数が少なくなるので、根元から切り取って更新し、木を若返らせます。高さ1～2m。

コデマリ

シャリンバイ

バラ科―常緑低木

小さな緑の玉物で、日本庭園では下草物、石に配するものとして多く使われています。

日陰によく耐えます。

高さ2～5m。春に白花をつけます。

ヒメシャリンバイ

スイカズラ

スイカズラ科―蔓性常緑低木

5～6月ころ、芳香のある花を開く常緑（半落葉）のツル性植物で、花色は、はじめ白色でしだいに淡黄色に変化します。フェンスやポール、棚などにからみつかせて、生垣や地被、目かくしなどに使われています。

スイカズラ

高さ2～3m。葉は薬用や茶の代用に。

タギョウショウ

タギョウショウ

マツ科―常緑針葉高木

マツの仲間ですが、普通のマツは幹が伸びて背が高くなるのに対して、タギョウショウは枝分かれが多く、幹が立たずに自然に株状の玉になる性質があり、玉物として多く使われています。

アカマツ系のものとクロマツ系のものがありますが、アカマツ系が好まれています。

手入れはマツ一般と同じですが、放任しておいても枝分かれするので手入れはずっとらくです。高さは約4m。

ツゲ

ツゲ

ツゲ科―常緑中木

葉の色は濃い緑で、秋になるとかば色に紅葉します。枝は芽吹きがよく、刈り込み、玉どり、その他いろいろな形につくることができ、日本庭園ではシャリンバイ、トベラとともに非常に多く使われています。寒さにも日陰にも耐えますが、日がよく当たらないと秋から冬にかけての紅葉がよくありません。

セイヨウツゲ
'エレガンティシマ'

クサツゲは茎が立たず、高さは30cm前後のもので、緑の玉物として使われています。

モチノキ科のマメツゲは葉は濃緑色で厚く、ダイズの子葉のような感じです。主に刈り込んで玉物とします。日陰地でもよく育ち、高級品として多く利用されるようになっています。高さ約3m。雌雄同株。

ツツジ、サツキ

ツツジ科―落葉または常緑低木

サツキにはいろいろな園芸品種がありますが、庭でよく使われるのは大杯《おおさかずき》です。この種類は葉が細かく枝が密について、花は一重ですが大きなものが咲き、枝が細かいので刈り込みがきくのが特徴です。

同じように細かな葉のものでは、ほかの品種もののなかから選ぶか、ツツジでは久留米ツツジの類です。

それに対して平戸・大紫・琉球ツツジなどは花は大きいものの葉も大きく、枝があらくて大ぶりになるので、刈り込みの根じめなどには使いにくいものです。むしろ、中景から遠景にかけての植え込みとして使ったほうが生きます。また、つくばいのあしらいとか池の縁、あるいは根じめなどのほかに、大刈り込みとしても使われます。

土地に対しては適応性が広く、日陰でも日当たりでもよく育つので、日本庭園ではなくてはならないもののひとつです。

とくに注意したいのは、ダニやグンバイムシなどがつくことです。アカダニがつくと葉がほこりをかぶったように、ツヤがなく白っぽい点々ができます。

ミツバツツジ

サツキ'大朱杯'

テイカカズラ
キョウチクトウ科｜常緑ツル性

6月に芳香のある白い花をつけ、長く伸びた茎から気根をだしてほかのものにからみ、這い上がります。

フェンスや棚にからませる仕立て方や、地面を這わせた地被としての利用が多いツル性の庭木です。長さは10m以上。

ハツユキカヅラ（テイカカズラの斑入り品種）

テッセン（クレマチス）
キンポウゲ科｜ツル性植物

「テッセン」や「カザグルマ」などを総称してクレマチスと呼ばれることが一般的です。5〜6月（四季咲き種は5〜10月）に大形で白色や紫色の花をつけます。

フェンスや棚にからませたり、鉢植え（アンドン仕立て）にしても楽しめる木質のツル草です。とくに剪定は行なわず、新梢の先につける花芽を大切にします。ツルがからみあっている場合は、萌芽前に切りもどして上向きに散らします。下向きに伸ばすと生育が悪く、花数も減ります。

テッセン系のクレマチス

カザグルマ系のクレマチス

ドウダンツツジ
ツツジ科｜落葉低木

刈り込みがきき、玉物に仕立てることができて、刈り込み用、根じめ用として多く使われています。半陰地にも可。

夏は明るい緑、冬は小枝の茶色、春は白いつぼ形の花が多数咲くなど変化があり、玉物用として、和風、洋風とわず非常に多く使われています。

刈り込みがききますから、大きくも小さくも仕立てることができます。季節変化のほしい池の縁や中景に生きます。高さは約3m。

ドウダンツツジの花

ドウダンツツジ（玉物仕立て）

トサミズキ

トサミズキ
マンサク科｜落葉低木

四国（土佐）の山地に自生し、株立ち状になるマンサク科の落葉低木です。寒さが残る春先、新葉に先立ち淡黄色で房状の花をつけます。細かな剪定は行なわずに、自然の株立ちを生かして仕立てます。

ナンテン
ヒイラギナンテン
メギ科｜常緑低木

純日本風のものとして古くから愛用され、根じめや袖垣の前、手水鉢、つくばいのあしらいなどに使われるなど、水や石によく合います。

ナンテン

ヒイラギナンテン

ナンテン（シロナンテンあり）は、軽い土のところで育てると花は咲きますが、なかなか実がなりません。高さ約2ｍ。

ヒイラギナンテンは葉がとがった形をし、日当たりのところでは黄褐色になり、日陰では緑をしています。高さは1ｍぐらいで、ナンテンよりも力強さがあり、近代的な感じがするので用途も広く、多く使われるようになってきています。

ニシキギ

ニシキギ科―落葉低木

山にある木で、秋の紅葉を主として眺めるものです。この木のおもしろいのは翼葉といって茎にコルク質の羽が生えたようになることです。

秋に先がけて色づくことが楽しみで、夜の温度が下がってくるとまっ赤に色が出ます。芽はよく吹きますから切り込みもきます。高さ3ｍ。

ニシキギ（紅葉）

ニワウメ

バラ科―落葉低木

3～4月、葉に先だって淡紅色の花をつけ、初夏に1㎝ほどの球形の実が赤く熟します（生食できる）。

日当たりを好み、乾燥を嫌うので、湿り気の多いところに植え込み、古い幹味を生かした株立ちに仕立てます。高さ約2ｍ。

ニワウメ

ハイビャクシン

ヒノキ科―常緑針葉低木

地面を這う植物としては、ハイビャクシンがあります。これはイブキ・ビャクシンの仲間ですが、幹が立たずに地面に這っていくのが特徴です（高さ30～40㎝）。

日当たりのよいほうがよく育ちますが、日陰でも枝先の切り方によって葉があらくならないように育てることができます。池縁の根じめなどに多く利用されます。

ハイビャクシン

ビョウヤナギ

オトギリソウ科―半落葉低木

キンシバイと同様に梅雨期の前後から黄色い花を次つぎとつける、中国原産の半落葉性低木です。

小枝を多く伸ばした株立ちになるので、根じめや地被として、和風、洋風のいずれの庭にも使われています。移植は容易で、土質も選ばずに生育します。高さ約1ｍ。

ビョウヤナギ

フヨウ

アオイ科｜落葉低木

7～9月、枝の上部に淡桃色の一日花を次つぎと開きます。冬には根株を残して地上部は枯れ込むので、地際から刈り取ります。

日陰や乾燥地を嫌うので、植え込む場所には注意します。高さ1～3m。

フヨウ

ボタン

キンポウゲ科｜落葉低木

4～5月ごろ、新梢の先にさまざまな大輪の花（紫、紅、白、黄、八重咲きなど品種は多い）を咲かせます。花壇や園路わきに品種の個性を生かして植え込みます。

樹高が50～100cmの株立ちを、日当たりのよい場所へ単植（根じめ）列植します。

ボタン

ユキヤナギ

バラ科｜落葉低木

3～4月ころ、枝に雪が降り積もり、ヤナギの枝が垂れ下がったような風情で白い小花をたくさんつけます。

日照が不足すると枯れ込みやすく、花つきも悪くなります。株が古くなってくると花数も減ってくるので、剪定で更新し株を若返らせます。高さは約1.5mほど。

ユキヤナギ

Garden Tree Guide

地被植物

オモト

ユリ科｜常緑多年草

よく知られている日本風の草で、日陰を好み、周年緑色を保ち、冬、赤い実をつけ、石庭や樹木の下草として多く使われています。

草丈は30～60cm。株分けのほか、実をまいて増やすことができます。

オモト

キチジョウソウ

ユリ科｜常緑多年草

草丈20～30cm。日当たり、日陰のどちらにもよく生育する庭草です。

10月下旬ごろに薄桃色の花をつけます。

キチジョウソウ

ギボウシ

ユリ科｜多年草

草丈20～30㎝の宿根草です。半日陰を好み、7～8月に淡紫色の花を咲かせます。

樹木下の根じめや石組みにそえると見栄えがします。

斑入りギボウシ

クサソテツ

オシダ科｜落葉性多年草

草丈は50～80㎝。4～9月ころまで緑色の葉をつけ、冬になると地上部は枯れるシダの一種です。

半日陰を好み、地下茎をだして広がります。山間の風情をかもしだすために、ほかのシダ類（クラマシダ、オニヤブソテツ、ベニシダなど）やコケ類と合わせて樹木下に使われます。

クサソテツ

オニヤブソテツ

シバザクラ

ハナシノブ科｜常緑多年草

草丈は5～10㎝です。日当たりを好み、4～5月に白や紅、桃色のサクラに似た花が楽しめます。

花壇の縁取りにもよく利用されます。

シバザクラ

シャガ

アヤメ科｜常緑多年草

草丈30～50㎝。光沢のある葉と葉の間から茎を伸ばして5月ごろに咲く白紫色の風情ある花が特徴です。湿地を好み、露地に列植したり、広い庭の陰地などに利用されます。

シャガ

ジュウニヒトエ（アジュガ）

シソ科｜常緑多年草

草丈は5～10㎝。半日陰を好み、4～5月に数本の花茎が立ち上がって青紫色の花を多数つけます。

日陰地の根じめや石づきに利用されます。

アジュガ

セキショウ

セキショウ

サトイモ科｜常緑多年草

草丈は30㎝以下で、細い葉を密生し、水辺や石あしらいに好適です。日陰や踏みつけにも強いので、庭中どこにでも植えられます。性質はきわめて丈夫で、株分けして植えればいくらでもよく増えます。

ツルニチニチソウ

キョウチクトウ科｜常緑多年草

草丈は5～10㎝。半日陰を好み、初夏に青紫色の花をつけます。

寒さにも強く、欧州の庭園でもグランドカバーとして多く利用されています。ツル性で横に伸びるので石垣から垂らして利用することもあります。

斑入りツルニチニチソウ

ツワブキ

キク科｜常緑多年草

光沢のある濃緑色の丸い葉をもち、11月ころに鮮黄色の花をつけます。

日陰にもよく育ち、石や池、つくばいに配してもよく、純日本風の景を引き立ててくれます。葉柄はフキ同様に食べられます。

ツワブキ

トクサ

ユリ科｜常緑多年草

葉丈約50㎝。節のある緑色棒状の葉のない茎が株立ちになるので、形のおもしろさが見どころです。

使う場所としては、つくばい、手水鉢のあしらいや水辺植物として池の縁などにも使います。日当たりのよいところでは繁殖力が旺盛で、あたり一面に広がります。

トクサ

ハラン

ユリ科｜常緑多年草

茎が出ないで根元から幅の広い常緑の葉が50～60㎝くらいに伸び、縞状に斑のはいるものなどがあります。

日陰地を好み、直接日に当たると葉やけをおこします。水に強いので、つくばい、手水鉢のあしらいにはナンテンとともによい構成材料のひとつです。株分けによってよく増えます。

斑入りハラン

ヒマラヤユキノシタ

ユキノシタ科｜常緑多年草

草丈は10～30㎝。湿地を好み、春に赤紫色の花が楽しめます。

つくばいの脇や石組みの間に使われるほか、へら形の葉が地面を這うように伸びるので地被にも使われます。

ヒマラヤユキノシタ

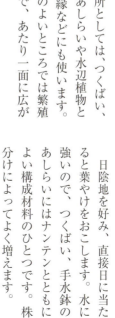

フッキソウ

ツゲ科｜常緑多年草

草丈は10～20㎝。半日陰を好み、茎が地を這い、4～5月に茎の先に淡黄色の花を穂状につけます。

公害にも強く、日当たりのよい場所でも生育するので、地被として広く使われています。

フッキソウの花

フッキソウ

ミヤコワスレ

キク科｜常緑多年草

草丈は20～30㎝。ミヤコヨメナの花色が濃い品種で、四～五月に紫色の花をつけます。白、桃、淡紫色の園芸品種もあります。

半日陰を好み、石組みの間や樹木下の根じめに使われます。

ミヤコワスレ

ヤブラン、ノシラン

ユリ科｜常緑多年草

庭草として使われるもので、草丈約50㎝。斑入りのものが珍重されます。株立ち状になり、下からたくさんの葉が出て薄紫色の花をつけます。

庭木の間、灯籠、つくばい、手水鉢のあしらいとしてよいものです。冬の間も枯れないで、性質は強く、日陰でもよく育つ植物です。

斑入りヤブラン

ノシラン

ユキノシタ

ユキノシタ科｜常緑多年草

草丈は5～10㎝。日陰の湿ったところや、半日陰を好みます。5～6月に白い（上部は淡紅色）花を咲かせます。

つくばいの石組みや流れの岩肌などにつけた草姿に風情があります。葉は薬用に利用されます。

ユキノシタ

リュウノヒゲ

ユリ科｜常緑多年草

別名はジャノヒゲで草丈10～30㎝。日陰によく生育し、初夏に淡紫色の小花が咲き、青色の実をつけます。

濃緑の葉が短くつまったタマリュウ（五分リュウ）が地被として多く使われています。

タマリュウ

リュウノヒゲ

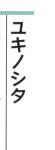

アケビ（円内はムベ）

斑入りビナンカズラ

フジ

ナツヅタ

ツルの類

ツル性のものでは、フジ、ビナンカズラ、ムベ、ノウゼンカズラ、テッセン（クレマチス）、テイカカズラ、ツタ類があります。これらのうちフジ、アケビ、ブドウ、ノウゼンカズラ、テッセン、ツタ類は落葉性のもので、ビナンカズラ、テイカカズラは常緑です。

使い方は、棚にからませるものと、壁に這わせるツタのようなものとがあります。

いずれもツルが伸びることを計算に入れて場所を選ぶことが大切です。

竹、笹の類

イネ科　多年草

日本的な景色をつくるのに特徴のあるものに竹、笹の類があります。竹で太いものはモウソウチクで、そのほかマダケ、メダケの類からカンチク、ダイミョウチクなど、それぞれ特徴のあるものがあり、笹では葉の大きさの大小や斑入りのものなどがあります。

幹に日が当たると日焼けをおこすので落葉樹の下で育てるか、竹だけを群生させて葉を密にして幹に日が当たらないようにくふうします。それに根元を踏まないことです。

トウチク

スホウチク

葉が横に広がりすぎるようであれば、好みの大きさになったところで新葉の芯を引き抜いてやれば、そこで伸長は止まり、葉のまとまりができます。

植え替えは、タケノコが出始めるころが適期です。それぞれの種類によってタケノコの出る時期は違いますが、時期以外に植え替えるとほとんど枯れてしまいます。霧雨のときのような湿度の高いときをねらって植え替えるようにし、根を乾かさないように注意します。

クマザサ

カムロザサ

水草の類

フトイはトクサによく似た水生植物で、池の中に植え込まれる水草として珍重されています。フトイのなかには横縞のあるものがありますが、これはとくに貴重なものとされています。

そのほか、スイレン、アヤメ、ハナショウブなどがあります。スイレンは池の中に鉢か箱植えにして入れますが、アヤメ、ハナショウブは水岸の水分の多いところに植えられます。

スイレン

シマフトイ

カキツバタ

ハナショウブ

第4章

庭づくりの実際

地割りの方法と施工の手順

施工の手順

●まず埋設されている設備をチェック

庭づくりを実施する場合、庭の好み（様式）、敷地の形状や建物の位置、予算、家族の意見などをまとめて計画された庭のプランとともに、庭に埋設されている給排水管やガス管、動かせない生活設備などの位置を前もって調べて、地割り（庭全体の平面計画）に組み込んでおく必要があります。

地割りの計画だけで作業を進めると、地中の配管類で、「庭木が植えられない」「石が据えられない」という部分が庭のあちこちに生じ、作業の中断はもちろんのこと、地割りの変更まで考えなくてはならなくなってしまいます。

また、庭づくりに使用する材料の運搬や据え付けなどが、どこまで自分の手で行なえるかを考えておく必要もあります。

主木にするような大きな庭木や庭石、灯籠などの重い材料の運搬や据え付けは、造園業者や機械の手を借りなければならない場合も多いので、購入とともに、運搬や据え付けの作業を前もって信頼のおける業者に依頼しておくことも必要でしょう。

予算の範囲内ですむように依頼しておけば、地割りの計画の途中で庭づくりのアドバイスを受けることもできます。ただし、金銭的な面だけにこだわるような飛び込み業者に依頼するのはさけたほうが無難です。

庭づくりの手順

地割りの計画から庭づくりに必要な材料（庭木、竹、飛び石、灯籠、手水鉢、客土、その他）の運び込みの手配がすんだら、計画された主庭、前庭、側庭、裏庭のそれぞれの視点（観賞点）から眺め、地面の形に凸凹をつくることから始めます。

●基準の高さをマークする

庭木・石、添景物などの位置を図面から確認し、盛り土する場所、平坦にする場所、掘り取る場所など、全体を立体的につくりあげます。

このとき大切なことは、はじめの地面の高さがわからなくならないように基準の高さをどこかに印をつけておくことです。これをベンチマークといいますが、立木、建物、杭など動かないものに、地表30cmくらいのところで印をつけます。その印を起点にして「アプローチは20cm下」とか、「池は60cm下の深さに掘る」というように作業を進めます。

●石を配置する場合

次に大きい庭木や重い石材料を運び込み、庭の奥に配置されるものから先に植え込みや据え付けをしていきます。庭木や石を近くに組み合わせて配置するような場所では根鉢がはいらなくなるので、庭木を先に植えてから石を据えますが、そうでないところは石を先に据え、あとで庭木を植えます。

石の据え付けに時間がかかる場合には、庭木の根鉢が乾かないように仮植えしておきます。

●つくばいなどを設ける場合

庭に池やつくばいを設ける場合は、池の護岸や役石（つくばいに使用する前石、手燭《てしょく》石、湯桶《ゆとう》石など）の据え付けとともに、給排水管の埋設工事も行なっておきます。

[地割りのポイント]

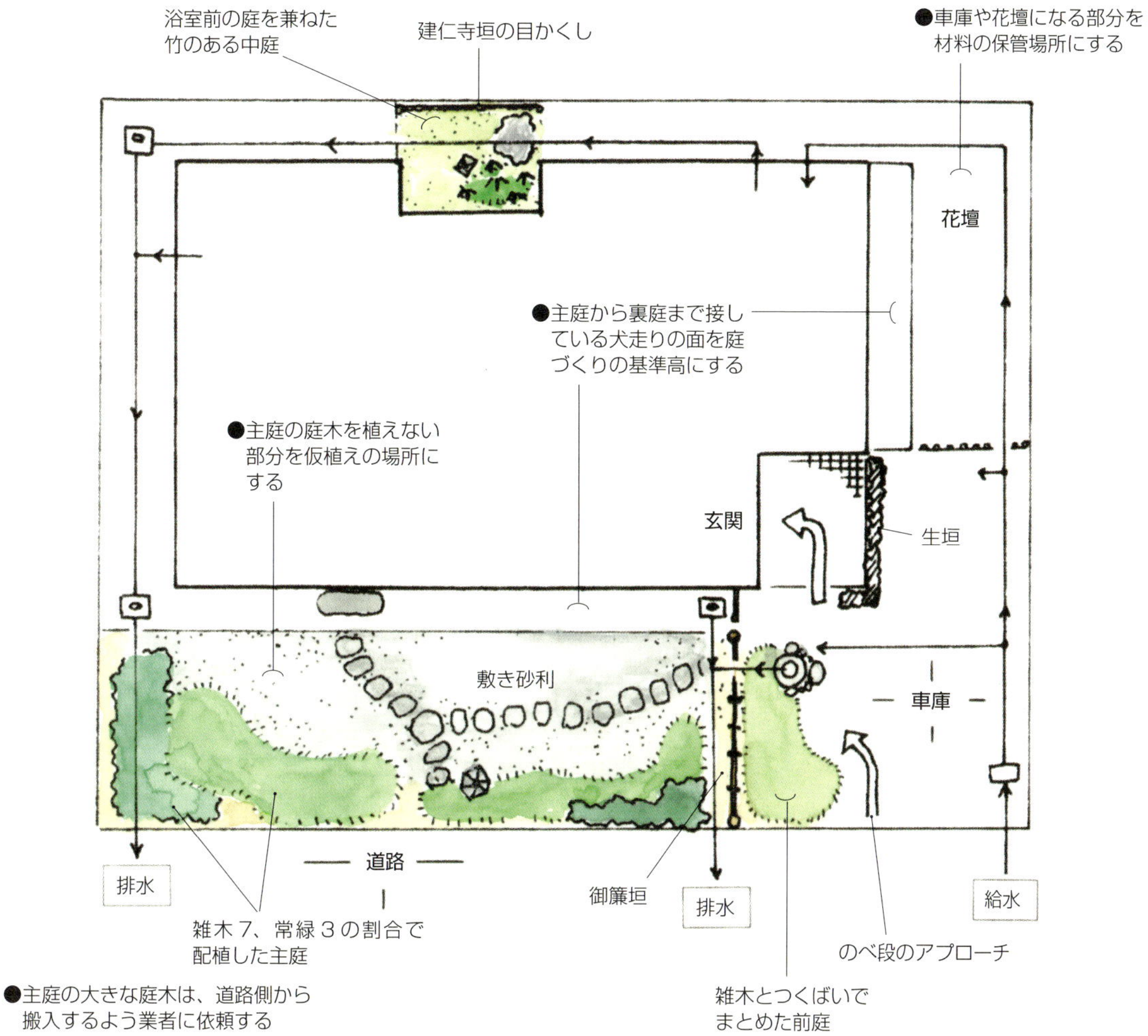

ナツツバキやナナカマドなど雑木を中心に配植した例

庭の奥から作業を進め、石の据え付けや庭木の植え込みがすんだら、池やつくばいの底部(海の部分)の防水コンクリート工事をすませ、添景物の設置に移ります。

飛び石やのべ段のアプローチ、くつぬぎ石や灯籠など、材料を水平にして施工する作業を行ない、主庭や前庭を仕切る垣根をつくります。

庭木や石、添景物の根じめとして下草を配植し、最後に地被植物類や芝生、敷き砂利などで地面を覆う手順になります。

石の配置と据え方

石組みを中心に庭をつくる場合は、庭石の欠点（ひび割れや傷）を植木で補って眺められるようにする場合を除き、あくまでも石は石として、植木がなくても眺められるようにまとまっていなければなりません。

石の特徴と生かし方

石の個性を生かすということは、大変むずかしいことですが、まず庭石として見る場合の特徴のとらえ方を考えてみることにしましょう。

●石を組むか景石にするかで違う

石の特徴をとらえるとき、最も大きな要素は、模様があって色彩がはでな石と、模様がなく色彩も落ち着いた感じの石があることです。

模様などがあって非常にはでなきれいな石には、赤石とか青石、三波石《さんばせき》のようなものがあります。

このような見かけのはでなものは、1個1個に個性がありすぎるために、数個の石を組み合わせて構成美を眺めるものには大変使いにくく、多くはひとつだけを据えて、その美しさ、完全さなどを観賞する景石として使われています。

それに対して、筑波石、鞍馬石などの御影《みかげ》石のように、石じたいに模様やすじ目がないものは、石組みにはいちばん使いやすいわけです。なぜかというと、形の特徴だけを考えればよいわけで、ひっくり返しても立てても寝かしても、どこをだしても裏表がないからです。

もうひとつは、見かけが落ち着いているので数多く組んでもけばけばしさがなく、構成美をねらうことができるからです。

なかには模様やすじ目のあるものでも、そういう石が自然にある山や川の状況を写して石組みをつくることもあります。しかし、石組みの場合は一般に花崗岩のような割合渋い色で裏表がない石を使うことが多いようです。

庭石というと、すぐ名石を集めてくることを考えがちですが、それでは金もかかりますし、石の特徴を生かした配石も大変むずかしいことになります。

そこで、ここでは多少お金をかければ手にはいる程度のもの、できれば身近にある石を生かした石庭づくりにねらいを

流れを黒ぼく石（山石）でまとめた例

おいて考えてみることにします。

　ただし、石ならば何でも使えるかというと、そういうものではありません。大きな岩から海岸の砂まで、もとはといえば石ですから、そのなかでどんな形の石が庭石として使いやすいかということになります。

●ありふれた形の石が組みやすい

　庭石として眺める場合、いろいろな形を生かすわけですが、なかでも山石、沢石は割合使いやすく、川石などは使いにくいということができます。

　海石は山が海岸にせまって、そこで海の影響を受けた石、これが海石ですから、山石とまったく同じです。

　しかも浸食されたり、あるいは波打ちぎわで打ちつけられたりして形の変化が出たものは、非常におもしろい形のものがあります。これなどは景石の類として眺められますが、いわゆる石組みとしては特徴がありすぎて使いにくいことがあります。

　石組みに使う石は、ひとつひとつがおもしろい形をしているものよりも、ごくありふれた形のものを選びます。

　ひとつの庭で使う石は、なるべくならそろっていることが望ましく、山石なら山石でそろうようにします。

石の形を三つに区分

　石の形は千差万別で、ひとつとして同じものはありません。このいろいろな形の石を前にして、どのように据えて構成するかを考えるのは大変なことです。そこで、石の大小や厚さの違いは別として、姿・形を大きく分類し、それを頭にいれて構成を考えると便利です。

●立石・平石・中間タイプに大別

　石の形の呼び名には、昔からいろいろありますが、どのように石が使われているかをみていくと、大きく三つに区分けすることができます。この場合には、石の本来の形・掘りだして全部見えるときの形をいうのではなく、実際に使われている石で、地上部にどういう形に出ているかによって呼び名が決まっています。

　ひとつは立石といって細長く突きだしたような形のもの、もうひとつは平石のような上が平らで広い面積があり背の低いもの、それ以外には四角い感じのものや、こんもり丸形のもの、不整形のものなどがありますが、これを立石と平石の中間のものとして考え、三つに大別して考えます（84ページ図参照）。

　このように石の形を三つに区分して構成を考えると、頭の中で三つの種類をいろいろと組み合わせることができます。現在ある石は、立石形のものが何個あり、平石形が何個、中間形が何個あって、平石形が割合多いから、少ない立石を生かすような構成にしようといったぐあいです。

　区分をせずに、ひとつひとつの石の形にこだわって考えたのではまとまりがつきませんし、図上で検討してみることもできません。

一石の景は安定感が基本

　石と石の構成は一人よがりではなく、だれが見てもきれいに組むことが大切で、一応の原理を知っておく必要があります。

　たとえば、生け花とか植木の配植の基本と同じ考え方が石組みにもあり、①交差したものはいけない、②たがいに寄りかかり合ったものはいけない、③高さの同じもの、大きさの同じものを並べない、④全部を見せないで一部分を他の石でかくす、などの原則があります。

●石の欠点は組むことでカバーできる

　このような原則にしたがって据え付けますが、数多く使う石組みと景石の場合とでは違います。しかし、一石で眺める景石でも、それを庭のどこに据えるかということは、庭全体を見て場所を決めるわけで、石はひとつでも構成・造形的な

[庭石の各部の名称]

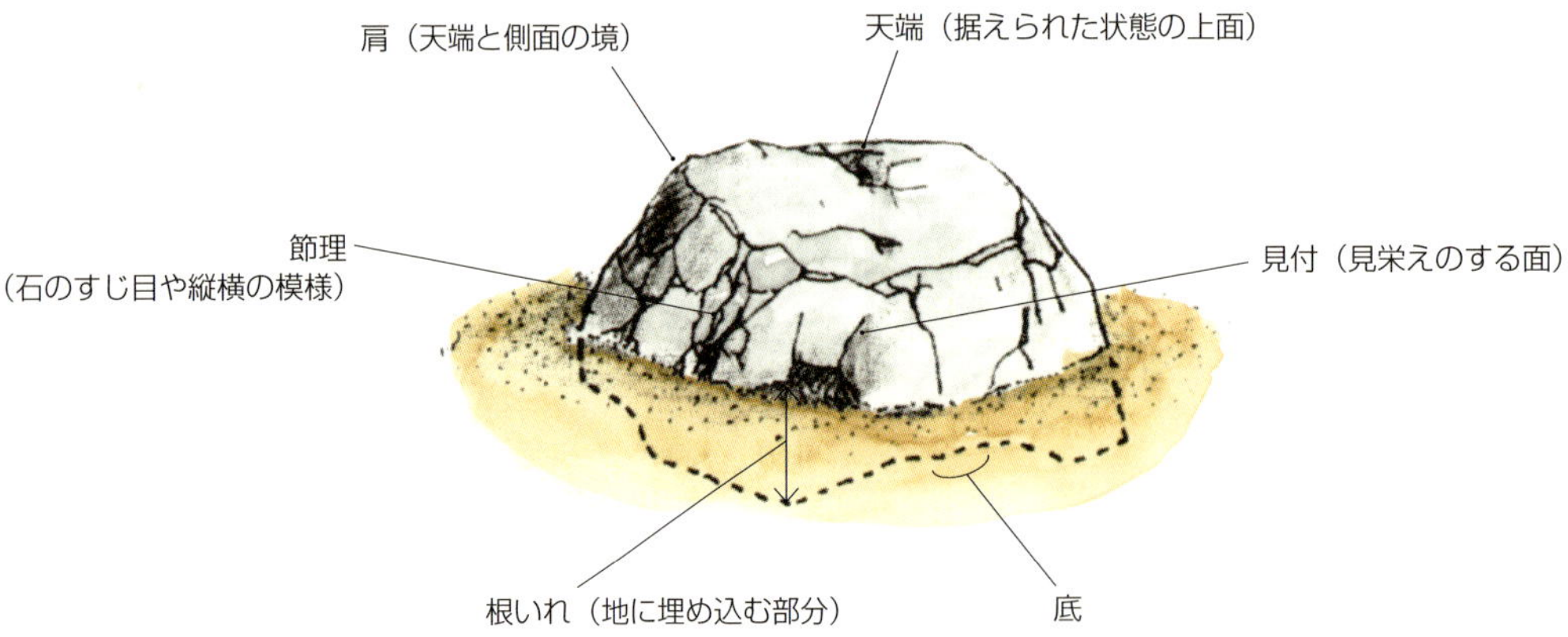

[石の形]

※実際に据えられた石で地上部に出ている形から
立石、中間石、平石に分けられる。

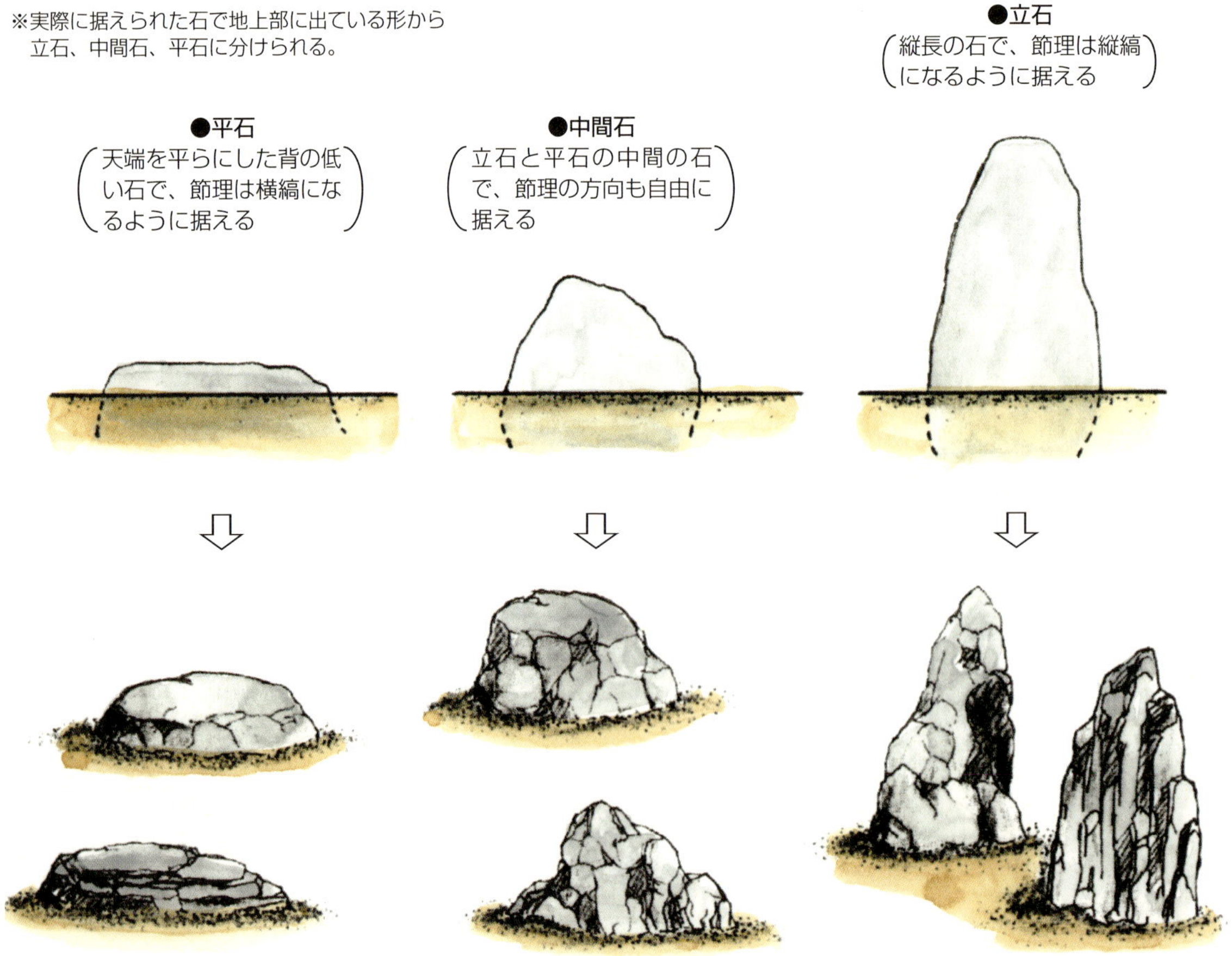

石組みで全体の構成美を

景石の基本形

美しさをねらう点では基本は同じです。

構成美をつくりだすにはどうしたらよいか。まずひとつの石の据え方から考えてみましょう。石を扱うとき、最も基本になることはただひとつです。それは安定感です。石がただそこに置いてあるというのでなく、その石がずっと土の中に根をおろしていて、大地の岩の頭が土に飛びだしているような形に据えることによって安定感が強調されるでしょう。

下図で示すように、相当大きな石でも根いれが不十分（根が切れた状態）で石のすそがだんだん丸くなっていくように丸い線が見えるようでは、せっかくの大きさを感じさせません。かえって根いれをうんと深くして、石の一部分を見せただけのほうが、いかにも自然の岩石の頭が出ているように見え、かくされた部分を想像することでより大きさを表現できます。

景石としてひとつの石を据えて眺めるには、形の非常によい石とか色の美しいものでなければなりません。ところが、よい石というものは一石で眺められるという石は少なく、なんらかの欠点をもっています。したがって、欠点があってひとつでは眺められないものを集めて、それらを組むことによって全体の構成美をねらったもの、それが石組みです。

［石の据え方］

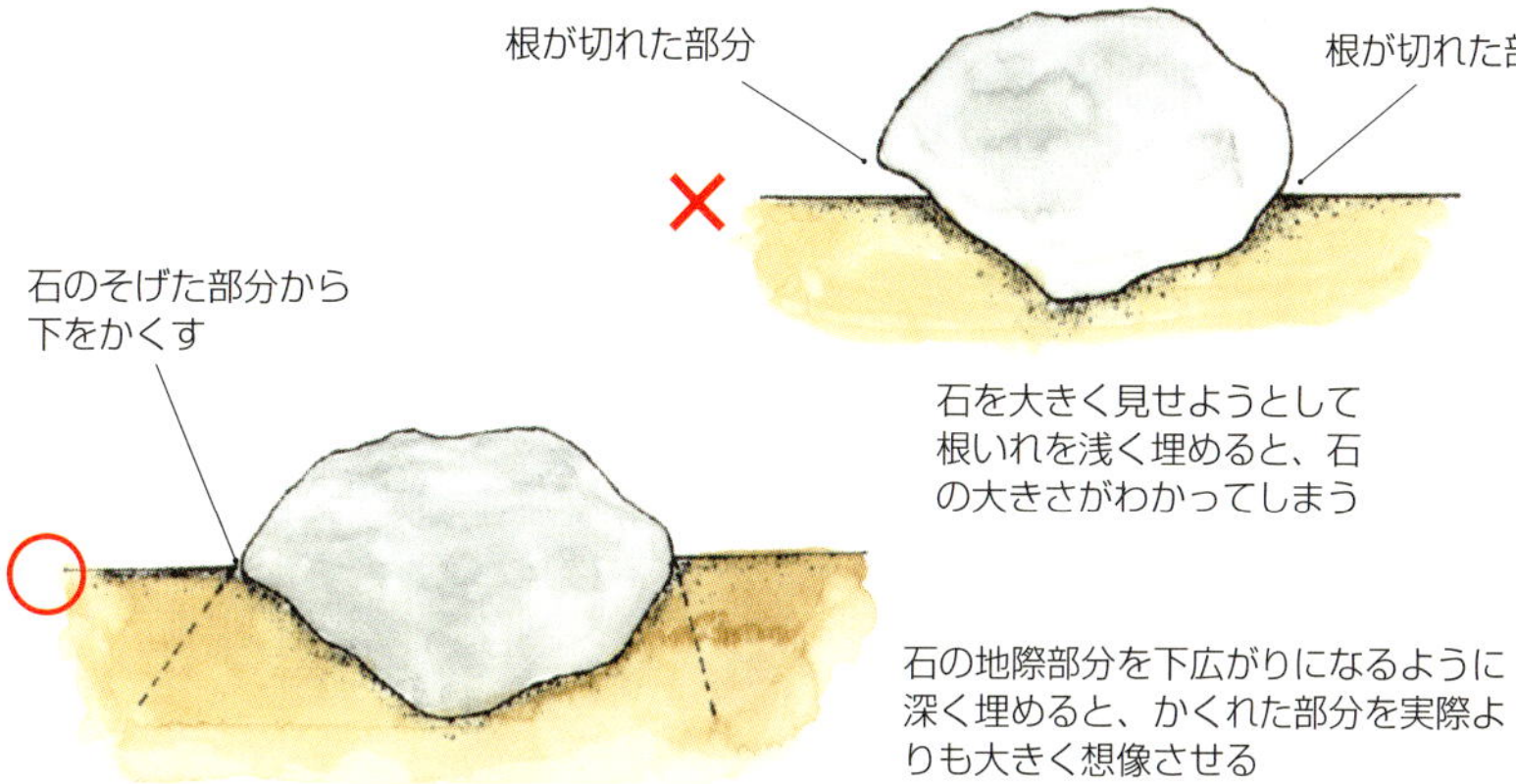
根が切れた部分
根が切れた部分
×
石を大きく見せようとして根いれを浅く埋めると、石の大きさがわかってしまう
石のそげた部分から下をかくす
○
石の地際部分を下広がりになるように深く埋めると、かくれた部分を実際よりも大きく想像させる

石組みの基本は主・賓《ひん》・副《そえ》

石組みの構成の基本になるものは、植木の配植のところで応用されている不等辺三角形の応用です。石組みの場合は、主・賓・副といっていますが、この三つの間で高さ、形、量感の変化を考え、さらに並べる位置も不等辺三角形とし、全

体のバランスをとるわけです。

石の組み合わせ方の例

この主・賓・副をひとつひとつの石であらわすとすれば、最小の単位は三つの石から始まることになります。

左ページの上の図は三つの石の組み合わせの一例をあげたもので、左は基本として同じような形の立石を主・賓・副の形に配石したもの、中央はそれぞれに変化をつけて主になるものに立石を使い、賓は角形の石とし、副には平石を使っています。右は立石を使わないで構成したもので、組み合わせはいろいろありますが、それぞれ主・賓・副の形を生かして組み合わせたものです。

このほか、裏から見たものや賓・副の位置が主の前後と後ろの場合などいろいろな形が考えられます。

以上は原型として三つの石を組み合わせたものですが、数が多くなるとどうなるでしょうか。二つ多くして五つで構成したとすると、やはり主・賓・副の三つの石が基本になり、それにあしらいの石が二つつく形になります。あくまでも三つの原型をこわさないように、残りの二つの石はむしろそれを強調するように配することが必要です。

さらに石の数が多くなれば七石組み、九石組み、数十の石組みというように増えていくわけですが、この場合は、それぞれの石の群をひとつの石と考えて、中心になる石の群を主の石組み、それに賓にあたる石の群、副の群というように考え、それぞれの群の間に量感の違いがあり、さらに形の変化もついていけば、数が多くても同じ原理で組むことができます。

石の群と群との間には、つながりとしてのあしらいが置かれ、全体の結びつきがつけられます。

実際にはどうなるか、ひとつの例をあげてみましょう。仮に石屋さんが車1台に石を積んできて、値段の折り合いもついて買ったとします。それには大小、形もいろいろあり、数も15個ほどあるとき、それをどのような石組みにしたらよいでしょうか。

まず主・賓・副の不等辺三角形の応用の原則にたちもどって考えてみます。そして主に相当するものを何個の石で組むかを決めて、最も量感の出るようなものを選びだします。次に賓・副に相当するものを選びだし、それぞれをつなぐあしらいの石といったように、大きく四つの群に分けます。

石の群の仕分けのときの考え方としては、いくつかある石の中で、形のうえからも大きさのうえからも最も立派な石を主になる場所の中心の石と考え、次に立派な石を賓の中心の石、次は副の中心の石というように、中心点にそれぞれの石が生きるような石をひとつの群として仕分けるとよいでしょう。

次に、それぞれ主・賓・副の群の位置を決めますが、それらの位置関係は不等辺三角形で考え、主になる群の位置を決めたら、その群の石組みを構成し、その主に対する調和を考えながら主・賓・副の石組みを決めていきます。

眺めのポイントに据えられた景石（右奥）

［配石の原理と多石組みへの応用］

● 3 石の石組み

※主、賓、副の不等辺三角形の石組みにあしらいの石を配り、
5 石、7 石、多石組みへと発展させる。

● 5 石の石組み

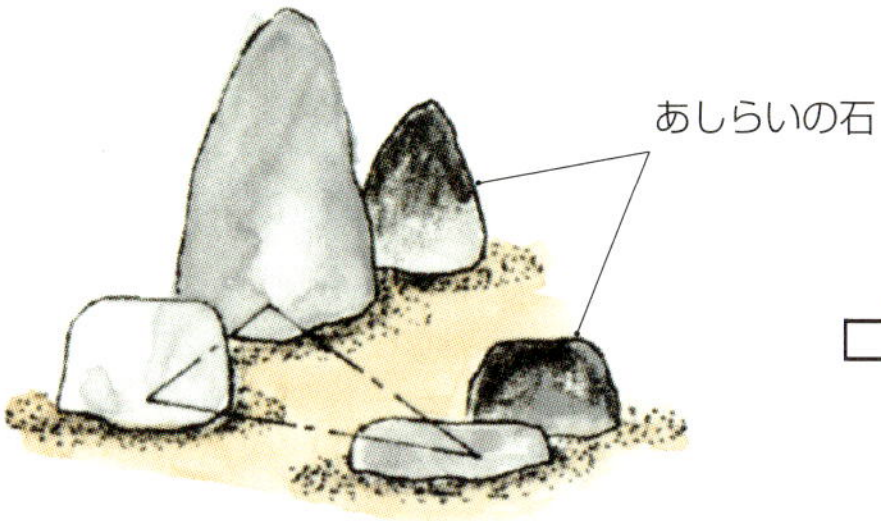

● 7 石の石組み

●多石組み（15 石）

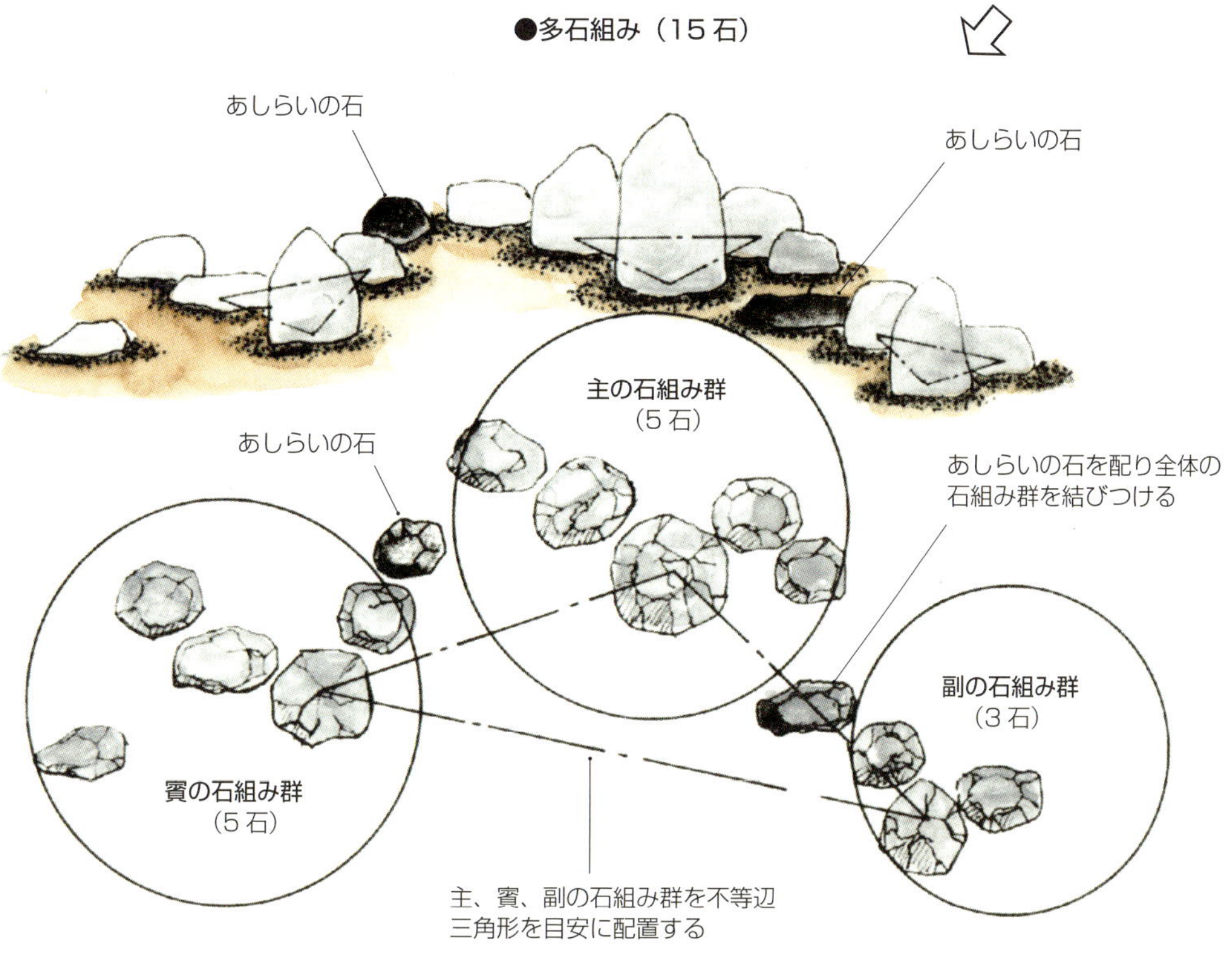

最後にあしらいをつけ、全体をまとめるといった手順になります。

石組みには、昔から使われている七・五・三の石組みがあります。この石組みはそれぞれ奇数で割り切れない数だから縁起のよい数とされていますし、それぞれの数の変化が量感の変化とバランスがよいことから、ひとつのモデルとして考えられています。

七つ組みを主の群として扱い、五つ組みを賓、三つ組みを副として扱っているわけです。しかし、この七・五・三の手法も、その数に組むというよりも、あくまでも全体に変化をつけてばらまいて構成美をねらうことに主眼があると考えるべきでしょう（前ページの図参照）。

石の据え方の手順

石を据えるには、まず根いれの部分を掘り、底をタコや太めの丸太などでよく突き固めますが、地盤がしっかりしている場合には、そのまま石を据え付けることができます。

地盤がやわらかい場合は突き固めるだけでなく、その下に割りぐり石をいれて据え付けます。

根いれ穴の基準ができたら石を据え、眺める位置に立って全体を眺め、石の向きや根いれの深さを調整し、石がいい形に決まったら、根のもとは必ず棒で突き固めて埋め込みます。

石にコケを生やすには

景石、あるいは石組みに使った石にコケを生やしたい場合、最も自然な方法はマツなどの針葉樹を植え、そこから落ちる雨つゆやしずくをあてると最もよいコケが生えるといわれています。

もうひとつは人工的なやり方で、煮汁をかけたり、ふのりの薄いものをかけ、有機物を石につけることによって発生をよくさせることもできます。

［石の据え方手順］

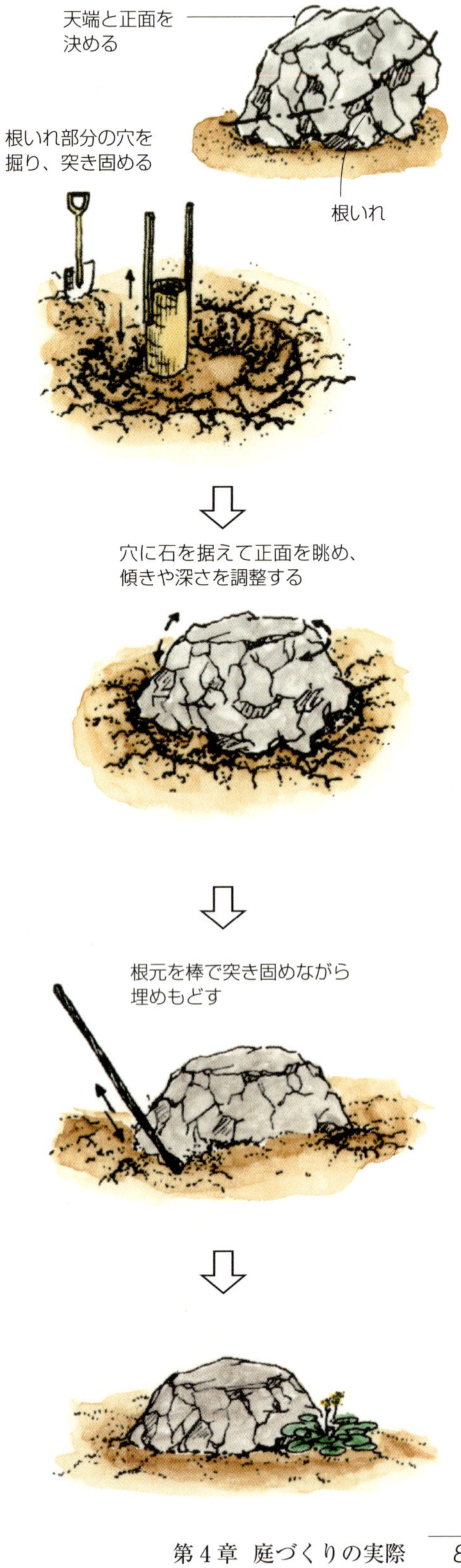
天端と正面を決める
根いれ部分の穴を掘り、突き固める
根いれ
穴に石を据えて正面を眺め、傾きや深さを調整する
根元を棒で突き固めながら埋めもどす

庭木の植え方（植え替え方）

植え替えの時期

萌芽前、入梅、秋が適期

植え替えの時期として最も理想的なのは、どんな条件のときでしょうか。

ひとくちにいって植え替えの条件としては、よく活着する条件がそろっている必要があります。植え替えによって木が枯れやすいのは、根が切られて働く根が少なくなるために養水分の補給ができないからです。さらに養分の消耗の激しい時期に移植されると、いっそう強くあらわれます。したがって、まず養分の消耗の少ない時期を選ぶことが大切です。木の蓄積養分が最も多く、しかも消耗の少ない時期は、木が休眠している冬の間です。ところが、冬は寒さの害を受けるので、これもうまくありません。

そこで春先、萌芽を始める前の時期がよいとされています。その次によい時期は、入梅の時期です。このころは空気中の湿度が多いので乾く心配が少なく、春先に伸びた枝は一応伸びきってしまって木が充実した状態です。

もうひとつの時期は秋です。常緑樹などでは夏の間生育し、秋にかかるころは養分の蓄積をやっている時期で、木を傷めてもそれほど影響しないときです。秋に植えたものは地上部の生育は止まったようでも、根は厳寒期にはいるまで活動していますから､活着も割合よい時期で、多く行なわれています。

樹種の植え替え適期

木の種類別の移植の適期は、針葉樹では春の萌芽前から4月中旬ころまでと、秋の初めころに行なわれ、夏はほとんどやりません。

常緑広葉樹では早春の萌芽前、それに梅雨期、秋植えもできます。しかし、冬の間も葉をつけているので、秋植えの場合は地上部と根のバランスがくずれてうまく育たないことが多いので、秋植えでは早い時期に強く刈り込んでやる必要があります。

落葉樹は早春から萌芽までの時期が最もよく、秋の場合には10月中旬から12月ころまでの間に行なわれます。

以上が植え替え時期の基本ですが、樹種によって多少違いが出てきます。たとえば暖地性の樹種では温度が活着の重要な条件になります。ドラセナ、トウジュロ、ソテツなどの類は、高温多湿の梅雨期から梅雨明けのころに植え替えると活着もよく、その後の生育も順調にいきます。

また、マツの類では、新芽が伸び始めて、葉の広がらない時期に植え替えると活着がよいといわれています。

落葉樹のなかのモミジ類は、冬の間、多くは2月の中下旬に移植されます。モミジは萌芽までの期間に、非常に早い時期から根が活躍するという特徴をもっています。

したがって、普通の落葉樹と同じころにやると、すでに活躍し水を上げている根を切り取ることになってしまうので、早い時期にやるほうがよいわけです。

下草（地被植物や山野草類）の植え替えも常緑樹や落葉樹と同様に、春の萌芽前を目安に行ないます。ただし、植木鉢やポットで栽培されている素材は根鉢が充実しているので、真夏や厳冬期を除けば容易に植え付けることができます。

竹や笹の類では、最もよいのはタケノコになる芽がふくらみ始めた時期とされています。

これは、タケノコの出る時期は竹の性質がいちばん強くて回復力の早いときだからです。これ以外の時期は活着しにくいものです。

掘り取る前の根まわし

木の活着がよいか悪いかは、細かい根がたくさんあるかどうかで決まります。したがって、根元になるべく細根がついているようにすることが大切です。園芸センターや植木屋で庭木を買うときも、根巻きされた木の根元がぐらつかずにしっかりしたものを選ぶようにします。

●根まわしが必要なもの

庭にある木を移植する場合は、根のあらい性質のものや深根性のもので深くに根のあるものなどは、「根まわし」という作業が必要になってきます。

植木には、植え替えたとき、つきやすいものとつきにくいものとがあります。たとえば、落葉樹の代表的なものとしてイチョウのようなものは、非常に強くて相当乱暴なやり方をしてもよくつきます。それに対して針葉樹や常緑広葉樹のようなものはつきにくく、また、樹齢が若いものほどつきやすく、大きくなればなるほどつきにくいものです。あるいは、つきやすい木でも長年植えたままになっていると根が深くはいっているので、植え傷みしやすくつきにくくなります。

したがって、つきにくいとされている針葉樹や常緑広葉樹、つきやすい落葉樹でも長い間植えっ放しにされていたものでは、根まわしが必要です。

●根まわしのポイント

根まわしの目的は、細根を多くつけて植え替え後の活着をよくするためです。そのためにまわりを掘って根を切ったあと、また埋めもどして1〜2年そのまま育て、切った根から細根がたくさん出たときに植え替えをするわけです。

根まわしをするには、まず根のまわりに円形の溝を、木の根元の直径の4〜6倍の鉢を残すつもりで垂直に掘ります。掘るときに出てきた細かい根を切りながら深くしていきますが、大きな根はそのまま切ると木の勢いが落ちるので、切らずに環状に皮だけはいでおきます。

全部溝を切り終わったら、肥えた畑土で埋めもどします。根はこの溝の外側に伸びてきますから、植え替えのときにはこの溝の外側を掘ります。

根まわしがすんだあと、1〜2年たって根が十分に張ったところで植え替えということになります。ただし根の丈夫なものや、植え替えて間もないようなものは、根まわし作業は必要ありません。

掘り取りのやり方

植え替えるときは根を切られるので、それに耐えられるような枝おろしの作業が必要です。枝が非常に繁茂している場合には、樹幹の3分の1程度まで枝を切りすかしていきます。これによって葉面からの水分の蒸散量を少なくしてバランスを保たせるわけです。

●掘る目安は根元の4〜6倍

次に掘り取りの鉢の大きさを決めます。鉢の大きさは、根の形によって大小が決まります。貝尻《べいじり》といって、主根（ゴボウ根）と脇に出てくる力根との角度が狭く、根が深くはいる性質のものと、皿《さら》尻《じり》といって、力根の角度が広く浅根性のものとがあります。

植木では、力根と主根との間には細根が少ないのが普通ですから、力根が出てきたらそれより深く掘る必要はありません。したがって、木の性質によって掘り取る鉢の形はそれぞれ異なります。これは木の性質もありますが、地下水の高いところなどでは、貝尻のものでも皿尻に近いかっこうになっているので、環境条件によっても考えなければなりません。

以上の性質や根まわし後の状況などを考慮にいれて、根元の直径から根鉢の直径を割りだして決めます。普通は根元の

[根まわしと掘り取り]

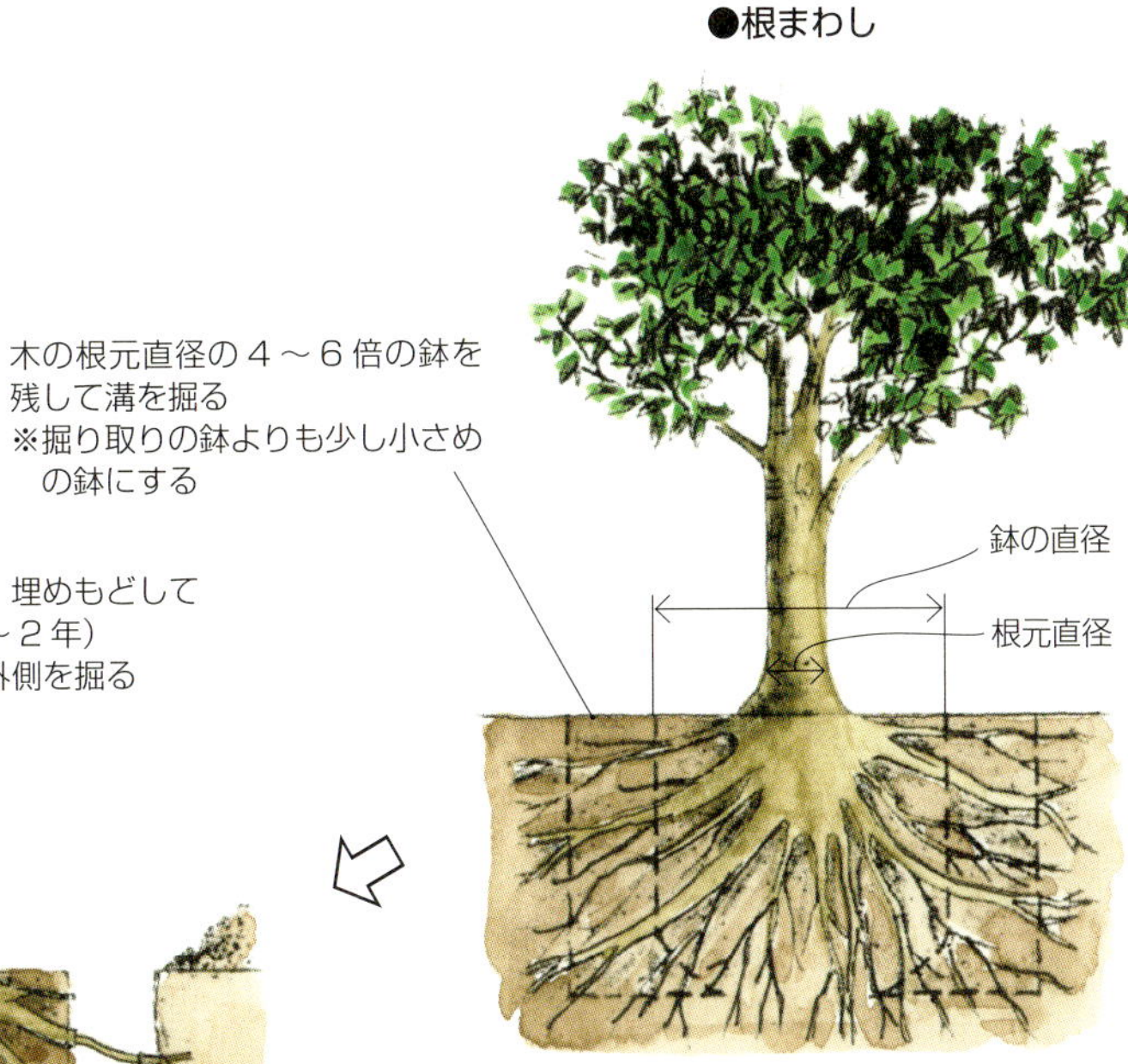
●根まわし
木の根元直径の４～６倍の鉢を残して溝を掘る
※掘り取りの鉢よりも少し小さめの鉢にする
鉢の直径
根元直径

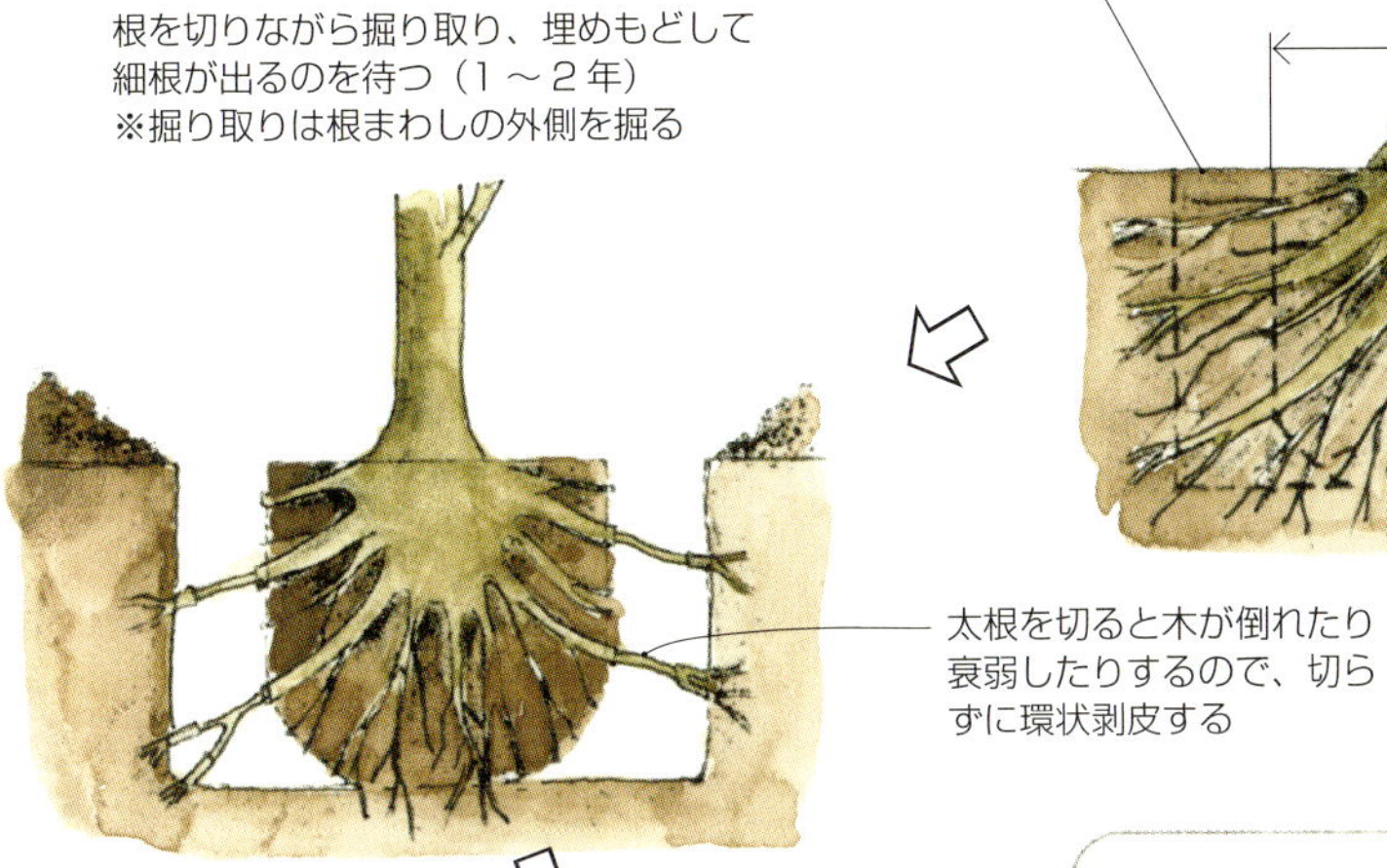
根を切りながら掘り取り、埋めもどして細根が出るのを待つ（１～２年）
※掘り取りは根まわしの外側を掘る
太根を切ると木が倒れたり衰弱したりするので、切らずに環状剥皮する

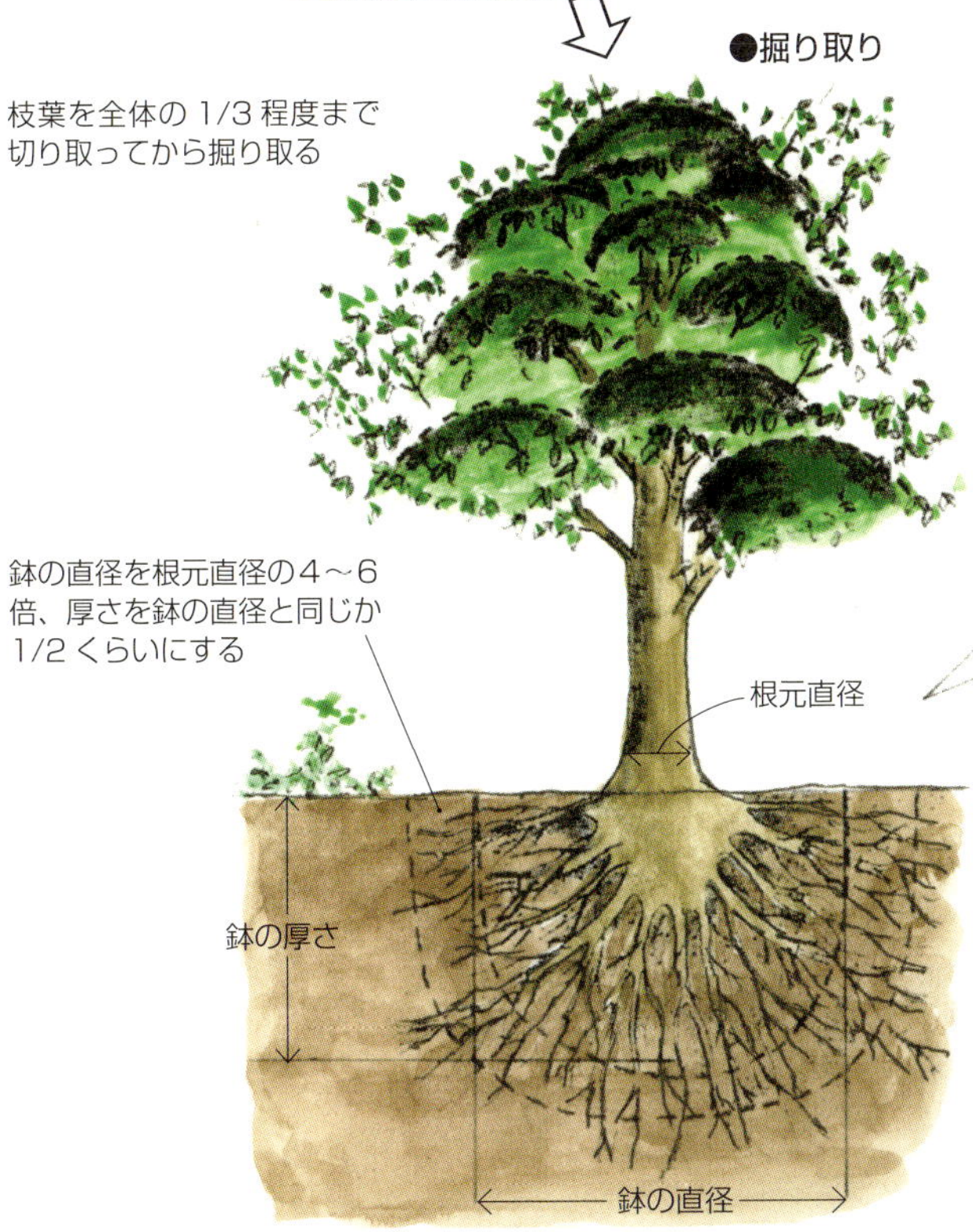
●掘り取り
枝葉を全体の 1/3 程度まで切り取ってから掘り取る
鉢の直径を根元直径の４～６倍、厚さを鉢の直径と同じか 1/2 くらいにする
根元直径
鉢の厚さ
鉢の直径

針葉樹や常緑樹などの深根性の樹種は貝尻の鉢、落葉樹や灌木類などの浅根性の樹種は皿尻の鉢で掘り取る
皿尻(さらじり)
貝尻(べいじり)

直径の4~6倍を基準にします。幹の太さの関係からいうと、根元の太さが非常に細い苗木のようなものでは4~6倍では小さな鉢になってしまうので、こうしたものは幹の太さとは関係なく十分な大きさの根鉢をつけてやる必要があります。

大きい木の場合では、活着のよいものは小さめに、活着の悪いものは大きめに鉢の大きさを決め、その外側のところを掘りおこす位置にします。掘り取りの溝の幅は、作業しやすいように広めにとります。

●落葉樹の掘り取り

落葉樹はハタキといってなるべく根を切らないように大きく掘って、掘り上げたら土をはらい落として植え替える方法をとることもあります。このようにハタキでやるときは、大きめに掘る必要があり（幹の直径の6倍以上）細根を切らないように注意します。

しかし、落葉樹でも運搬がらくなときや、とくに大きな木では、土を落としてしまうとつきにくくなるので、針葉樹や常緑樹などのように鉢土をつけて植え替える必要があります。

購入・掘り取りのいずれの場合も根を乾かさず、細根を切らないように十分な注意が必要です。

鉢土をつけて植え替えるときには、鉢土をくずさないように注意することが大切です。スコップを根元とは逆の方向に向けて掘り、土をくずさないようにします。小さな根はスコップで切っていきますが、大きな根が出てきたら、切り口を傷つけないようていねいにノコギリかハサミで切ります。

掘り進んでいくうちに側根の太い力根が出てきます。この力根が出るようになると、その下のほうには細根はほとんどないので、垂直に掘っていったものを底をめがけて斜めに掘り込んでいきます。

フジやネムノキのように根元近くに細根がなくて深くはいっているようなものは、追い掘りといって根にそって掘り進み、細根のある部分まで掘ったら掘り取るといった特殊なやり方をします。

運搬途中で注意する点は、幹や枝の皮をむかないようにすることです。ナワをかけたり、台をあてたりする場合は、必ずコモや杉皮、板片などを巻いて傷まないように注意します。

植え付けのやり方

●植え穴の掘り方

植え穴の直径は、鉢土の上部の直径の1.5倍というのが常識です。深さは鉢土の高さと同じくらいでよいでしょう。深く植えすぎると酸素不足や地湿が上昇しないため根の生育が悪くなります。

植え穴の底のほうはよく耕して畑土をいれておき、植え穴の中央は高く、周囲は低くなるような穴にしておきます。中央が高くなっていると、向きを変えるときに簡単にできる便利さがあります。

植え穴にいれた植木は、表裏をよく見て位置を決めます。表は枝ぶりが最も観賞によい面です。したがって、いままで南を向いていて枝葉も南を向いていたものを、今度は北から眺めるとなれば、木の向きは逆に表を北に向けることになります。

●水ぎめと土ぎめの違い

位置が決まったら土を埋め込みますが、このとき水ぎめ法でやるか土ぎめ法でやるかによってやり方が違ってきます。

水ぎめ法というのは、落葉樹をはじめ多くのものに行なわれる方法ですが、水をいれて多湿にしたときに切り口から腐りやすい種類（主に針葉樹に多い）には水ぎめは適しません。

まわりに土をいれて、6~7分どおりはいったときに水をだぶだぶにいれ、木をゆすったり棒で突っついたりしてドロドロにすると、根と根の間によくはいり込みます。これが終わったら、全部上まで土をいれます。

[植え付け]

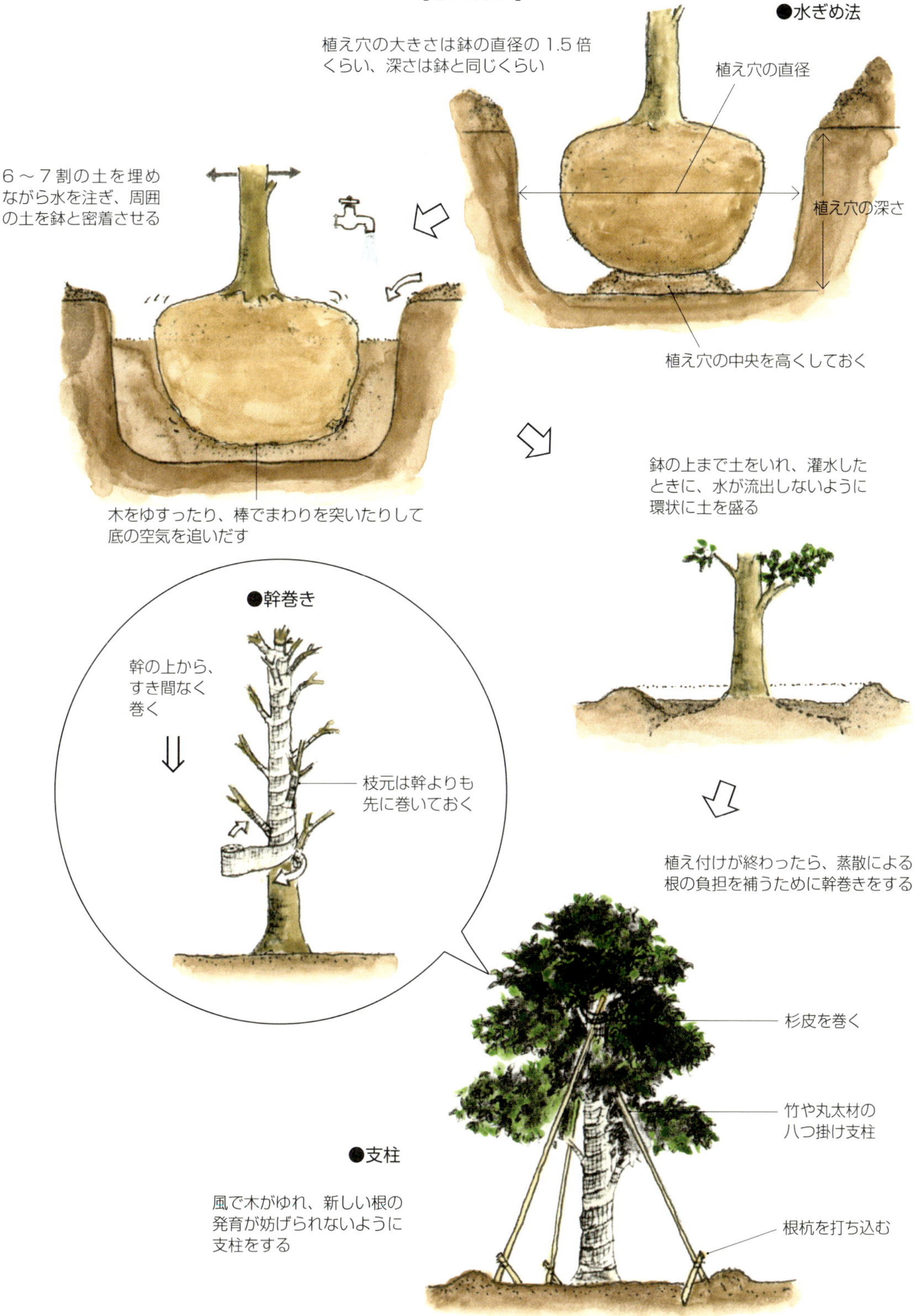

●水ぎめ法
植え穴の大きさは鉢の直径の 1.5 倍くらい、深さは鉢と同じくらい
植え穴の直径
植え穴の深さ
植え穴の中央を高くしておく
6～7割の土を埋めながら水を注ぎ、周囲の土を鉢と密着させる
木をゆすったり、棒でまわりを突いたりして底の空気を追いだす
鉢の上まで土をいれ、灌水したときに、水が流出しないように環状に土を盛る
植え付けが終わったら、蒸散による根の負担を補うために幹巻きをする
●幹巻き
幹の上から、すき間なく巻く
枝元は幹よりも先に巻いておく
杉皮を巻く
竹や丸太材の八つ掛け支柱
●支柱
風で木がゆれ、新しい根の発育が妨げられないように支柱をする
根杭を打ち込む

土ぎめのやり方は、土を一度にいれないで、少しいれては棒で突き固めながら3~4回くり返すやり方です。土をいれ終わったあと、植えるときに掘った量と同じくらいの大きさに周囲に10~15cmの土手をつくって水鉢にし、そこにたっぷり灌水します。

●支柱立てと幹巻き

植え付けが終わったら、木が風によってゆり動かされることのないように支柱を立てます。木がゆれると、伸び始めた細根が切れたり、根が十分に生長していないために強い風で転倒したりすることがあるからです。

小さいものでは竹などを使い、大きなものでは杉丸太を使います。

普通は3本立ての八つ掛支柱をします。結びつける位置は、木の高さの3分の2くらいのところが最も安全です。しばるところには必ず杉皮を二重に巻いてしばるようにし、2カ所以上で止めたほうが耐久力が強くなります。

支柱の根元は土に差し込み、動かないように根杭を打ち込んでおきます。

本数多く寄せ植えにした場合には、布がけといって横に太竹や丸太をわたします。

移植したときは、防寒と乾燥防止の意味で幹巻きをします。とくに大きな木や幹の太い木は、春に移植したものでも夏の水分蒸散が非常に多いので、これを防ぐために行ないます。

普通はワラかコモなどを幹に巻きつけますが、作業をしやすくするために市販の幹巻きテープ(10~20cm幅のジュート布)を使用すると便利です。木の上部から巻き始め、根元をシュロナワでしばっておきますが、テープの半分くらいを重ねて巻くことがポイントです。

丸太材支柱

竹支柱

幹巻き

池、手水鉢のつくり方

池の形とつくり方

小さな池を大きく見せる形

●池の周囲はまる見えにしない

自然風の池をつくるときも、いちばん困るのはどんな形にしたらよいかということでしょう。

わたしたちの庭は、大きいといってもしれたものです。狭い庭を使って、そこに円形の池をつくってしまうと、池の周囲がひと目で見えてしまうため池の大きさが感じられず、庭全体が小さく見えます。これを大きく見せるには、池の周囲はまる見えにならないように岸に出入りをつけて変化させたり、また、出っぱったところは岬のような形にして池の周囲が部分的にかくされるようにすると、見る人はかくされた部分の奥はもっと先に続いているように感じたり、奥行きがあることを想像するので、全体が大きく感じられるようになるわけです。

池の形としては、川の流れを形どったものや「心」の字を形どったもの、ひょうたん形の簡易池などがあります。水の流れを利用したものは山間の渓流のように広い狭いや、よどみなく流れるさまなどを手本にし、簡易式のものは形よりも、施行しやすい（コンクリートを使用しない）点が魅力です。

自然の形の池をつくるとき、字の形や山間の渓流を写しとる手法は、狭いところで広さをもった自然を表現する手段で、考え方としては池ばかりでなく、木の植え方、石の配置など、あらゆるものに共通した手法ともいえるでしょう。したがって、現代では字の形そのものにこだわる必要はなく、それを応用すればよいわけです。

池の縁取り

池形が決まったら、それぞれの部分をどのように処理したらよいのかを考えなければなりません。池とその周囲の景とのなじみや調和を考慮しながら、まず、はじめに縁取りを考えます。縁取りにもいろいろあって、石の類を中心に処理する場合、木の杭でまとめるもの、洲浜の応用などがあります。

丸太を並べるには、腐らないために松材が多く使われています。石を使う場合には、大きな石を組むものと、部分的に石をいれ、そのほかは砂利浜や洲浜などを組み合わせてつくったものなどがあります。

単純なものでは、芝生のなだらかな傾斜がそのまま池はいり込んでいる形などもあります。

［心字形と水字形］

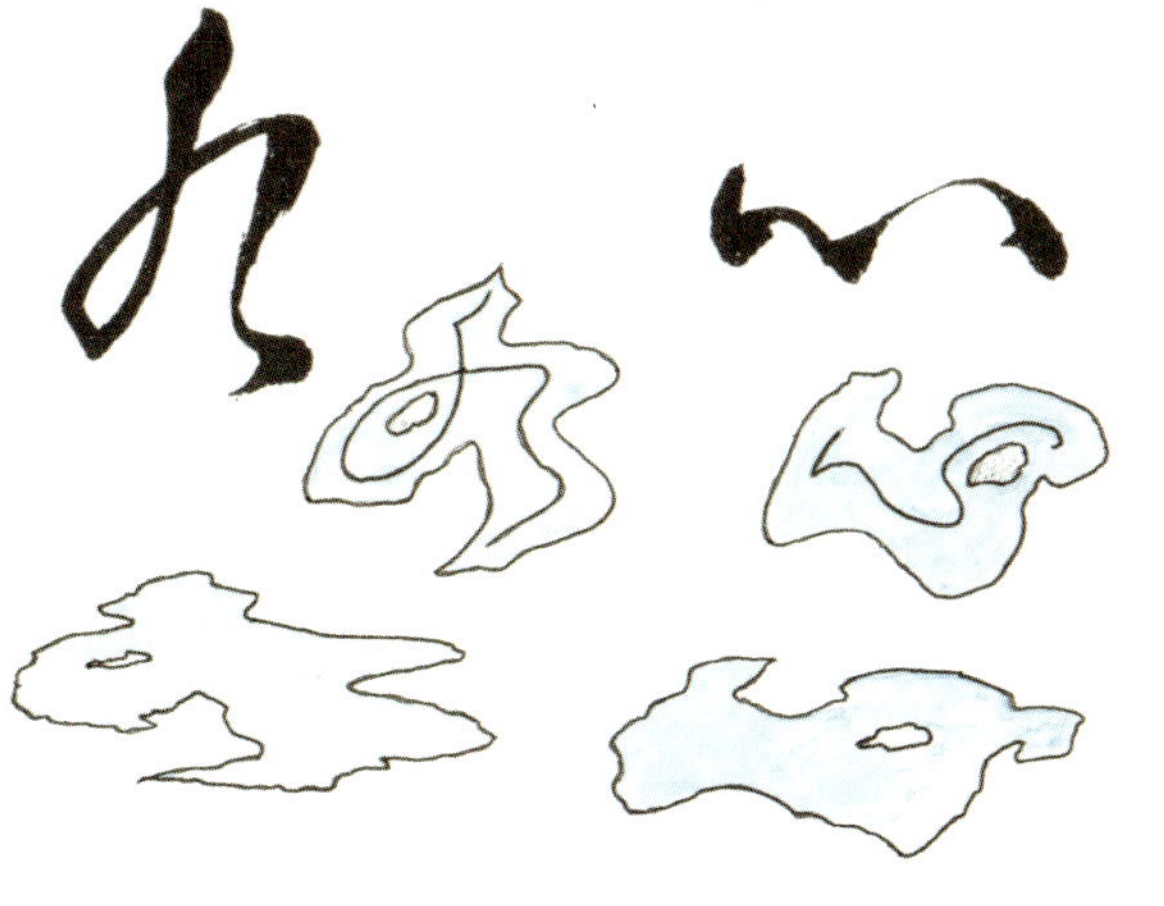

石がたくさんあって石組みをするような場合は、前述した石組みの手法を応用してやればよいでしょう。

プラスチック製の簡易池を自然風に違和感なくまとめるためには、この池縁をかくす作業が重要なポイントになります。

池底のつくり方

水もれは底より縁が多い

池をつくるうえで大切なことは、水もれしないようにすることです。水もれは底の部分よりも縁の部分からもれることが多いので、そこに注意します。最も安全な方法は、下の図のように地底から続くコンクリートを水と岸の接点で切らず、土の中までL字形に延ばして縁止めすることです。こうするとコンクリートは見えず、石の間にコンクリートをいれなくてもよく、もれや縁のくずれを防ぐことができ、ごく自然な状態が再現されます。

洲浜や砂利浜をつくる場合も、同じような原理でくふうしてつくればよいでしょう。

池の深さは、小さな池でも大きな池でも同じで深くても60cm、普通は30cmくらいが標準です。底をつくるときは、水替えが簡単にできるように排水口をつくることと、排水口へ流れるように傾斜をつけることです。

深さが決まったらコンクリート打ちをしますが、このときの注意点は、セメントの割合を多くし、水が凍っても割れないように厚さは10~15cmくらいにしなければなりません。水がもれないようにするには、コンクリートを打ち終わったあとでモルタルを塗り、さらにその上にセメントだけを固練りにしたものを塗りつけて仕上げれば、まず水もれの心配はありません。

プラスチック製の簡易池では、地底からの水もれはありません。

水の出入り口のつけ方

理想的には滝を組めばよいわけですが、かけいをつけたり、簡単な石組みでもまとまります。滝を組めない場合も石を立てておき、それを滝口に見立ててそこから水が流れ込む形をつくれば伝統的

[池底のつくり方]

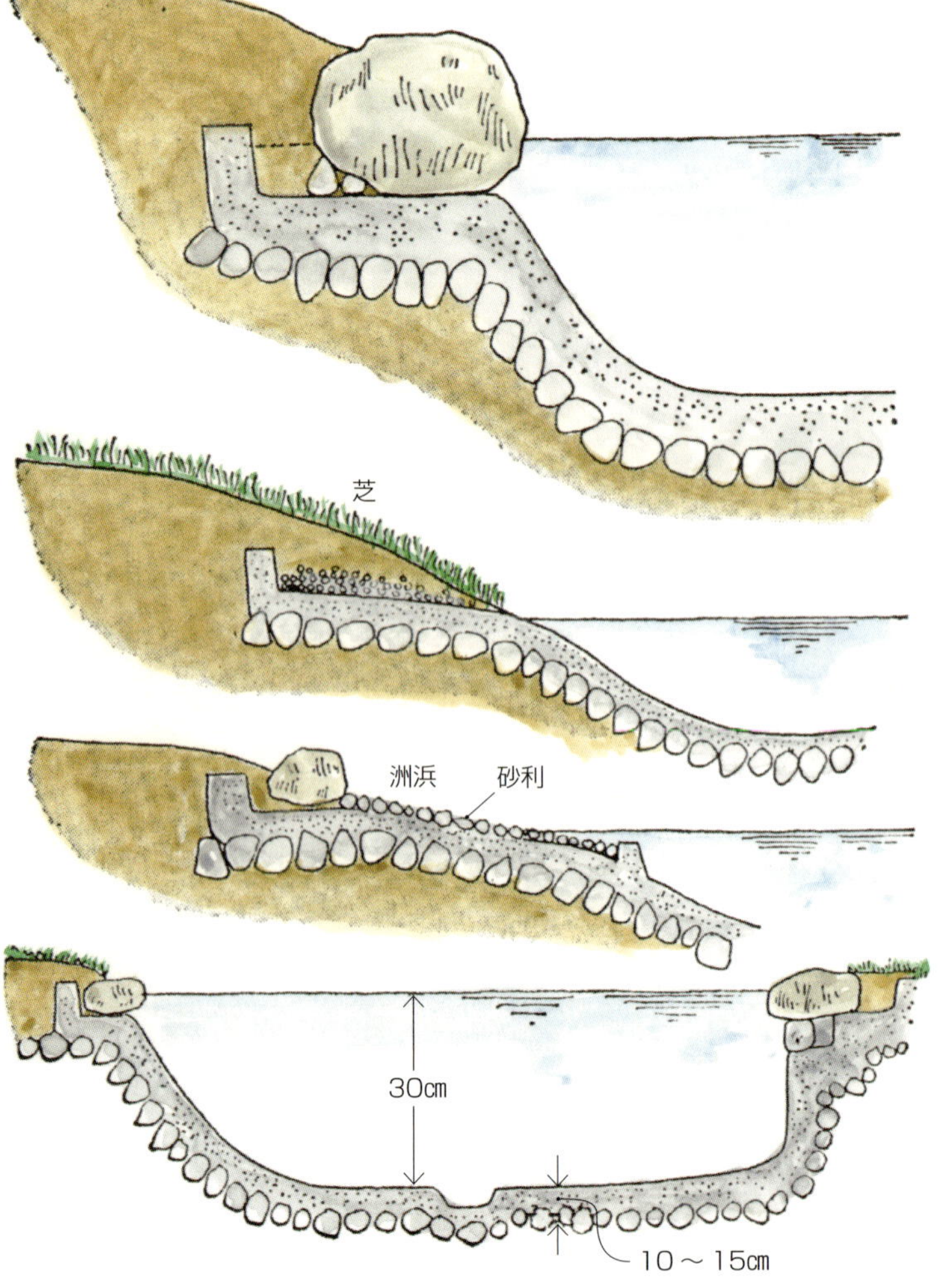

な形式をそなえた水源になります（左図参照）。

水の出口は、予定の水面の高さに塩ビ管などで排水口（オーバフロー）をつけます。

なお、コンクリート製の池をつくった場合は、コンクリートのアク抜きをしないと魚などは入れられません。普通は水をいれて10～15日くらいおき、途中で2

［流入口と排水口］

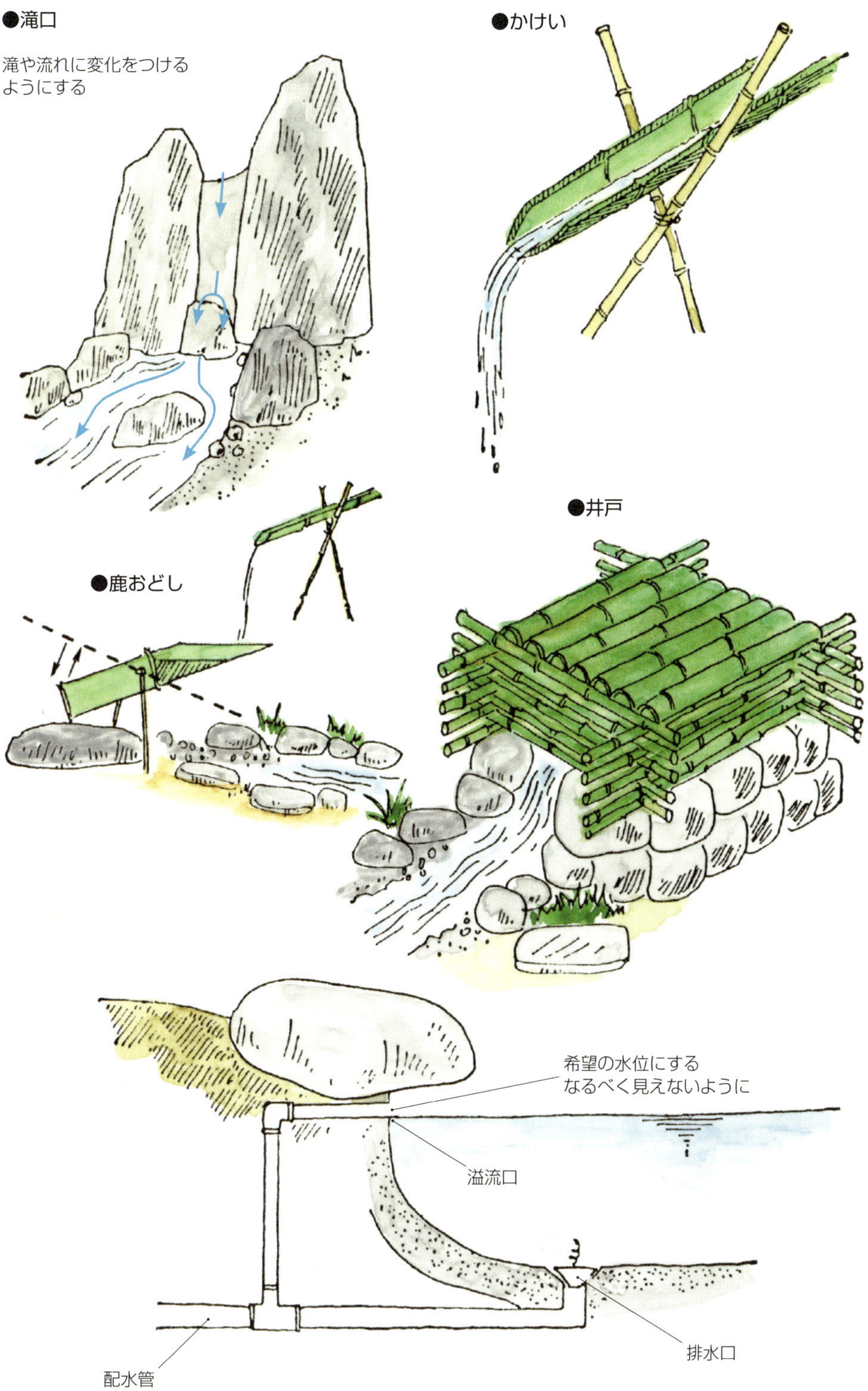

～3回水を取り替えてやればアクは抜けますが、短時間で行なう場合には、薬局からシュウ酸を入手して水の中に注入してやれば、一昼夜で完全にアクは抜けます。

あとは水を取り替え、よく洗ったところに新しい水をいれれば魚が放せます。

池にあしらうもの

●水草を植えるとき

池の中に水草を植える場合は、植え鉢をつくります。まず植えようとする水草が水面下どのくらいのところに根をおろす土があったらよいかを考え、その高さになるようにつくらなければなりません。

植え土の深さは20～30㎝は必要で、岸辺につくるときは池の中に水面まで出ない程度のコンクリートの堤をつくり、そこに粘土をいれて水草を植え付けます。

スイレンのように池のまんなかに置きたい場合、スイレンはときどき植え替える必要があるので、鉢や木の箱に植え込んで池の中にいれます。この場合にも水面下の深さを考えて位置を決めます（スイレンは茎がすぐ伸びて水の深さに対応する）。

●池をより効果的に楽しむには

小さな池でも池の中に島をつくります。島ができない場合は、石をいれて島に見たてるとか、岬などをつくります。

心字形の池をつくって岬などをつくったとき、その上には刈り込んだ丈の低いものをあしらい、その向こうに池の一部が見えるのもひとつの形です。また、水辺に落葉樹を植えて幹越しの景にすると、枝や幹の間越しに池が眺められ、奥行きのある風情になります。

そのほかの注意点は、池の周辺はもと

［水草を植えるとき］

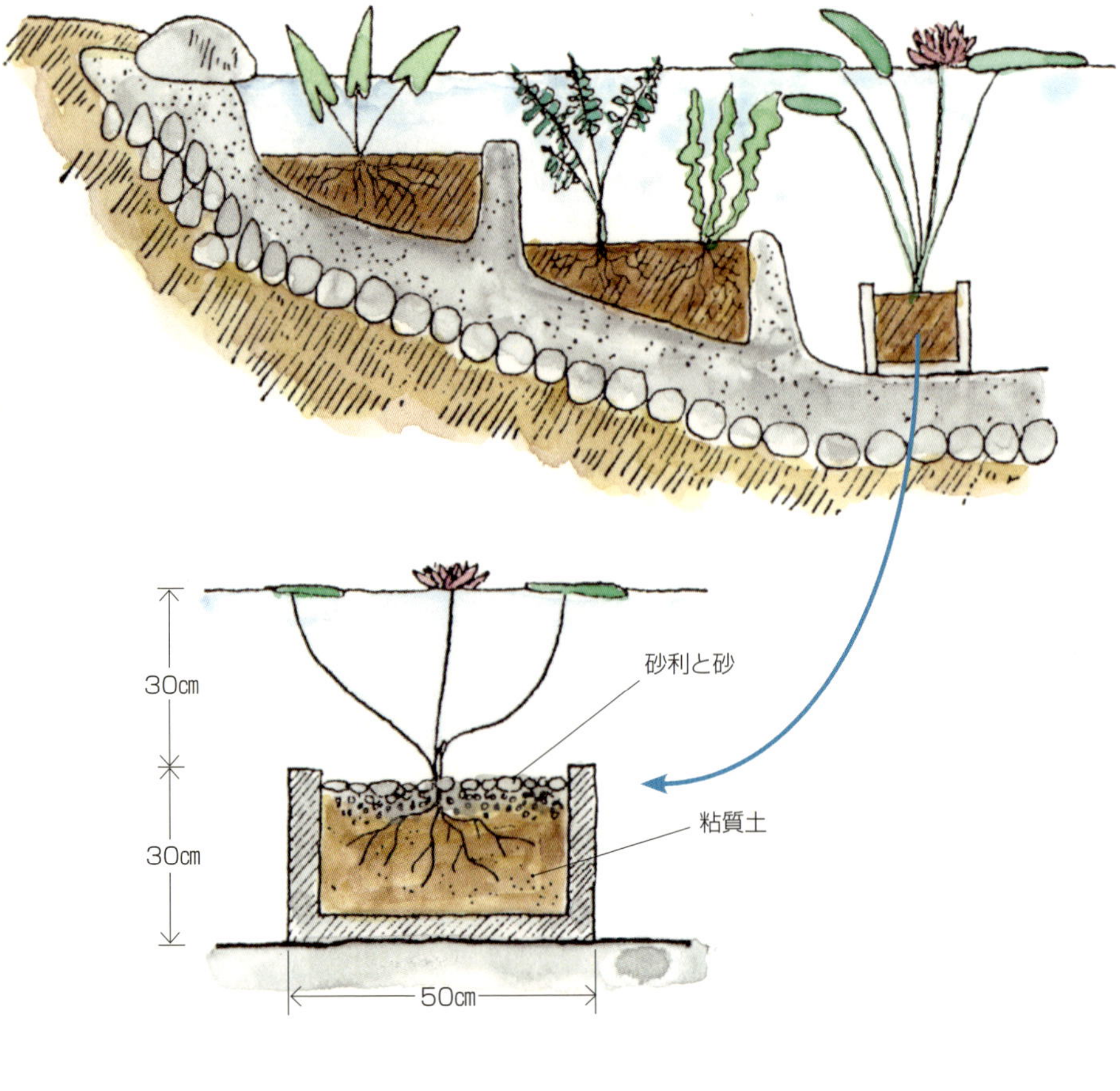

枯れ流れの水景

スイレンなどは鉢などに植え込んで配置する

もと水に縁があるわけですから、水と関係のある草や木をあしらうのが自然です。たとえばマツ、ヤナギ、アシ、セキショウ、フトイなどがうつろいがよいでしょう。

　日本庭園の池は、水そのものを眺めたり、魚を眺めるというほかに、もうひとつ大きな意味があります。それは枝ぶりのよいマツを水面に映してこちらから眺めるなど、池の背景を水面に映して眺めるという点です。

　したがって、水面の高さも、のぞき込まなければ見えないような深いものではまずいわけで、水面は高くして地表と差をつけないようにつくらなければ、室からは水面が見えないことになります。

つくばい

つくばいを据える位置

つくばいのもともとの出発点は茶庭からきているもので、茶庭の路地を通り中門をはいり、にじり口にかかる手前に身を清めるための水がほしいというところから始まったものです。

　したがって、場所は路地門をくぐって茶室に行く途中につくることが基本の形になっていますが、現在では装飾として一般の庭に取り入れられています。つくばいはもともと身を清めるところですから、きれいな水が流れている感じが必要です。

　庭の中でも水に縁のある場所、つまり井戸が掘れそうな低いところとか、木が茂っていて水が湧きだしてきそうな感じのところに据えられるのがもともとの意味に近いわけです。

飛び石でつながれたシンプルでモダンなつくばい

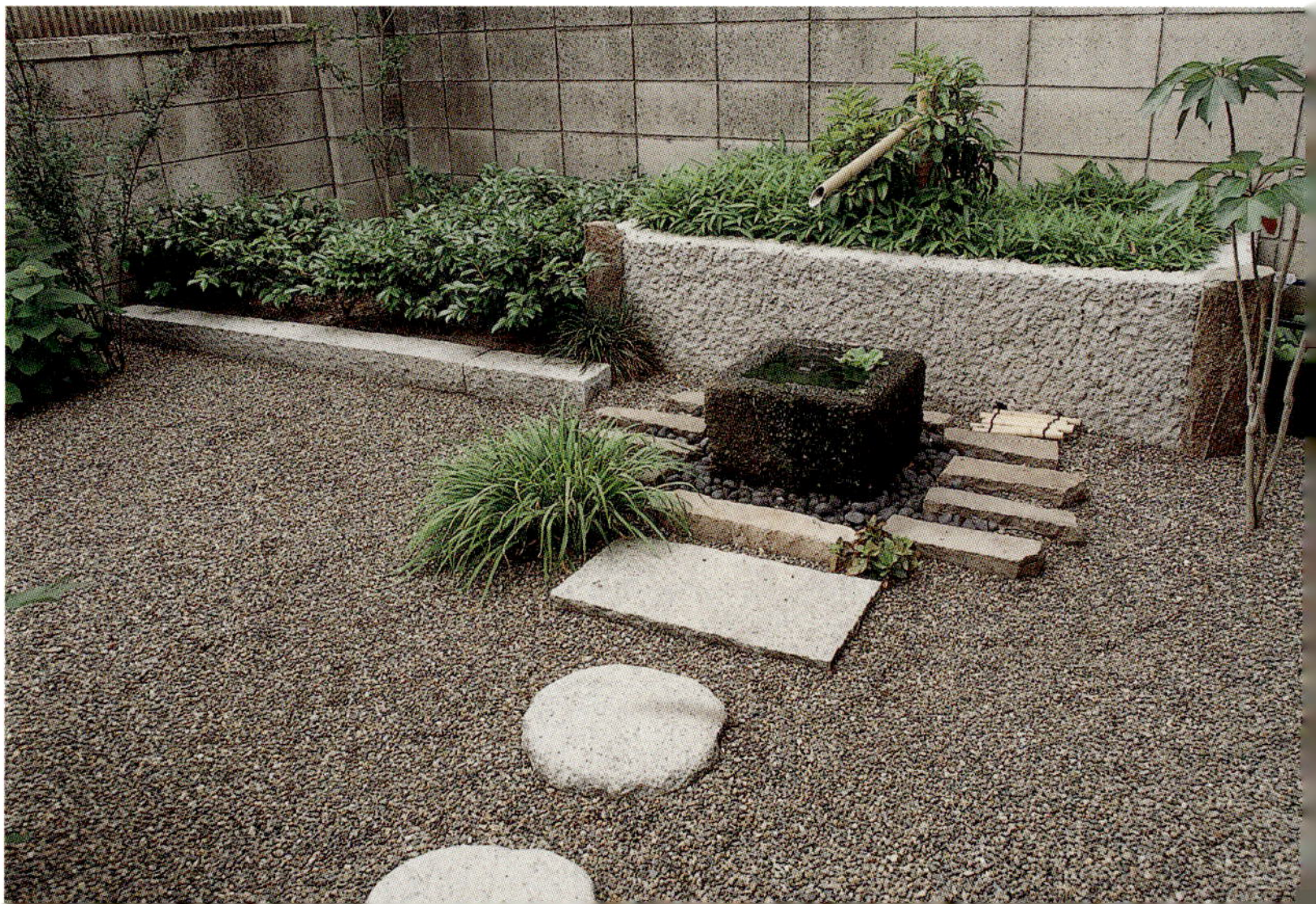

したがって、まわりには日陰になるような常緑の木を植え込み、下草や根じめも十分に入れて雰囲気づくりをします。このような環境だとコケも生えて古風な落ち着きのあるつくばいの景ができあがります。

つくばいの形と配石

つくばいにもいろいろな形がありますが、一般に使われる形は、向こうつくばいという形です。

手を洗うために手前に人の乗る石が必要で、これを前石といっています。中央に水の落ちるところがあり、正面に手水鉢が据えられ、左手に手燭《てしょく》石を置きますが、これは昔は明かりを置いたところです。右手には冬、水が冷たいときに桶にいれたお湯を置いた石、湯桶《ゆとう》石を据えます。

中央の水の落ちる部分には水門をつくり、砂利を敷きつめておきます。

前石と手水鉢の関係は、前石でしゃがんでひしゃくが使えるような位置と高さに手水鉢を据えることが必要です。手水鉢には汲み置きの水ではなく、なるべく流れているきれいな水を注ぐのが常識とされ、かけいなどを使って水を落とします。

現在では水道があるので、水道の口を見えないようにかくしながら、かけいや竹を切ったこまがしらといわれるものにつないで使います。ですから、つくばいの場所は、直射光線の当たるような場所

[つくばいの据え方]

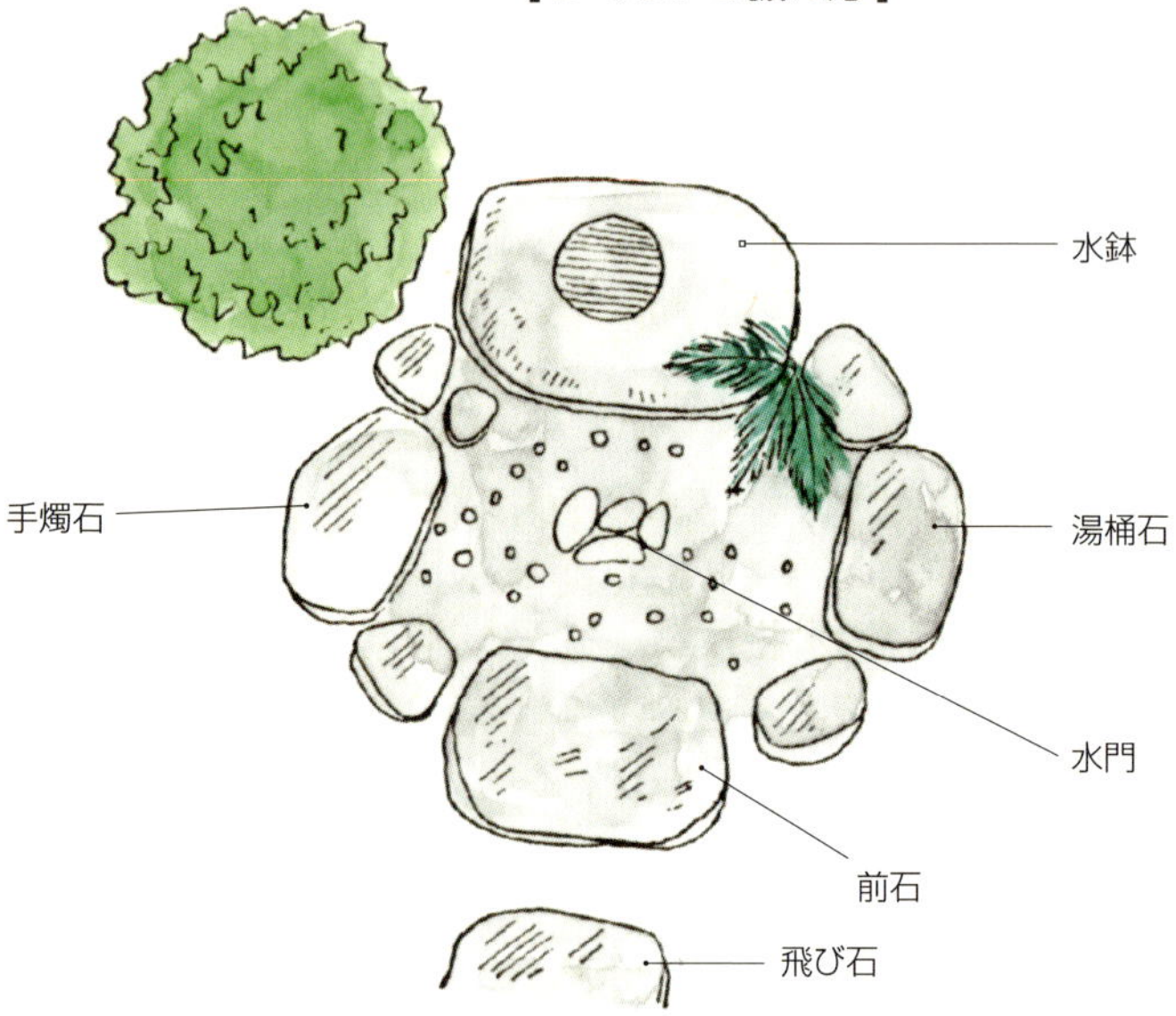

[中つくばいとかけい]

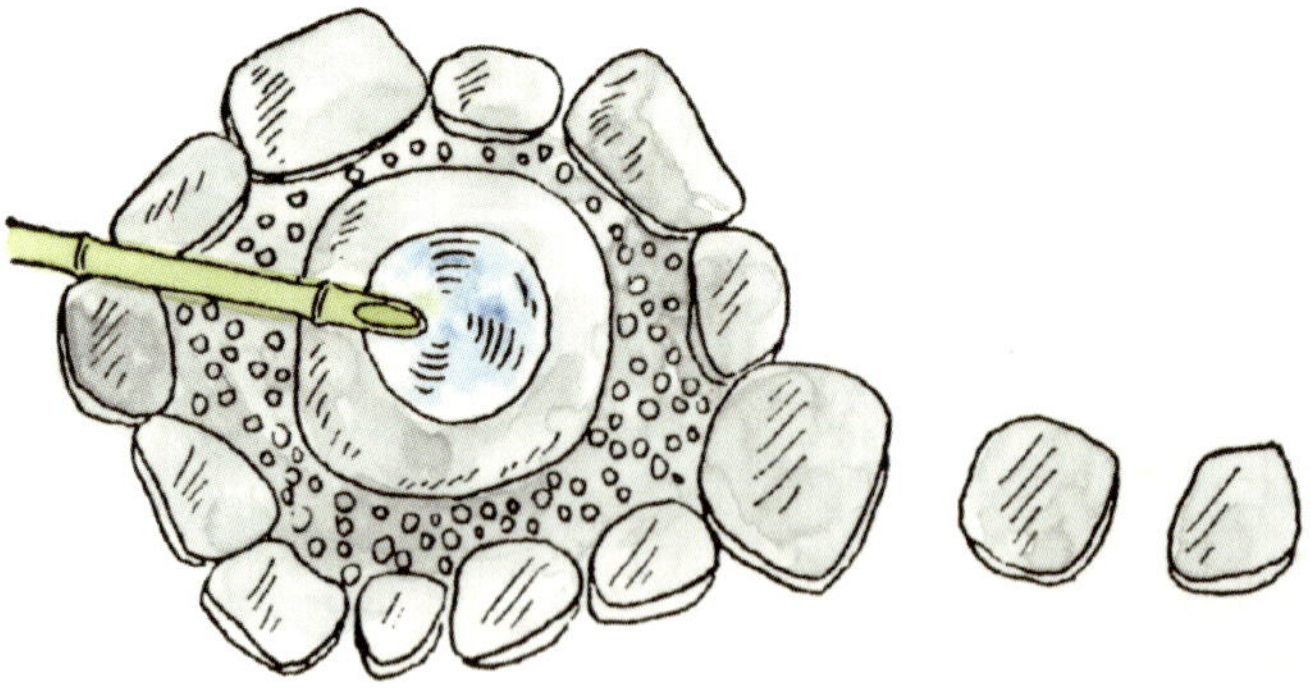

●かけい

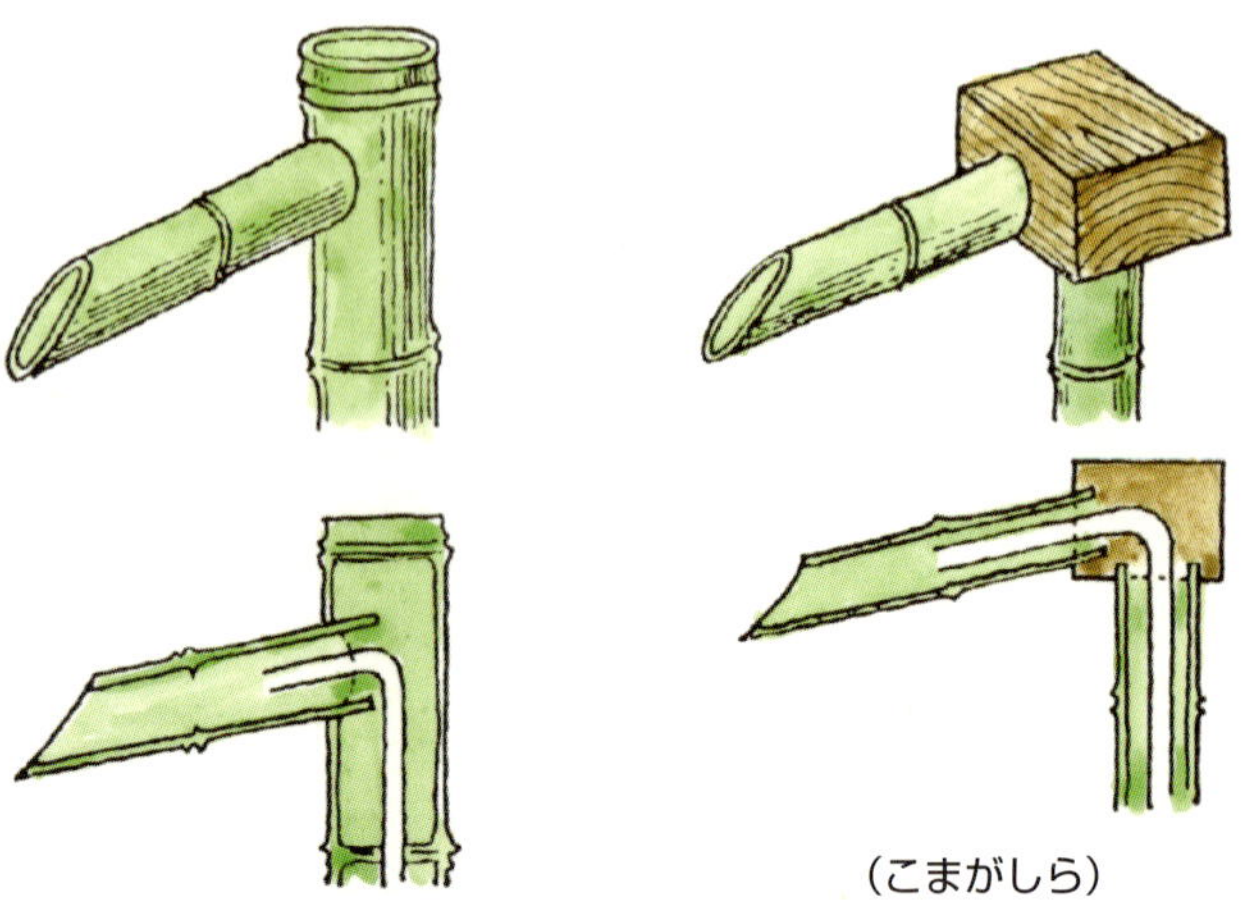

かけいや前石を置いた流れつくばい

より木陰のコケむしたような、いかにも水が湧き出そうな雰囲気の場所を選びます。形式上、手燭石は置きますが、その後ろに灯籠を置くのが基本の形です。

まわりにあしらう木は、水にふさわしい木であればよいでしょう。ただし、茶庭から始まっているのでゴテゴテしたものやはでなものはさけ、渋味のあるものでまとめます。

つくばいの変形として中つくばいがあります。これは手水鉢を中心に周囲を石で囲んだものにします。

もうひとつは流れつくばいといって、手水鉢をつくらずにきれいな水が流れているところに、前石に相当する石を岸辺に置くものなどです。

つくばいの鉢は、自然石でも人工的につくられたものでもよく、四角のもの、六角のもの、丸いものなど意匠はさまざまです。どんなものを選ぶかはまわりの状況と好みによって選んでよいでしょう。

手水鉢

手水鉢と石の位置

手水鉢のもともとの出発は、手洗い場（トイレ）から出てきたときの手洗いの場所です。

石の配置には決まりごとがあって、手水鉢のほかに左側に水汲み石といってつきそいの人が水を汲むときの踏み石があり、その反対側にはきよめ石といって飾りの石が置かれ、手水鉢の手前には手を洗う人が乗るかがみ石が据えられます。石に囲まれた部分は水の落ちるところで、水がはねないためと排水口をかくすために小石をいれておくのが基本の形になっています。

縁先手水鉢のように縁で手を洗う場合は、縁の高さより30～40cm高くなるように鉢を据えるので、鉢の高さは割合高いものが使われています。そしてナツメ形のものでは、直接地面に据えるのではなく、台石の上に乗せます。

水は、かけいなどでいつも流しているようなやり方もありますが、新しい水を汲んできていれる人のために桶を置くための石、水上げ石を据えます。これは手水鉢の後ろわきになり、そこから飛び石がつながっていれば完全な形になります。

実際につくる場合は、手水鉢はぬれ縁よりいくらか高くし、手水鉢とぬれ縁との距離は、ひしゃくを使ってとどく程度の位置が条件になりますから、50～70cmくらいが基準です。

手水鉢の位置は、くつぬぎの縁先に腰をおろして右手にくるようにし、その先にトイレがくるのが普通です。トイレが逆の位置にあれば当然、手水鉢も左手にくることになります。

手水鉢にあしらうものとしては、かがみ石の向こう側に袖垣をつくってトイレとの仕切りをつけるとよいでしょう。鉢の周囲には、ナンテンやハラン、セキショウなどの根じめものをあしらい、石のほうにはトクサなどの草ものやコケなどをいれます。

[手水鉢の据え方]

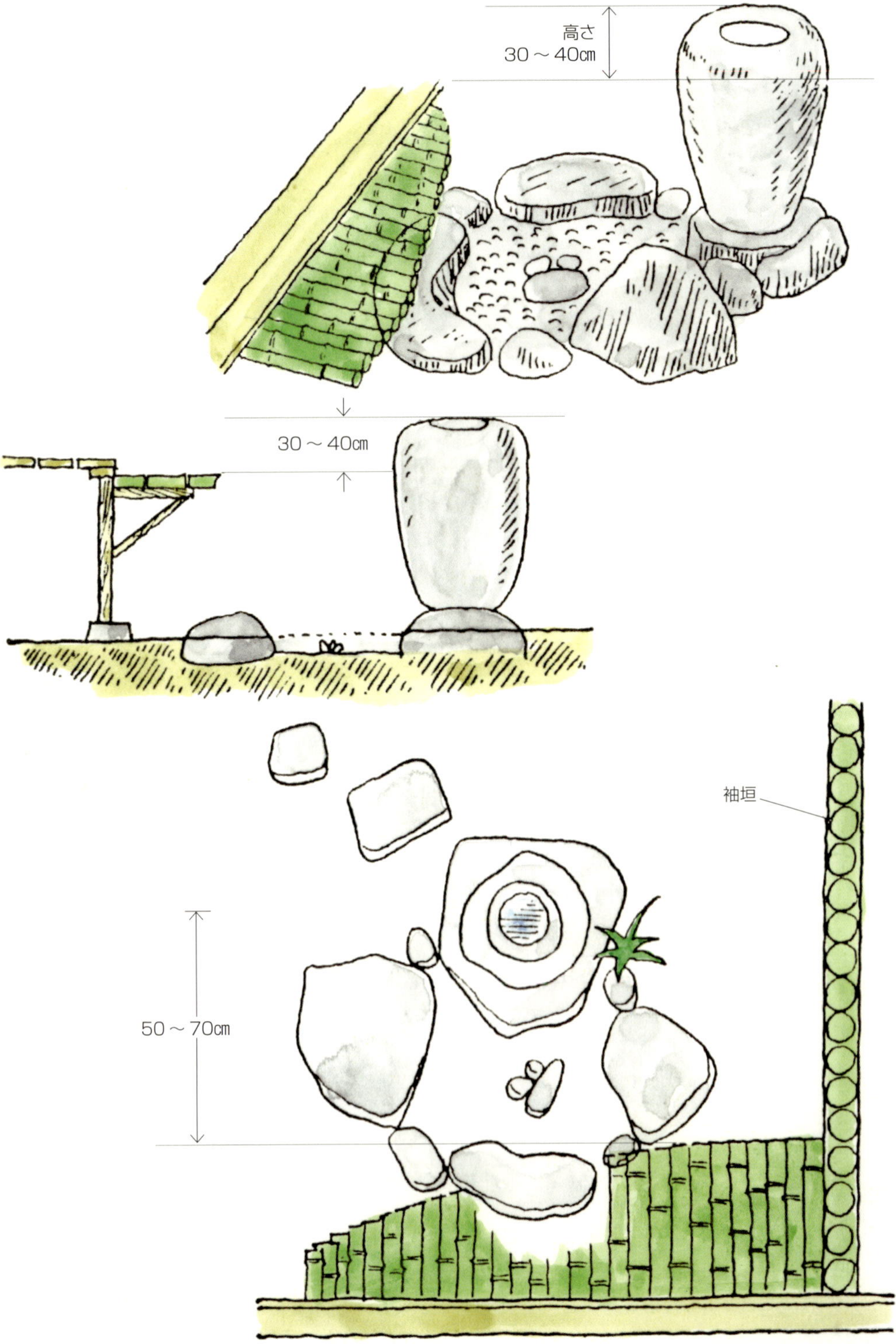

添景物の設置

石材料を使用した添景物には、くつぬぎ石、飛び石、のべ段（敷き石）、石灯籠などがあり、その使い勝手により配置や据え方にいくつかの決まりがあります。

くつぬぎ石

くつぬぎ石というのは、縁先に据えられている大きな石のことをいいます。くつぬぎ石の役目は建物、あるいは建物のいちばん外側にある縁と庭のつなぎの役割を果たしているので、縁先をきれいに飾るという美観のほかに、実用に供するものでなくてはなりません。

実際にこの上でくつをぬいで縁にあがったり、あるいは縁からおりるということ、履き物のいくつかがそろえて置けるだけの広さがあること、上が平らであることが大切です。

くつぬぎ石の配置

くつぬぎ石の大きさは縁の長さによって決まり、長い縁には長い立派な石が必要ですし、小さな縁にはそれに似合ったものを選びます。

くつぬぎ石以外の石の大きさは、4番石は飛び石ですから、あとに続く飛び石と同じものを据えるわけですが、3番石はこれよりわずかに大きめにします。

2番石は3番石よりさらに大きくし、くつぬぎ石よりは小さいものを据えます（一般の住宅では2、3番石を据えることはあまりありません）。

石の打ち方、相互の関係は、眺めてきれいにするのはもちろんですが、実際に縁側からおりてみて2番、3番、飛び石というようにぽんぽんと軽くおりられなければなりません。普通、わたしたちは左足からふみだすのが習慣ですから、2番石はやや左に寄り、3番石は2番石の上で2足ふまずに1足でおりられるなら2番石の中心よりやや右寄りにし、4番の飛び石に移れるようにします。

右手斜め前に縁先のつくばいがある場合には、あとの石のうつりがよいように打っていきます。

右手と左手になにがあるかによって多少石の打ち方も異なり、3番石につぐ4番石が二つに分かれるときには、くつぬぎ石から2本の飛び石をだすのではなく、くつぬぎ石、2番石、3番石までは役《やく》石として形を整え、4番石あるいはその次から先を分けていくようにします。

くつぬぎ石の高さ

くつぬぎ石の高さの基準は、縁側に腰かけてらくに腰かけられる高さが必要で、高い縁側ではくつぬぎ石も高くなり、低い縁側では低くなります。縁側の高さが60cmの場合、らくに腰かけられる高さは人によって違いますが、30〜40cmくらいです。これくらいがくつぬぎ石の天端（上の高さ）と縁側との差です。したがって、60cmの高さの縁側ならば、それを引いた25〜30cmくらいまでがくつぬぎ石の高さになります。

くつぬぎ石を置く位置は縁側のすぐ前に置くべきで、縁側からあまり離れてはいけません。離れる場合でもくつぬぎ石の上面と縁側との間が15cm程度、足を横にしてはいるかどうかというくらいが限度でしょう。大きな石の場合には、縁側の下までくつぬぎ石がまわり込んでいることも多いわけです。

[くつぬぎ石の配石]

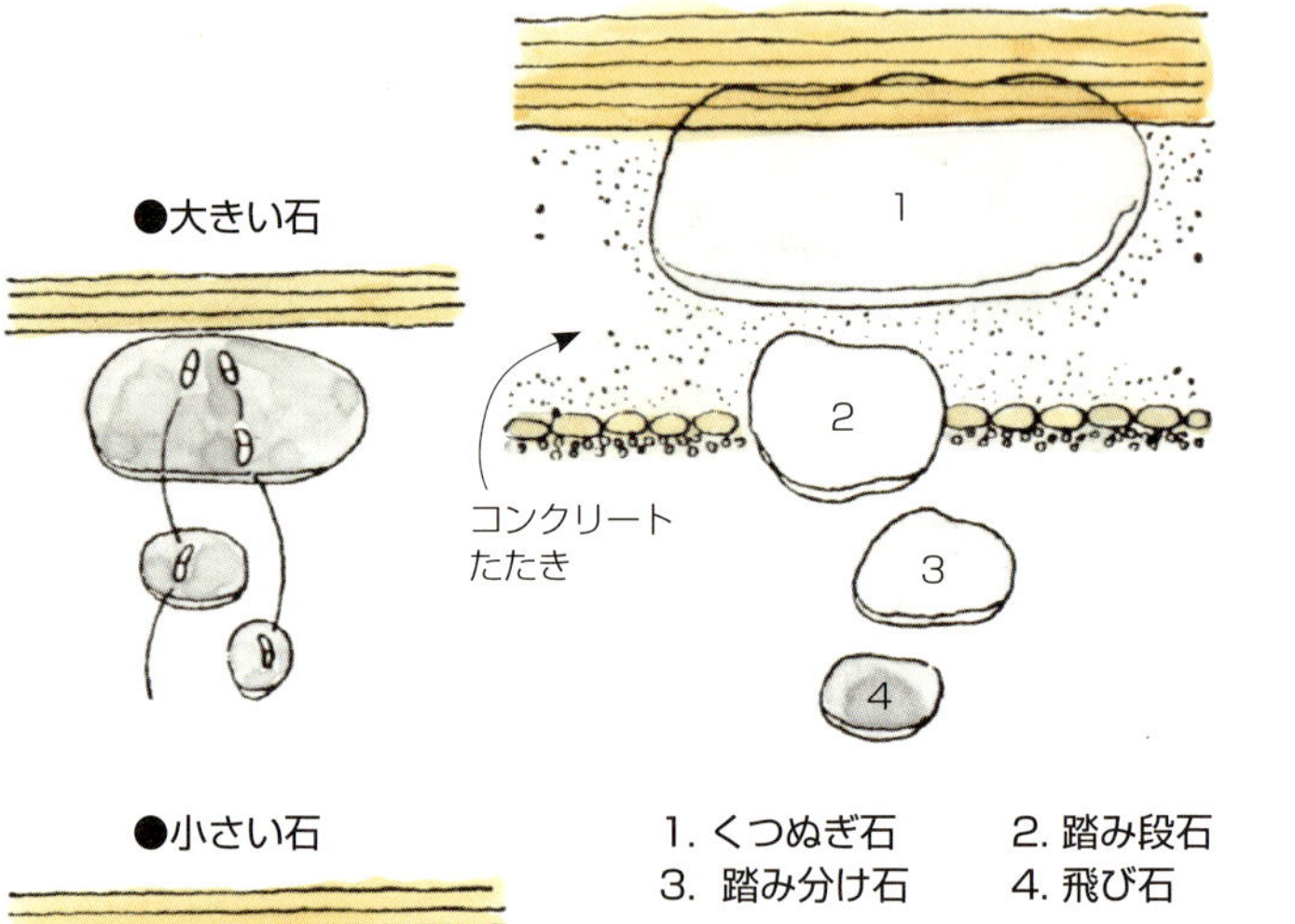

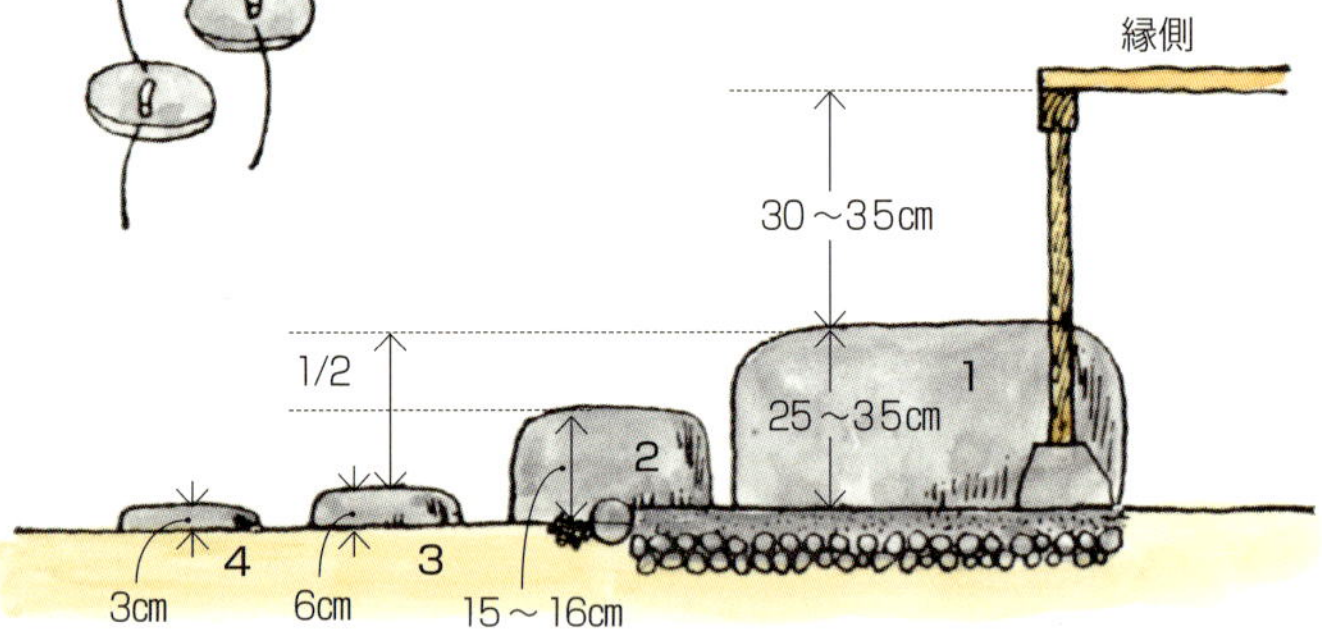

くつぬぎ石の高さが20cmとか25cmの高さになると、庭との高さや飛び石との高さとの差がありすぎるので、この間に石をいれてだんだん低くしていきます。この2番目の石を踏み段石、3番目の石を踏み分け石と呼んでいます。縁側と庭の高さをくつぬぎ石でとったように、くつぬぎ石の高さと地面の高さの間をこの2番石でとるわけです。高い場合には3番石までとっていきます。そして4番目の石は飛び石につながるようにするか、あるいは3石組みでやるときは4番目の飛び石に相当するものはなくなります。ごく省略した形では、くつぬぎ石と2番石だけにしたものも多く、とくに芝庭のように飛び石を打たない場合には、1番石、2番石だけで、あとはなしという形にしています。

それでは2番石、3番石の高さはどれくらいかというと、普通、飛び石は地上にだす部分を3cm、高くても5cm前後にしていますから、この高さとくつぬぎ石との差を按分《あんぶん》(一定の比率で物を分ける)して決めます。

2番石はだいたい15～16cm、3番石は6cm前後、4番石つまり飛び石になるものは地上3cmくらいの高さに打つというのが基準になります。

なお、軒内といって雨落ちの線をとる場合には、2番石の上か2番石と3番石の間にくるようにすると形がよくまとまり、縁《ふち》石などがここにくるときれいになるといわれています。

くつぬぎ石の選び方

くつぬぎ石は自然石がいちばん上等で、主に花崗岩系統のものが使われ、へん岩系統のものはあまり使われません。関西では非常によく使われるものに鞍馬石があり、関東では筑波石などが非常に多く使われています。このほかに各地でとれる青石の系統、あるいは火山の溶岩、俗にいう黒ぼくというようなもの、あるいは海岸で浸食された水掘れ石、海蝕《かいしょく》のようなものでも形さえしっかりしていれば十分に利用できます。そのほか安山岩系統のものなどが使われているのは、自然石と同じように加工できるので庭の条件に合った形につくれるからです。どちらが趣があるかといえば、まわりの条件によっても違いますが、もちろん自然石で上が平らなものがまさっています。

この本でねらいとしているのは、身近にあるもので手軽に入手できるということですから、なにも筑波石や生駒石、あるいは鞍馬石を使わなくても、近所にあるもので、その条件に合ったものを使っていけばよいわけです。

くつぬぎ石は縁の長さに似合ったものを

飛び石

昔から飛び石についてよくいわれることは「わたり4分に眺め6分」とか、逆に「わたりは6分で眺めを4分」ということです。庭園の中の道は、普通の通路のように急いで行くことを目的につくられたものではなく、まわりの景色を眺めながらゆったりとした気分で歩くことが基本になっています。

飛び石の場合も同じです。ゆっくり楽しみながら歩いていけるように、飛び石自体が装飾的な意味をもつと同時に飛び石の上をゆったりと歩きながらまわりの景色を見ることができるように、心の余裕をもって打つことが基本になっているのです。

仮に急いで歩くことから考えれば、平面よりも高く打ってあるのでつまずくなど、飛び石はかえって不都合です。

[飛び石の配石]

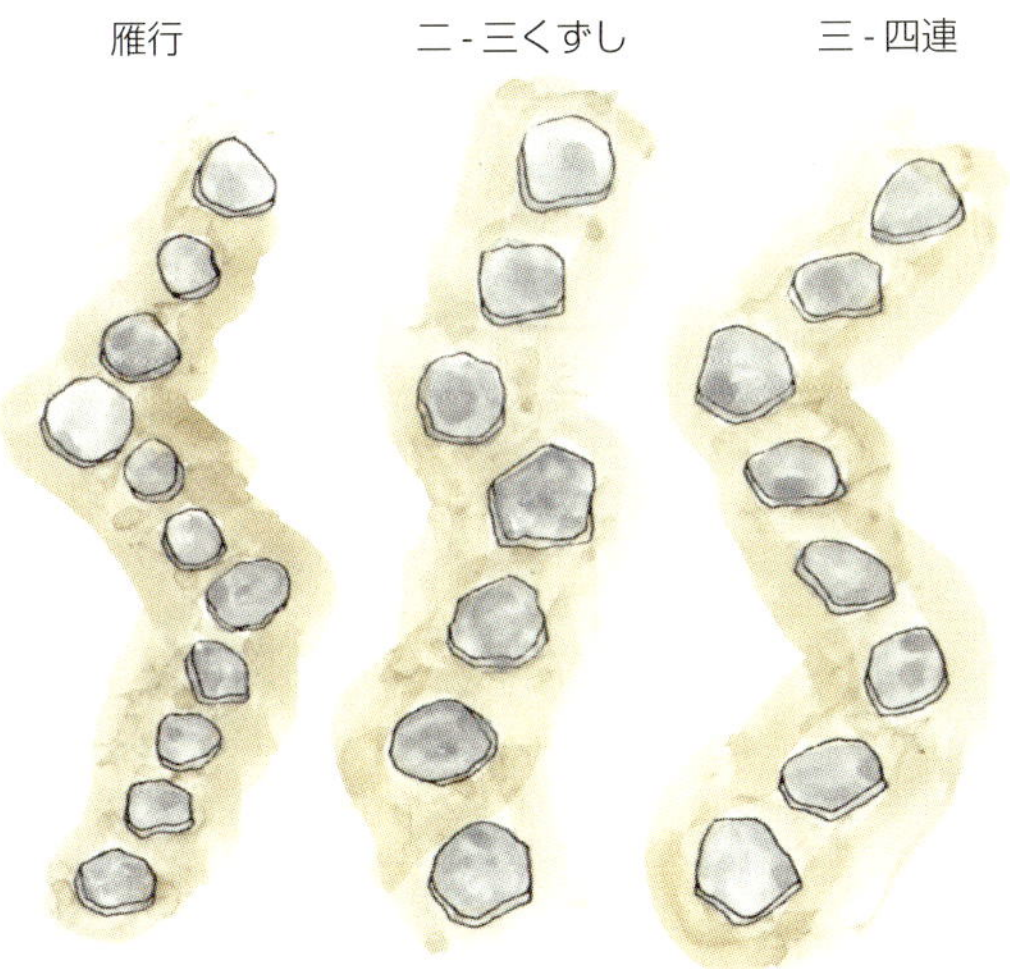

飛び石の配置

飛び石の打ち方には、昔から千鳥とか三―四連、二―三くずし、などと呼ばれるものがあり、眺めと渡って歩くという

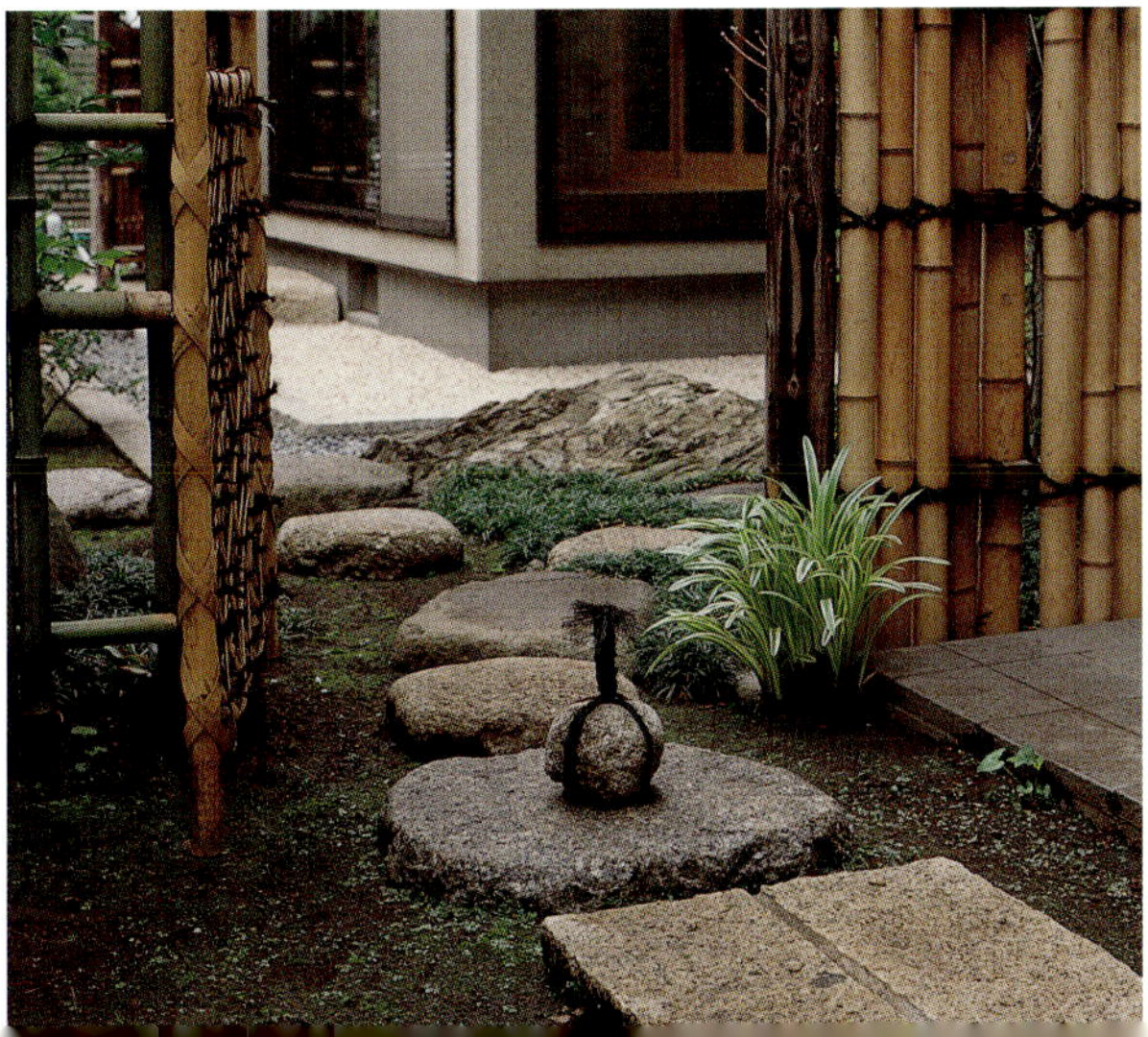
飛び石の上に置かれた関守石《せきもりいし》（通行止めを示す石）

実用の二つを中心に考えられています。

飛び石の間隔は、歩くことを基本に考えます。人が歩くとき、左右の足が一直線に歩いていくわけではないので、左の足でふまえる石、右の足でふまえる石と多少左右にずれがあるほうが歩きやすくなります。それをさらに強調したのが二-三くずし、千鳥、あるいは三-四連などだといわれています。

もとになるのは人間の歩き方ですから、石と石の間隔も小さくて1足、1歩ずつで石をかわっていく場合には石と石の中心は人間の歩幅、普通60cm前後ですが、ゆったり歩けば50cmより少し小さめになります。したがって、1歩で歩ける小石の場合には1足の間隔の50～60cm内外を石と石の中心の間隔とします。

2足ものというのは、ひとつの石の上で2歩歩くという石です。この2足ものの場合には、これより中心と中心が長くなりますが、1足ものの場合と違って石から石の中心ではなく、石の端から次の石の中心、あるいは端までとし、その距離は50cm前後にとります。

飛び石にいちばん多く使われるのは野面《のづら》石で、主に火山岩や安山岩の平たいものを使います。飛び石は野面石とかぎっておらず、切り石も使われますし、さらに古くなった石うすとかカワラを使ってみたり、いろいろなものを利用して飛び石に変化をつけています。

飛び石の据え方

石を据える場合は、石の下をよく突き固めて据えますが、地表面にだす高さは大きな石で最高でも6cm、普通の大きさのものなら3cm前後の高さにします。

石の大きなもの、あるいは丸味があってあまり目立たないものは少し高めにしますが、小さいものや角張ったものを地面から高くだすと目立ちすぎたりしてバランスがとれません。そのような石は低めに据えるのが普通です。

据えるときは、水糸を張って高さの平均を見て、それに合わせて据え付けます。

石と石のつなぎは、石組みの基本と同じようにたがいにつりあいがとれるようになじませることが大切です。飛び石の中心線の曲げ方や分け方については、昔からいろいろないい伝えがありますが、美観と実用とを考えて、現在では古いしきたりにとらわれるよりも自分の感覚を生かしたらよいでしょう。打ち方で注意することは、飛び石を自分の好きなところまで打っておいて途中で切れてしまうようでは困ります。ひとつの区切りがつくように先まで張ることです。

そのためには一番手前と最後とを考えて場所を決め、次に途中で分ける場合は、そこから先どこまで行きつくかということを考えます。

そして自分が打とうとしている飛び石の手前と先のひとつの線、それと分けたいところの分かれ道の点、これだけをまず最初にしっかりおさえ、あとは途中のつなぎを上手に考えて構成していけばよいわけです。この際、打ち方の調子を変えるときには、たとえば千鳥から二-三くずしに変えるには、ひとつの区切りになるポイントが必要です。

のべ段

飛び石と同じように扱われるものに、茶庭から発達してきたものといわれるのべ段があります。

飛び石はのべ段がくだけた感じで、字でいえば草書体に近いような味をねらっているわけですが、のべ段は飛び石を寄せていって、それを一定の幅に仕上げたものと考えてもよく、別名たたみ石ともいわれ、一種の飛び石で楷書体に近いものといえます。

のべ段の種類と材料

のべ段にどんな材料を使うかは本人の好みによりますが、切り石だけの切り石敷き、玉石だけの玉石敷き、いろいろなものを混ぜた寄せ石敷きなどがあります。

いちばんよいのは自然石で片状に割れるもので、鉄平石がよく使われています。そのほか丹波石、根府川石、かねひら石などが多く使われており、かねひら石というのは青森、岩手地方で産する安山岩の一種で、根府川石は鉄平石よりやや厚めで渋みのある色をしており、なかなかよいのべ段ができます。

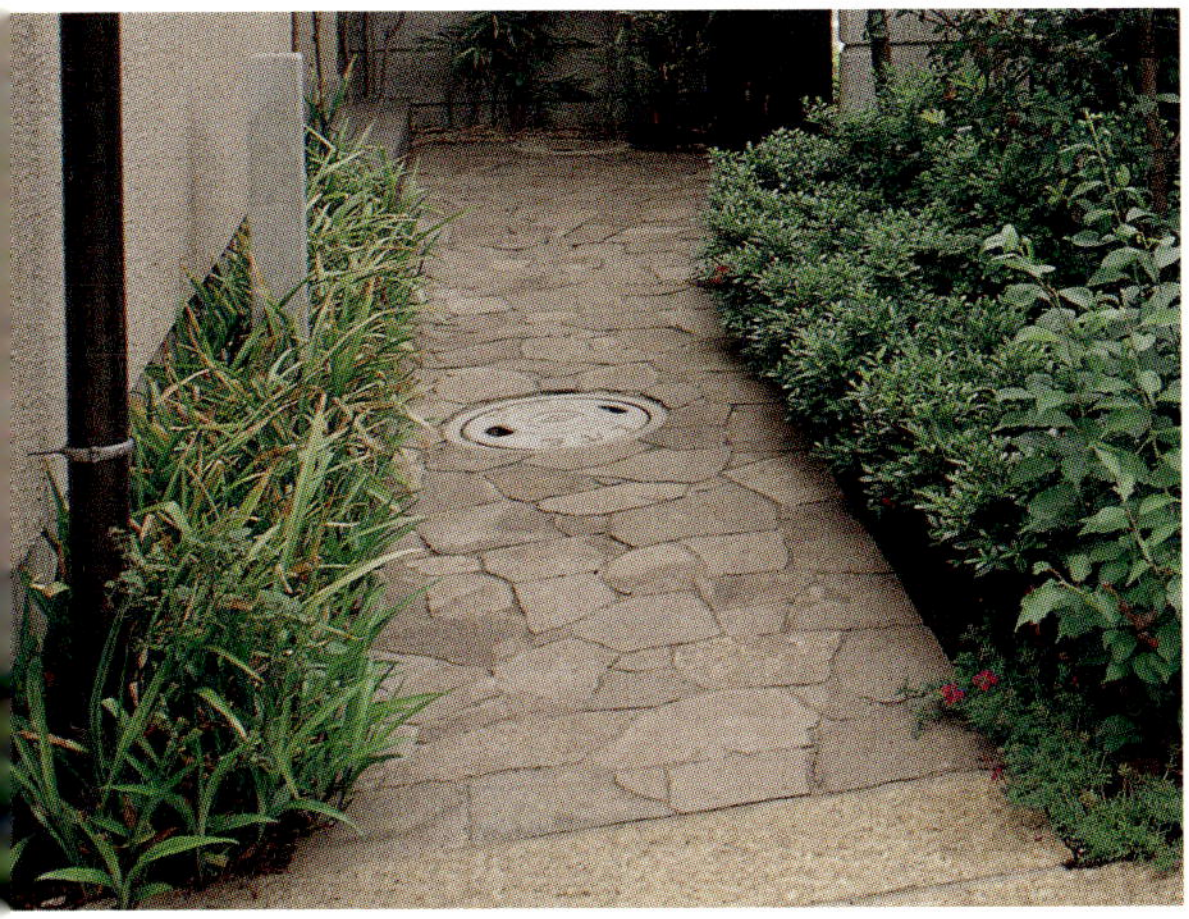

のべ段

のべ段のつくり方

のべ段は園路のうちの一定の幅に玉石や切り石などをいっぱいに敷きつめていきます。現代では、のべ段の基礎にコンクリートを一定の幅に打ち、この間に切り石、あるいは鉄平石、根府川石のような平石を敷きつめます。あるいは、とくに感じをだすために石うすの古いものや、丸い形のものを混ぜることもあります。

まず主になる材料を幅いっぱいに並べていき、その間に小さな玉石などをいれ、すき間はモルタルで埋めて仕上げます。これも飛び石と同じように地面からあまり高く出ないよう普通は3cmくらいにします。

石の間に植物を植える場合は、土をいれたどろ目地、あるいは芝などを植えた草目地とします。この目地の幅は普通1~1.5cmくらい、石よりも1cmくらい低く仕上げます。

のべ段の幅は広くても1m前後までで、0.6~1mくらいが普通でしょう。長い距離をのべ段にする場合には、幅が狭くてものべ段が強調されるので割合狭い

[のべ段の張り方]

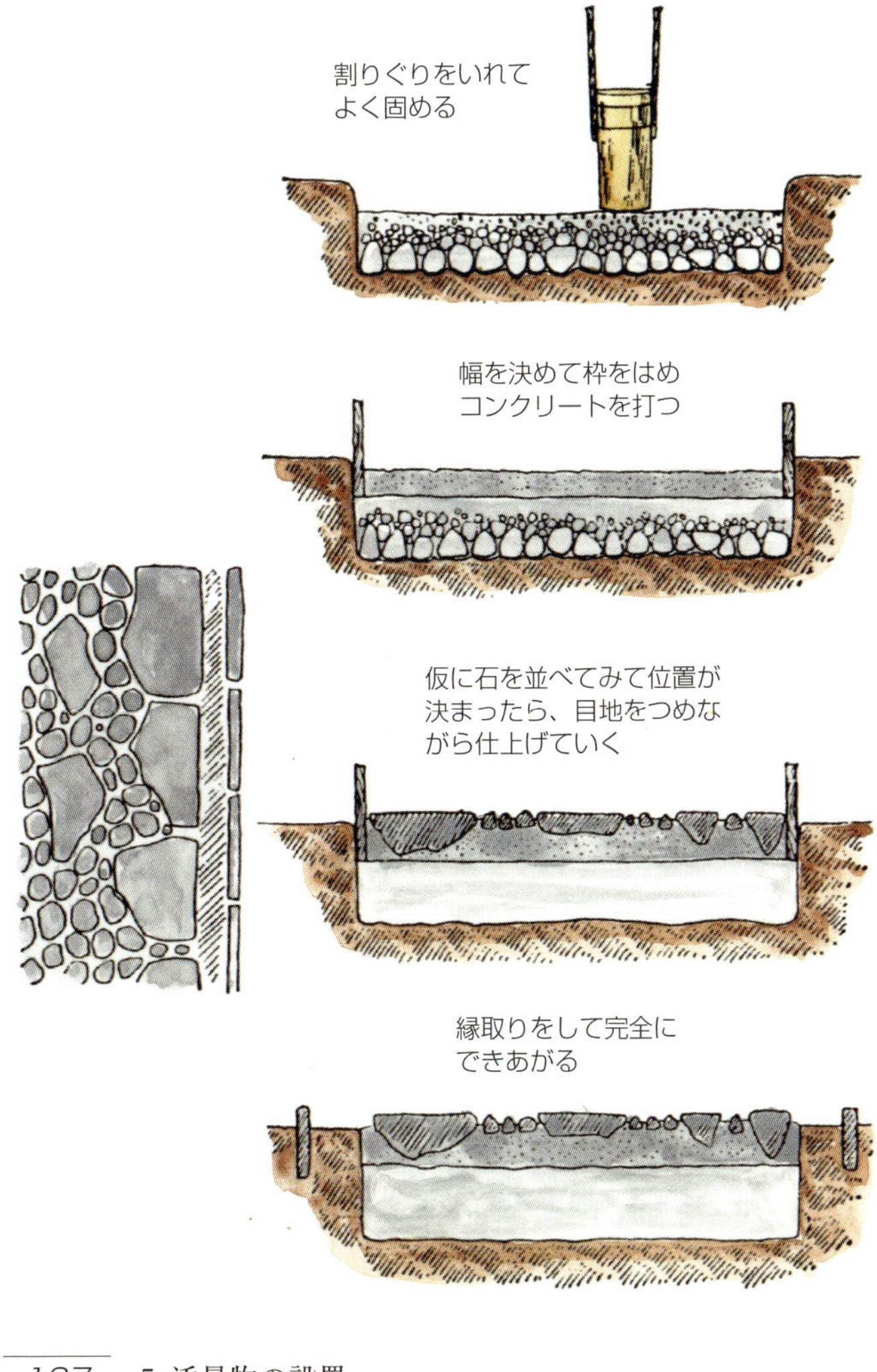
割りぐりをいれて
よく固める
幅を決めて枠をはめ
コンクリートを打つ
仮に石を並べてみて位置が
決まったら、目地をつめな
がら仕上げていく
縁取りをして完全に
できあがる

幅でもよいでしょう。しかし、距離が短いときは、のべ段を引き立たせるためにはある程度の幅が必要です。

実際ののべ段をつくるにあたって注意することは、目地は低くなるとしても、中にいれた玉石や切り石の高さはそろうことが必要です。これは高さがそろっていないと歩きにくいからです。

施工にあたっては、枠板を一定の幅につくっておいて、それにコンクリートを打ち込みます。そのとき幅が広がったり狭くならないように、わく板はしっかり止めておき、さらに水糸を張って高さの基準をとります。コンクリートは一定の高さに打ちますが、その上に張る切り石や玉石は全部厚さが違うので、あまり上までコンクリートを打ちすぎると上に飛びだすものがでたりします。したがって、のべ段に張る材料の厚さをよく考えて基礎のコンクリートを打たなければなりません。

切り石だけを張るときは、へりのほうに小さいものがあると非常にみにくいので、切り石や大きな板状の石は両側の端から縁止めになるように打ち、とくにいちばん端のところ、あるいは途中で曲がるようなところには大きめの石をいれ、しっかりした感じをだします。

自然の野面石を使う場合は、その間にいせごろという玉の砂利をきちっとたたいてつめ込んでいきます。ここで注意することは、石の表面に出る部分にセメントやコンクリートをつけると、あとで洗い落とせないので、石の上面を汚さないよう注意しなければなりません。

モルタルだけではあまり感心しないという場合には、砂を多めにしてコンクリートを練り、これを間につめ、乾かないうちに水洗いする（洗いだし仕上げをする）と砂が外側に浮いてきて、目地のモルタルがあまり目立たなくなります。

のべ段の縁取り

石を敷きつめるだけでなく、両側に少し幅をとって縁をつくることもあります。たとえばレンガを使うとか、六方石をいれていくとか、あるいはモウソウチクのような太い竹をのべ段の幅から少し離して横にして、しっかりと半分土の中に埋めていくというようなこともやっていますが、大きな庭園で園路の距離が長くないと見栄えがしないかもしれません。短い園路にいれると、かえって複雑なデザインになりすぎて見苦しくなります。

敷きつめた石の景観をこわさないようにできるだけ低く仕上げ、単純に配列するとよいでしょう。

石灯籠

石灯籠を据える位置

石灯籠は昔、どのように使われていたのかを知ることによって、据え付ける位置やあしらうものなどがはっきりしてきます。現在は実用的な意味はほとんどなく、飾りとして使われていますが、昔、照明として使われていたころは、庭園照明として実際に点火したときの効果を考えた位置に置かれていたわけです。火をともすことのない現在でも、一応そのことを考慮して考える必要があります。

そのひとつとして、池の縁など水に縁のある場所が選ばれています。これは直接灯籠を眺めるだけでなく、灯籠にともした火を水に映してゆらゆら動いているさまを観賞するといった意味があるからです。雪見灯籠のような文字通り庭に雪が積もっていて、さんさんと降っているさまを眺めようという置き方です。しかも雪見の場合も池の近くが選ばれています。

もうひとつは、園路を照らすための位置です。坂になる位置や曲がるところなどは足元に明かりが必要なわけで、そのために使われていた灯籠があります。また、同じような意味でつくばい、縁先手水鉢など、水を使うときの手元に明かりがほしいということで、その近くに据えられています。

そのほか純粋に眺めの奥行きや味をだすために据えるものがあり、植え込みの中に据えられます。そのとき庭から眺めて植木に光が当たって眺めの美しさを強調するような位置に置かれます。これも火の燃えているところが直接見えないように、木の枝でさえぎるような木がそえられていますが、その木をひざわりといっています。

あしらいとしては、小さな灯籠では必要ありませんが、大きなものでは打ちあげ石といって、火をつけるときの踏み台としての頭の平らな石を据えておくのが原則になっています。

石灯籠を据え付けるとき、とくに地盤が軟弱な場合は割りぐりを入れてコンクリートで固めてから据え付けます。割合にしっかりした地盤の場合は、砂利をいれて打ち固めてから据え付けます。

基礎固めができたら、基段（泥板）の部分を据え付け、水平をとります。灯籠を立てるときの注意は、要所要所で水平をとりながら積むことで、決して目見当でやってはいけません。途中のさおの部分は細く、上に大きな重いものが乗るわけですから、少しでも水平にくるいがあると一方に重量がかかって倒れることがあります。

泥板と基礎との間にごくわずかなくるいがあり、ゴトゴト動くときには、見えないようクギをさして動きをおさえておきます。

[石灯籠の種類]

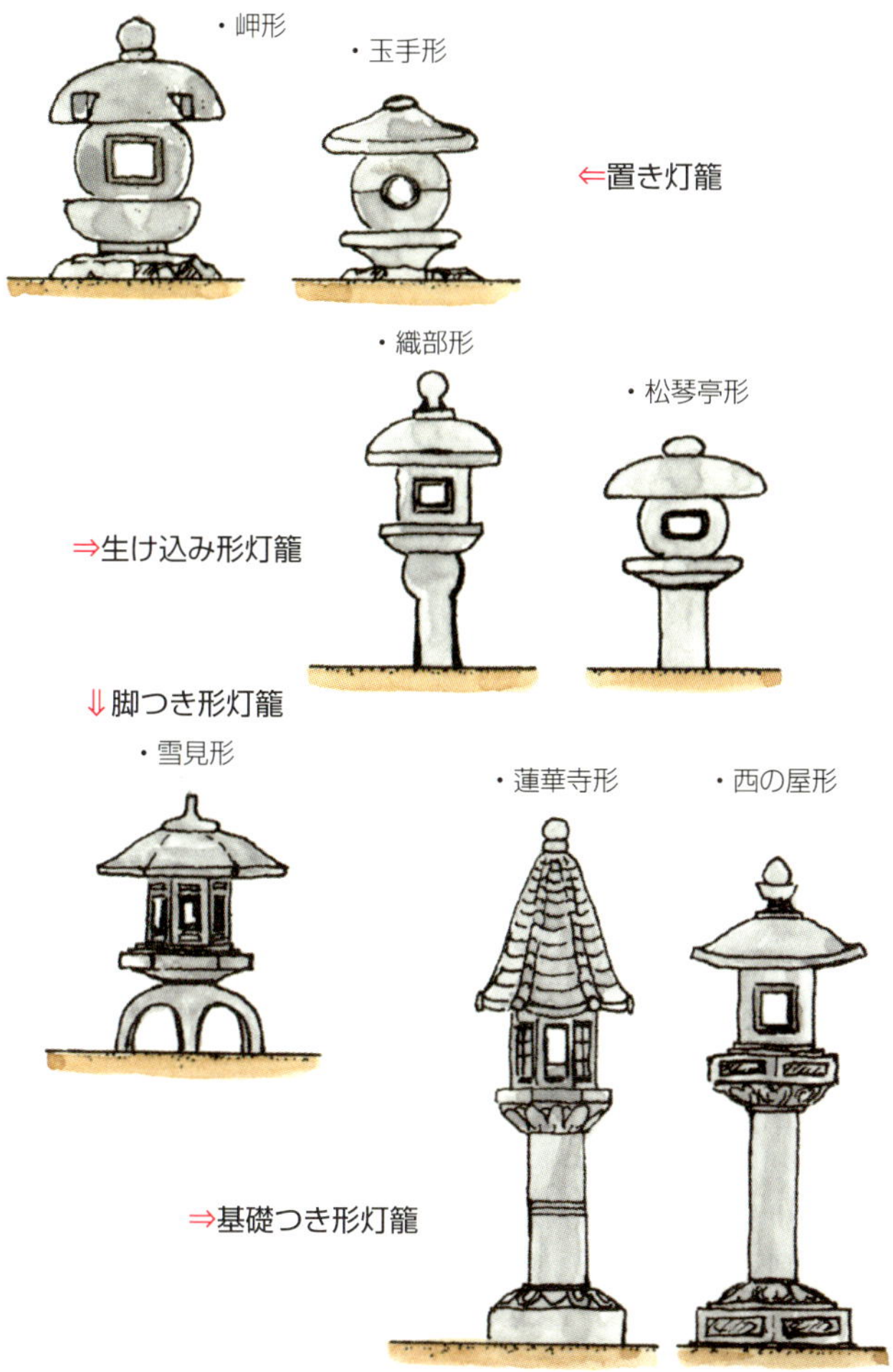

織部灯籠

芝生のつくり方

芝生の庭は日当たりがよいことが条件

芝生の働きというものは、非常に大きな意義をもっています。わたしたちが緑化運動というときにいつも問題になるのは、木を植えることと地面を緑でいかに覆うか、ということです。なかでも最も大きな部分をになっているのが、実は芝生です。

芝生の美しさという点から見ると、夏の間の緑とともに冬の枯れ草色が大きな魅力として考えられています。芝生の緑は明るい緑ですから、木などの濃い緑に対して明るい緑の構成材料としてよく用いられています。このような色彩的な美しさのほかに、遊び場としての魅力もあります。

もうひとつの利点は、ほこりが立たないことです。関東地方のような火山灰土のところでは、春先、霜で持ち上げられた土が乾燥して、春風に吹かれて舞い込みますが、こうしたことが防げますし、雨が降ってもぬかることもありません。また、真夏の照り返しがなく涼しい環境にすることもできます。なお、使い方によっては急斜面を芝生にするとくずれることがありません。

芝の種類にもいろいろありますが、大きく分けると日本芝と西洋芝の二つに分けることができます。

この二つの種類の大きな違いは、日本芝は春の発芽から秋までは緑色ですが、冬になって寒さにあうと地上部は枯れてしまいます。これに対して西洋芝のほうは、一年中緑色を保っている点が大きな違いです。

手入れのらくな日本芝

日本芝のよい点をあげてみると、あまり手をかけなくても十分に生育できることです。これは日本芝といわれるようにわが国の気候風土に適していて、非常に性質が丈夫だからです。病害も少なく、夏の暑さに強いのも特徴です。

草丈はいずれも20㎝くらいと小さいので、刈り込みの回数が少なくてすみます。割合手軽に入手できるので補修も簡単にできます。

眺めの面では、春の芽立ちの薄緑から夏の緑、そして冬の枯れ草色に至るまで、季節の変化が味わえるのが特徴です。

欠点は、種まきで繁殖しないので短期間で芝生をつくるのが困難なことです。しかし、この点は購入した芝の張り合わせ方によって早く緑にすることもできます。眺めのほうでは、冬枯れは季節感があってよいともいえますが、人によっては冬も緑を楽しみたいでしょうし、冬は枯れて寒々とした感じになってしまうことは欠点といえばいえるでしょう。

また、日本芝は西洋芝に比べて日当たりを好むので、夏の間ほとんど日が当たらないような場所ではつくれませんし、湿地では生育がよくありません。少なくとも1日4~6時間程度は日の当たる場所で、じめじめしていないところによく育ちます。

一年中緑の西洋芝

西洋芝はイネ科の牧草が大部分です。牧草は収量の多いことが要求されるわけで、草丈も高くなります。これを短く刈り込んで芝生として利用しているわけです。

主な種類としては、ケンタッキーブルーグラス、ミリオンブルーグラス、カナリアンブルーグラスなどが知られています。

日本芝にない性質としては、日陰の場所にもよく育つこと、冬の間も緑色を保つことが特徴です。それに種まきによって容易に増やせますし、ほかの場所で種をまいてつくっておいたものを切ってきて張り芝にすることもできます。さらに大きな特徴は、生育が旺盛なので早く仕上がることです。

欠点は高温、多湿に弱いことと、病害が多い点です。ひどいときには夏の間に枯れてしまって、秋になってまき直しをしなければならないようなこともあります。また、生育が早いので刈り込み回数を多くしなければなりません。生育の旺盛な5月から10月初めころにかけては、3~4月に1回、少なくとも1週間に1回の刈り込みが必要になってきます。したがって、大面積の造成をすることは、管理労力が非常に多くかかり大変です。

日本芝と西洋芝のどちらを選ぶかは、ひとつには庭の条件があります。日本芝は日当たりのよいことが絶対条件になるので、日当たりの悪いところでは不適当です。西洋芝は日陰でもよく育つものがあるので、日当たりのよしあしでどちらを選ぶかが決まります。

次にどの程度手をかけられるかによって選びます。日本芝ではものぐさにつくろうとすれば、5月から10月までの間に最低3~4回の刈り込みで間に合います。西洋芝では、いくらものぐさをしたとしても週に1回は刈り込まないと伸びすぎて倒れ、中が蒸れて部分的にはげたりします。したがって、管理労力が決定要素になります。

もうひとつは、冬期間の緑の芝生を楽しみたいとすれば西洋芝ということになるでしょう。

植え付け時期と地ごしらえ

最適期は3月中旬から4月中旬

芝つけの時期は、春の芽立ち前ころから秋の寒さで生育が止まるまでの間であればいつでもできます。なかでも理想的な時期は、3月中旬から4月中旬です。この時期は芽立ちから生育の盛んな時期にかかるころで、植え付け後の活着がよく、その後の生育も順調に進み、密生したよい芝生に仕上がります。

夏の暑い時期に植え付けたものは、その後の管理をていねいにやればつかないことはありませんが、なるべくさけたほうが無難です。また、材料の入手が春よりもむずかしくなります。

秋は10月末ごろまでに植えたほうがよく、これより遅くなると根がつかないうちに寒さがくるため、活着が悪くなります。また、霜でもち上げられたりします。

地ごしらえのポイント

芝生をつくるには、地ごしらえから始めます。表土の深さは15~20cmは必要です。この深さは芝の根が張る部分ですから、荒れ地に土をいれる場合などは、落ち着いたときの厚さを考え、余分にいれる必要があります。普通の土地の場合には、表土15~20cmくらいの深さに耕し、でこぼこをならして平らにします。

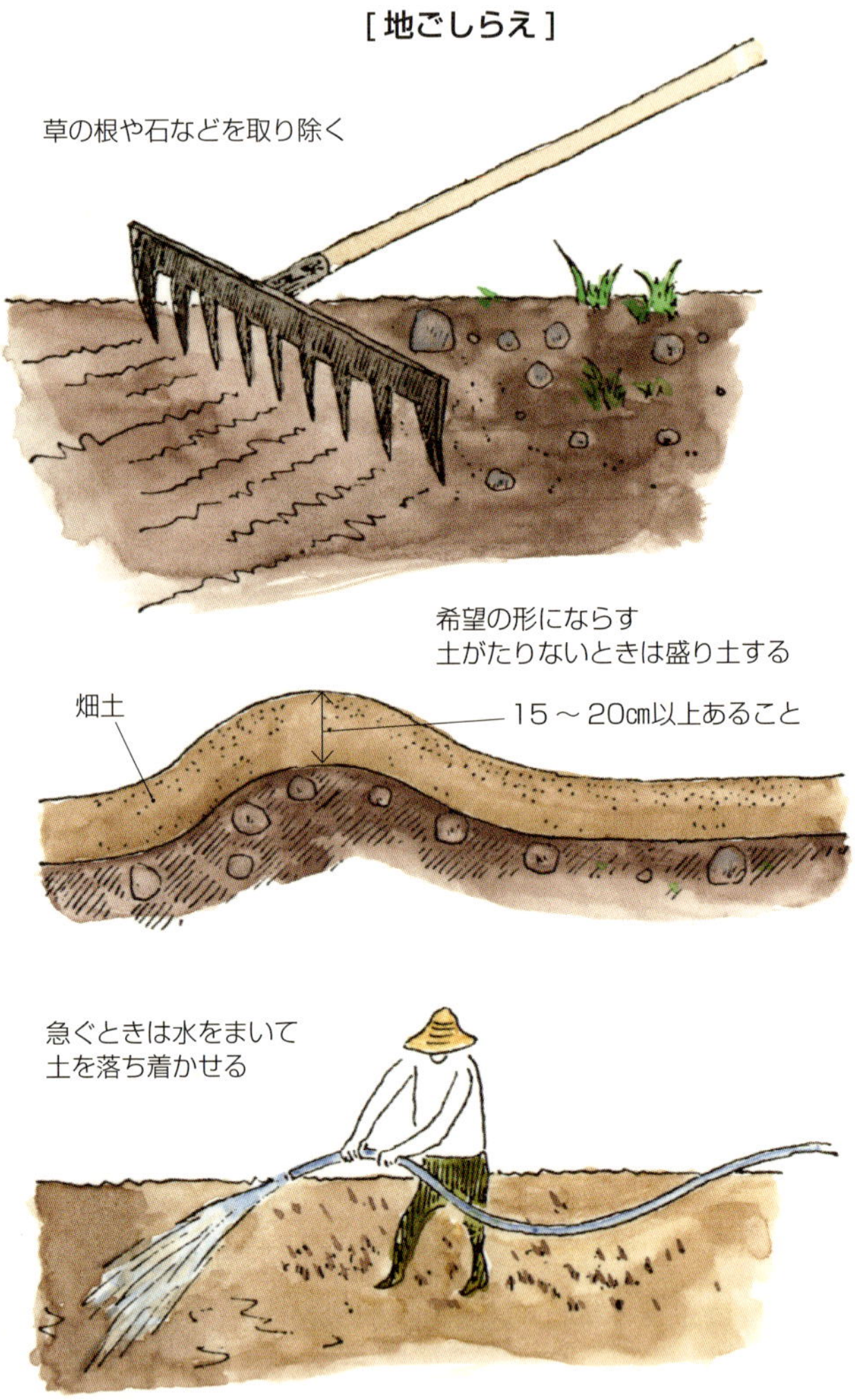
[地ごしらえ]
草の根や石などを取り除く
希望の形にならす
土がたりないときは盛り土する
畑土
15～20㎝以上あること
急ぐときは水をまいて
土を落ち着かせる

元肥は、よく肥えた畑土のようなところには施さなくても十分育ちますが、新しい土では油かすや鶏ふん、堆肥などが使われています。こうした肥料はよく発酵したものを用いることが必要です。芝を張ってから腐りだすようでは好ましくありません。

施す量は、土の性質などによって違いますが、だいたい1㎡あたり堆肥で2～3kg、油かすならば500g前後、鶏ふんでは0.5～1kg程度がよいでしょう。鶏ふんはよく乾燥したものを細かくくだいて使用します。

肥料を施したら、地表を軽く耕すようにして土とよく混ぜ合わせ、平らにすれば完成です。

酸性の強いような土地では、酸度の調整が必要で、pH5～6になるようにします。強酸性のところでは石灰を全面にまいてから耕します。

植え場所の準備ができても、すぐに植えると土の落ち着きが悪いので、しばらくして土が落ち着いてから植え付けるほうが無難です。急いで植えたいときは、一度水をまいて土を落ち着けてから張り込む方法がとられています。

日本芝の植え付け

目土部分をとって張る

芝を植え付ける方法にはいろいろありますが、ひとつはほかの場所で育成した芝を切ってきて張り付ける〝張り芝〟という方法があります。切り芝は束ねて、2束で1坪（坪芝といい、すき間なく並べると2.3～2.7㎡くらい）として売られています。1坪（3.3㎡）をすき間なく並べるには3束必要になります。

張り方には、べた張り、目地張り、市松張りなどがありますが、いずれの場合もあらかじめ目土をとっておかなければなりません。すじ張りの場合は均等に溝をつけて、土を片側に寄せておき、それを植えたあとに寄せればよいわけです。

べた張りすれば活着後、すぐに一面緑になりますが、密に植えられるために新しい芽が伸びるとからみあって、健全な生育ができなくなってしまいます。芝は新しく伸びた芝から新しい根をだしながらすくすく育ちます。

そういう点からいいますと、目地張り、市松張りは、一定の期間があって、そこに新しい茎を伸ばして根を張るので、健全な芝が育つということになります。ただし、張り芝の間の雑草取りが必要になります。

●苗が少ない場合のやり方

張り芝にするには苗が少ない場合は、切り芝をそのまま張るのではなく、これを小さく切りほぐして一面にばらまく方法があり、これをまき芝といっています。まき芝を行なうには、ナイフやハサミなどで茎・根を10cmくらいに切り、ばらばらにほぐし、これを全面にばらまきします。その上に土をかけて軽く踏みつけ、灌水します。

この方法だと張り芝の必要量に比べて、5～10倍の面積に植え付けることができます。その代わり完成までの日数がかかり、4月に植え付けたものでも1年から1年半ほどかかるとみなければなりません。また、雑草を生やさないよう、まめに作業をしなくてはなりません。

●植え付け後の作業

張り付けが終わったら、あらかじめ取り除いておいた目土をいれます。いれ方は、全面に薄く土をふり込み、あとはホウキでならします。これによって新しい根が生えてきます。いれる土の量は表面に葉が浮きだす程度まで、芝と芝の間に土がはいります。この上をローラーで押さえれば土とよく密着します。ローラーがない場合は、角材などを利用してよくたたいてやります。そのあと、十分に灌水しておきます。

ここで注意することは、ただ並べて土をいれるだけではよく活着しないので、よく押さえつけて土と密着させておくことがポイントになります。

傾斜地に張るときは、芝がずれやすいので、切り芝1枚に対して芝グシを2本くらい差し込んで止めます。芝グシは竹でつくられたもので、節の部分で押さえるようになっています。竹を幅約2cm、長さ15～20cmにけずり、先をとがらせます。

[芝の張り方]

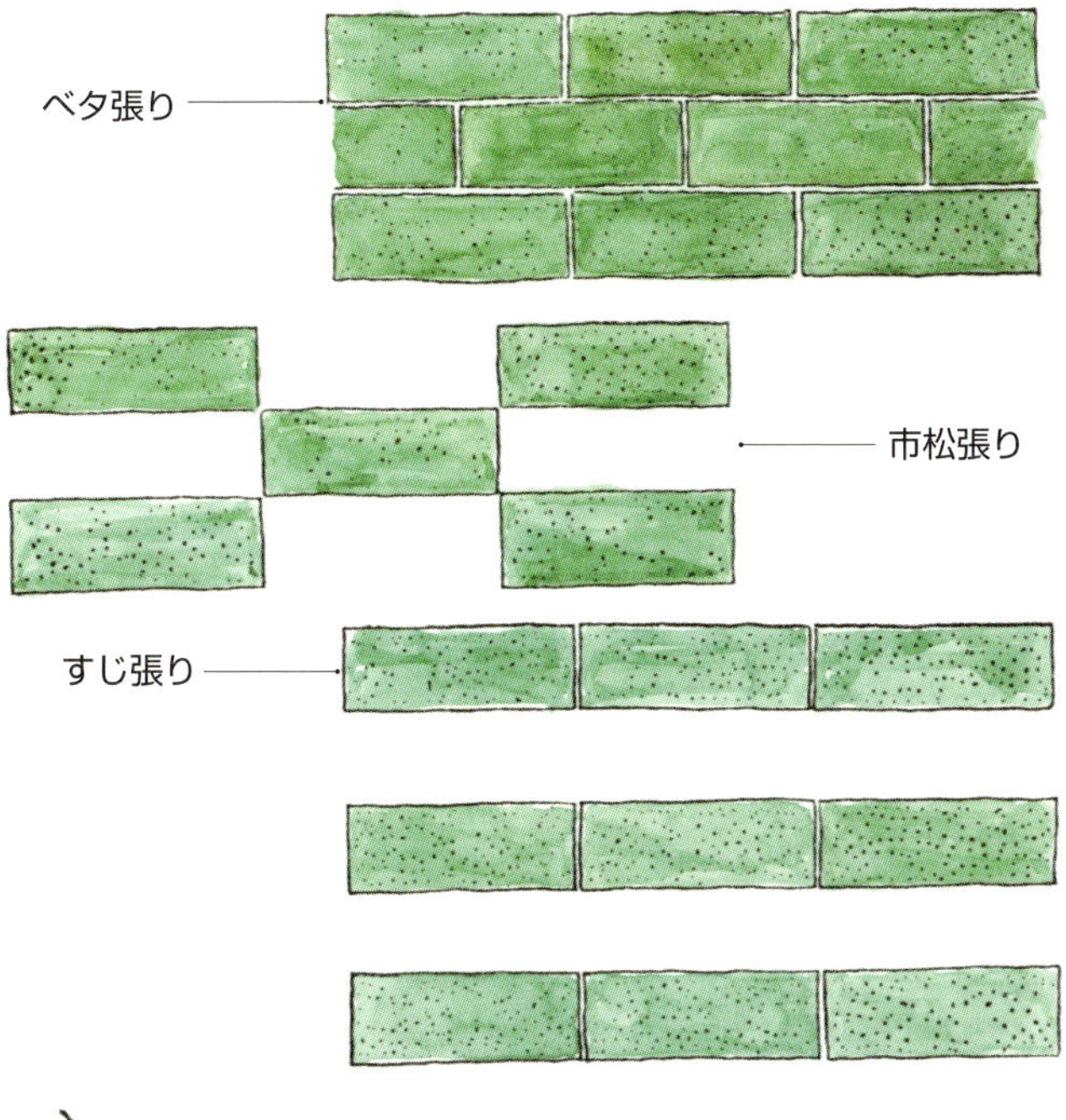

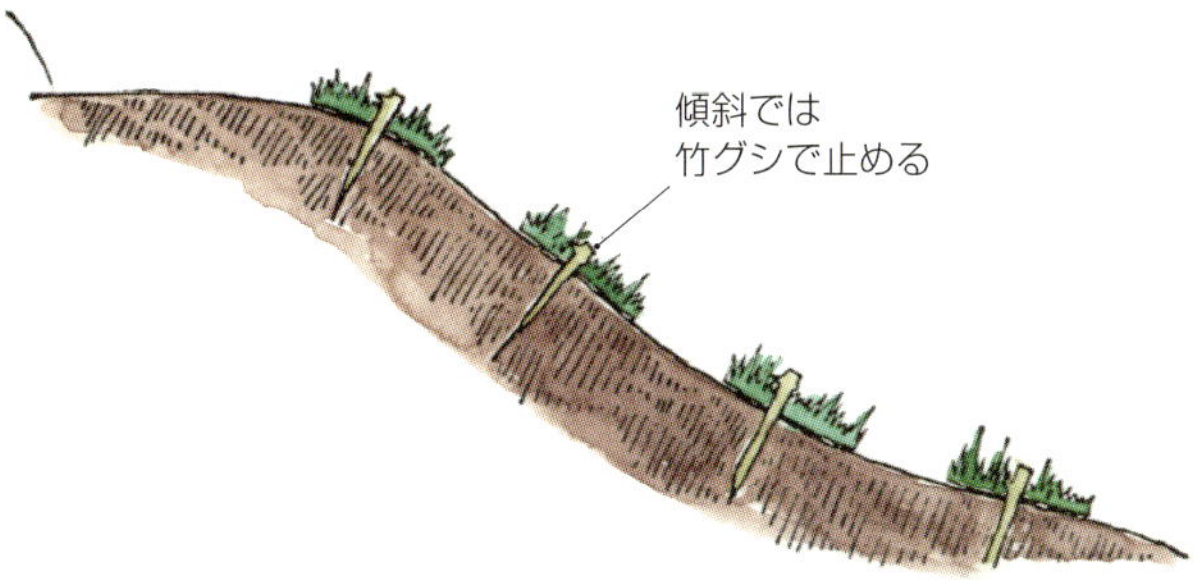

西洋芝の種まき

●寒冷地を除き秋まきが無難

西洋芝は、主に種子で繁殖します。市販されている西洋芝の種子は、いろいろな種類が混合されています。日当たりでよく育つもの、日陰でよく育つもの、乾燥を好むもの、湿気の多いところでも育つものが混合されていて、その土地に適したものが残って、適さないものは淘汰されるようにくふうされています。

とくに種類を選定しないで混合のものを注文すると、前記のような適応範囲の広い種子が入手できます。こういう種子をローングラスといっています。

種子の量は1㎡あたり15～25gで、ローングラスのように各種配合されているものは20g前後です。

種まきの時期は、北海道のような涼しいところは別ですが、春まきすると夏の暑さで枯れるおそれがあるので、やはり秋のほうが安全です。

地ごしらえは、日本芝と同様です。

種をまいたら軽くローラーをかけ、十分に灌水します。しばらくして芽が出始めたら、この上をローラーで押さえてやると、ムギ踏みと同じ効果で分けつがよく、厚い芝生ができます。

西洋芝で張り芝もできます。普通、まき芝が行なわれますが、どうしても部分的にはげることがあるので、できるだけ種子をまいたほうがよいでしょう。

芝の手入れ

●刈り込み

芝生の管理で最も手間のかかるのは刈り込み作業です。

芝は刈り込みをしないで放っておくと、伸びた芝の中で地表面に近い部分は風通しが悪く蒸れた状態になり、芝全体に黄色く枯れ上がってきて、はなはだしいときははげてしまいます。

刈り込みは、日本芝の場合は5月から10月の間に6～8回、最小限にしても5月、7月、9月の3回はやらなければなりません。

まめにやればやるほど丈の短い密生したよい芝生になります。

西洋芝の場合は、もっとまめに刈り込まなければなりません。もともと生育早い丈の高い種類で、夏の暑さに弱いものが多いので、蒸れたり倒れたりしないよう、早めに3～4日おきに刈り込みます。少なくても1週間に1回は必要で、大変な労力がかかります。

刈り込みにはカマを使うこともできますが、上手にやらないとトラ刈りになってしまいます。カマより刈り込みバサミ

［芝の刈り込みと目土入れ］

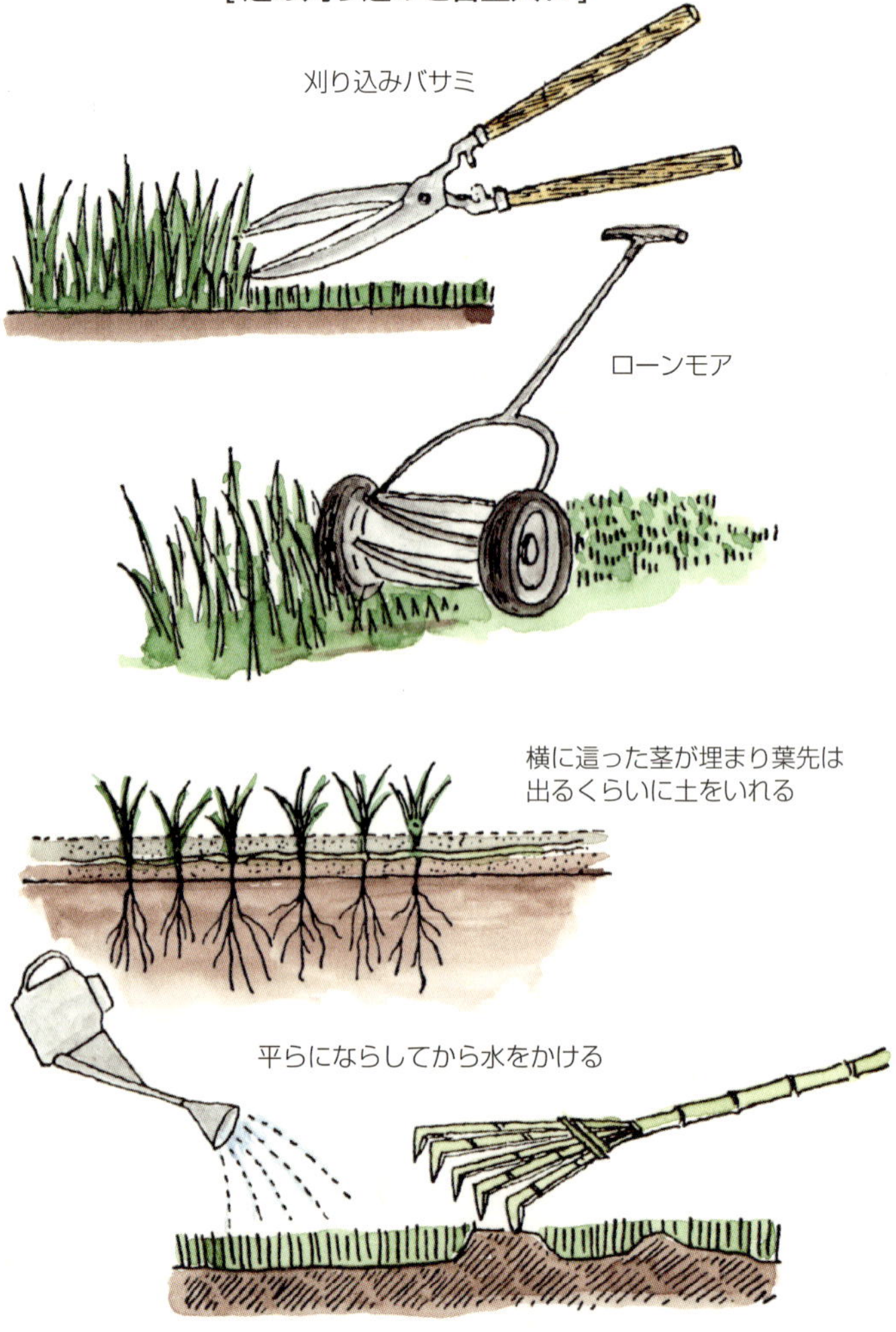
刈り込みバサミ
ローンモア
横に這った茎が埋まり葉先は
出るくらいに土をいれる
平らにならしてから水をかける

を使ったほうがうまくいきます。面積の広いところでは芝刈り機（電動式やエンジン式）を使います。

刈り込みの注意としては、西洋芝はあまり低く刈るのをきらい、低く刈り込みすぎると枯れることがあります。

●目土いれ

刈り込み作業は、ほかの作業と一緒にやると便利です。刈り込みをしたあとに、肥えた土（目土）や、肥料として油かすなどを混ぜた土をふり込み、ローラーかけや板でたたいて土を落ち着かせる作業などを一貫して行ないます。

目土は日本芝では毎年最低1回、芽の立ち始める3月ごろに全面に散布します。西洋芝では目土をいれる回数を多くし、年に3～4回くらいいれなければなりません。

1cm目以下の細かいフルイを通した土を用い、これに肥料を加えるときには10㎡あたり300gくらいの油かすを混ぜます。土は1㎡に15～30ℓの量が必要です。

芝の茎はだんだん上に伸びてたがいにからみあい、地表から離れるかっこうになるので、しだいに老化してきます。これに土をいれることによって新しく伸びた茎から根をださせ、老化を防ぐ役目をします。

肥料は目土に混ぜるときには油かすを使いますが、10㎡あたり300gくらい、化学肥料では普通、硫安や尿素を水に溶いて灌水代わりに全面にまきます。チッソ分だけでは不十分なので、プラントフッドなどの三要素のはいっているものがよいでしょう。いずれも濃すぎないようにバケツ1杯あたり軽くひとにぎりくらいにします。

●除草

除草も大切な作業のひとつです。芝生の雑草というのは、芝生をつくったときの土や毎年春にいれた目土の中から出てくることが多いので、植え付けてからの1年間はとくに除草が必要です。

とくにホワイトクローバーのようなものが生えるとひとつの大きな群落をなし、芝生内に点々と密生します。これは芝生にとって大敵で、放っておくとその部分がはげてしまうので、早めに摘み取る必要があります。

大面積の場合は、イネ科の植物が残る、広葉雑草を対象にした除草剤を用いますが、手で抜き取るのが最もよい方法です。

●病害虫

日本芝で発生しやすい病害は、赤さび病です。芝の上でころがって遊んだ子供のシャツに赤い粉がついているのをよく見かけます。これが赤さび病の胞子です。主に発生する時期は春の5～6月、秋では9～10月です。どちらかというと梅雨の続いた年は春の発生が多くなりますが、普通は秋の発生のほうが多くなります。

赤さび病の防除は、葉が長くぬれているなど、湿度が高いと発生しやすいので、通風や日当たりをよくし、発生初期に薬剤散布します。

西洋芝に発生しやすい病害は、紋枯病です。これは6～8月に発生しやすく、しかも伝染が早いので、予防的に薬剤を散布していきます。

芝生の寿命と更新

芝生の寿命はどのくらいかというと、日本芝で7～8年、長くても10年くらいです。これも上手に管理した場合で、管理が悪いと寿命も短くなります。西洋芝では5～6年もてば相当管理がよい場合です。

寿命のきた芝は更新する必要があるわけですが、最も簡単な方法は、全部はぎとってしまい、植え付けのときと同じ方法でくり返します。

もうひとつの方法は、15cm幅くらいに切って1畝おきにはぎとり、その部分を深く耕し、肥料を施しておけば両側から新しい根や茎が伸びて1年たらずで全面緑になります。そして次の年には前年残した部分を同様にはぎとり、耕して施肥してやれば、完全に更新することができます。

芝は古くなってくると下の土が固くなり、肥料分もなくなり、茎や根がからんで老化するために更新が必要になってくるわけです。

固くなった土をスパイクして穴をあけ、通気をよくすると根が伸びやすく、更新するのと同じような効果が期待できます。

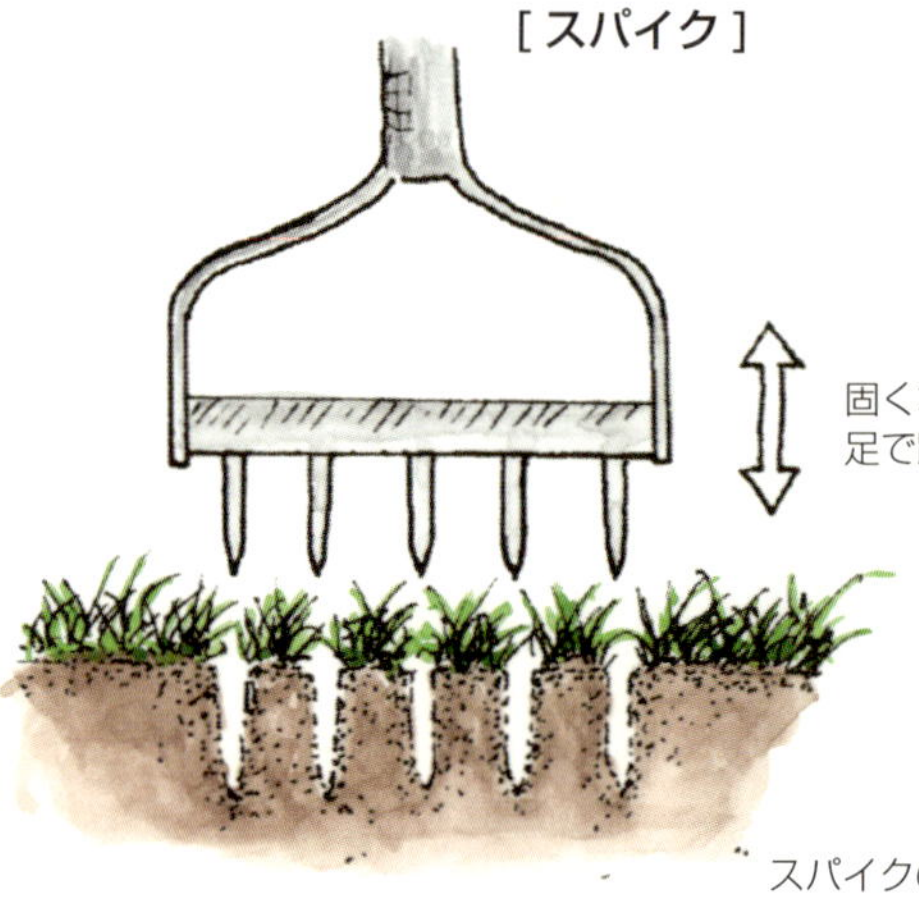
[スパイク]
固くなった土の中へ足で踏み込む
スパイクの作業は時期をとわずに行なえる

芝生の庭とバラ

生垣、垣根のつくり方

生垣のつくり方と手入れ

生垣の形

生垣は、どういう目的でつくるかによって形や植えられる植物が決まってきます。

一般によく使われているのは、囲いのための生垣です。そのほかには生垣によって日陰をつくるとか、保温をする、防風の目的などのものがあります。これらはいずれも実用的なものですが、目かくしと見かけの美しさをねらった飾りとしての生垣もあります。

生垣をつくるにあたっては、まず最初につくる目的をはっきりさせることです。

侵入防止に最もよい生垣は、カラタチやピラカンサのようなトゲのある植物です。これは侵入防止には効果的ですが、美観の点や安全性からいうと問題があります。

それに対して、庭の中の境界垣のようなものは侵入防止の必要はありませんから、トゲのつくようなものはなるべくさけます。むしろ季節によって花が咲いたり、葉色が変わったりして季節感のともなった変化に富んだものを選びます。

普通、木の種類を1種類にした単植の生垣がほとんどです。それに対して何種類かの木を混ぜてつくった生垣もありますが、この場合は生長の速度や枝ぶりなどの性質のそろった組み合わせを考える必要があります。それと同時に、混植では、その後の管理が複雑になってきます。

また、植え方にもいろいろあって、一列に植える刈り込み生垣と自然形のものがあります。

刈り込み生垣には、118ページの図のような形がありますが、四角形に刈り込むのが一般的です。

自然形の生垣には、1種類か数種類の木を一定の幅に2列か3列に植え込んでいく方法で、それぞれの木の特性を生かした剪定・整枝をして形づくるものです。この方法は、刈り込み生垣に比べて植え幅が広く必要ですから、広い庭に適しています。

そのほかには木の垣や竹垣、金網などと植木を併用した生垣があります。

木や竹を使った垣根と混用する場合は、上下2段の形にし、上は板塀、下は生垣にしたり、その逆のやり方、また、

モクセイ類の混植垣

[各地方に適した生垣樹種]

（中村貞一『造園技術』養賢堂より）

<table>
<tr><th>北海道</th><th>東　北</th><th>関東・東海</th><th>近　畿</th><th>九　州</th></tr>
<tr><td colspan="2">[常緑]イチイ、ニオイヒバ
[落葉]イボタ、ウツギ、ウコギ、サンシュユ、ヘビノボラズ、メギ</td><td colspan="3">[常緑]アラカシ、イヌマキ、ウバメガシ、カナメモチ、クチナシ、サザンカ、サンゴジュ、シラカシ、チャ、ツバキ、ネズミモチ、ヒメクチナシ、ピラカンサ、モチノキ</td></tr>
<tr><td rowspan="3">[常緑]トウヒ、ドイツトウヒ
[落葉]アキグミ、ウグイスカグラ、エゾノシジミバナ、カラマツ、キンギンボク、サラサドウダン、サンザシ、スグリ、ノニレ、ボケ、ブナ、ヤマナラシ</td><td>[常緑]カヤ、ツガ
[落葉]クコ、レンギョウ</td><td colspan="2">[常緑]サカキ、シイ、ハマヒサカキ、ヒイラギ、ヒイラギモクセイ、ヤマモモ</td><td>[常緑]カンチク、ホクオウチク、ホウライチク</td></tr>
<tr><td colspan="2">[常緑]アスナロ、ヒムロ
[落葉]ドウダンツツジ</td><td colspan="2">[常緑]カイヅカイブキ、キョウチクトウ</td></tr>
<tr><td colspan="4">[常緑]コノテガシワ、サワラ、スギ、ヒサカキ、ヒノキ、ヒバ類、ハクチョウゲ
[落葉]カラタチ、バラ、ムクゲ</td></tr>
<tr><td colspan="5">[常緑]イヌツゲ、マサキ</td></tr>
</table>

イヌツゲとカナメモチの生垣

[生垣の形]

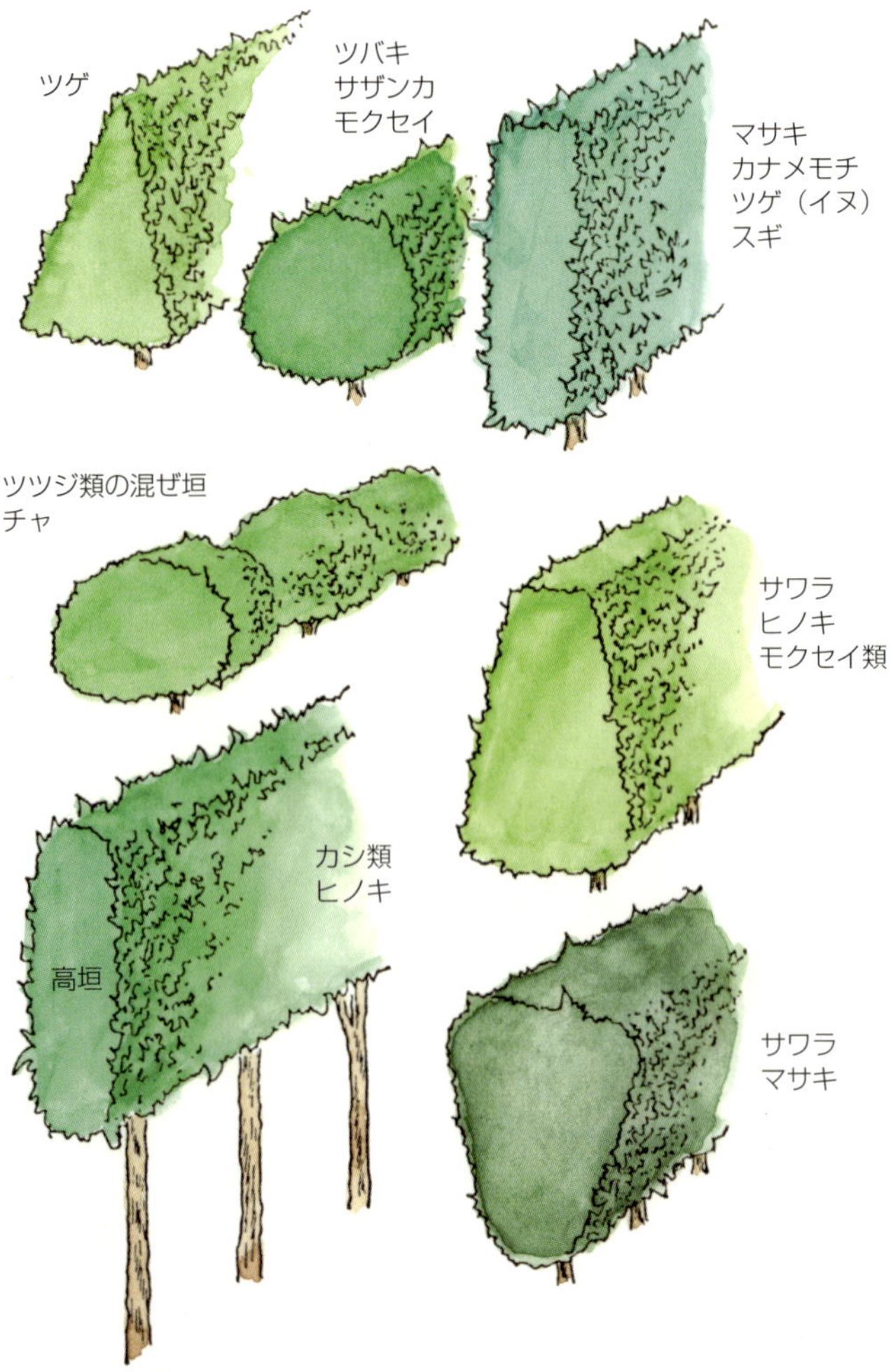

下に竹垣があって上に生垣が顔をだすといった形があります。

　生垣の高さによって2m以下のものを低生垣、2m以上のものを高生垣といっています。高生垣は防風を目的とするときや隣家との境などに応用されています。

　生垣や土手の上に生垣をつくるときは、限定された場所で育つために乾燥しやすく、根張りの範囲も少ないので、こうした条件に適した植物を選ぶ必要があります。

サザンカ

アセビ

[環境に応じた生垣樹種]　（中村貞一『造園技術』養賢堂より）

環　　境	生　垣　樹　種
強い刈り込みに耐える	イヌガヤ、ウツギ、カシ類、カナメモチ、キョウチクトウ、サンゴジュ、シイ、ドウダンツツジ、ネズミサシ、ピラカンサ、マサキ、モチ
強く刈り込むのはよくない	カイヅカイブキ、コウヤマキ、コノテガシワ、サザンカ、ジンチョウゲ、ナンテン、ヒイラギナンテン、モッコク
生長が早い	ウツギ、カラタチ、サワラ、スギ、ネズミモチ、ピラカンサ、ポプラ、マサキ
生長が遅い	イチイ、イヌツゲ、イヌマキ、イブキ、カシ類、コウヤマキ、ツバキ
日陰に強い	アオキ、アスナロ、イチイ、カヤ、クチナシ、コウヤマキ、サカキ、シキミ、ツガ、ハマヒサカキ、ヒサカキ、ヒメアスナロ
湿地向き	イヌマキ、サンゴジュ、マサキ、ラクウショウ
海岸地向き	イヌマキ、カイヅカイブキ、サンゴジュ、シャリンバイ、トベラ、マサキ
高生垣	高さ３～５ｍ…イヌマキ、サンゴジュ、ツバキ　３～７ｍ…スギ、ヒノキ、カシ類、シイ、タブ、マテバシイ　６～８ｍ…クロマツ、ポプラ
農地の生垣	ムクゲ、マサキ
花や実のつく生垣	花…アジサイ、アセビ、ウツギ、オウバイ、オオデマリ、カイドウ、キョウチクトウ、クチナシ、コデマリ、サザンカ、サツキ、サンザシ、シジミバナ、シモツケ、シロヤマブキ、ジンチョウゲ、ズミ、ダンコウバイ、ツクバネウツギ、ツツジ類、ドウダン、バイカウツギ、ハギ、ハクチョウゲ、バラ、ヒイラギナンテン、フヨウ、ムクゲ、ムレスズメ、メギ、ヤマブキ、ユキヤナギ、レンギョウ 実…ウグイスカグラ、ウメモドキ、キンギンボク、コトネアスター、ナンテン、ニシキギ、ピラカンサ、メギ
トゲのある生垣	カラタチ、ネズミサシ、ピラカンサ、メギ

生垣にはどんな樹種がよいか

生垣の形が決まったら、次に木の性質を考慮して樹種を選びます。

選ぶときの条件は次のとおりです。

❶枝や葉がよく密生すること

これは自然に密生するものが一番よいわけですが、簡単な剪定や刈り込みによって密生するような樹種でもよいわけです。

とくに木は自然の状態のままでは頂部優勢が働き、上へ上へと伸びてしまって樹冠が大きくなり、下枝が少なくなります。

一方、風通しや日当たりも悪くなって下枝の枯れ上がりもおきます。生垣は、この下枝の枯れ上がりが少ないことが大切な条件になります。

❷剪定や刈り込みに強く芽吹きがよい

剪定や刈り込みなどの強い障害にあっても木の勢いが衰えず、しかも芽吹きの早いことも大切です。生垣を長年つくっていると、幅が広くなりすぎるということがおこります。そこで強く刈り込んだり、枝を誘引して枯れた部分にもっていくといった手入れを行ないます。こんなときにも耐えられ、どんどん新芽をだしてふさいでいくといった性質が必要です。

普通は常緑樹がよく、一年中葉があって目かくしになります。

これに対して落葉樹ではドウダンツツジのようなものは使われますが、冬の間は葉が落ちてしまうので、使用する目的や場所によって使い分ける必要があります。

❸病害虫に強いこと

虫のつきやすい樹種は、管理労力の点からいってよくありません。マサキのようにうどんこ病の発生が多く、アブラムシの発生によってすす病をおこしやすいといったようなものは、生垣としてはやや不適当な条件をもっていますが、ほかの条件がすぐれているのでよく使われています。

植え込みの方法

生垣用樹種が決まったら、いよいよ生垣づくりです。

つくり方の最も基本になる単植の一列植えを例にとって解説します。

❶苗木の選び方

用意する苗木は、下枝から密に枝葉がついていることが必要で、たとえばサワラの場合でも挿し木をしたまま放任して育てたものは不適当です。途中で剪定をして、上枝をおさえ下枝が十分張っているようなものを選びます。

苗木は、自分がつくろうとする生垣の高さよりも長いものを用いるのが基本です。

この点、自分の家で生産すれば手入れがゆきとどいていて理想的なものが得られるわけです。

❷地ごしらえとナワ張り

地ごしらえは、まず植える場所をよく掘り起こして、石やゴミなどを取り除いて平らにならしておきます。

次に植える場所を決めるためにナワを張ります。同時に生垣の高さはどのくらいにするかを決めておきます。普通は1.2〜1.5ｍのものが多く使われています。

❸止め柱・間柱の埋め込み

高さが決まったら、四つ目垣をつくる要領（124ページ参照）で作業をすればよいわけです。

まず端の止め柱の埋め込みから始めます。この場合、頭をたたいて打ち込まないことです。掘り立てといって、根いれの分だけ掘ってそこに柱をいれます。角端に止め柱が立ったら、中心と中心に水糸を張ります。

次に１８０cmおきに間柱を埋め込みます。

このとき柱の位置は、胴ぶちの横竹が張られたとき、その竹の内側になるようにその分だけ内側に寄せ、高さを10cm下げて埋めます。

❹胴ぶちつけ

次に胴ぶちをつけますが、これは横にいれる竹のことです。この胴ぶちの段数は生垣の高さによって違い、高さが75cm以上のときは2段、0.9〜1.2ｍでは3段、1.5ｍ以上では4段といったところが基準です。

胴ぶちは各柱にクギ打ちします。止め柱のところは、柱の丸味に合わせて斜めに切ってクギ打ちし、間柱の竹にキリで穴をあけながら打ちつけます。竹の継ぎ手の部分は、細いほうを太いほうに差し込んでつなげます。

❺苗の植え付け

こうして胴ぶちができたら、苗を植えます。苗は30cmに1本の割合で植えるのが普通ですから、間柱の間には約6本はいることになります。しかし、木を大きくしようとする場合は、密植しすぎるとあとで困るので幾分広くします。

植え穴は、胴ぶちに密着して苗木がくるように掘ること、また、根を四方に広げられるように根の寸法より大きめの穴にします。

植えるときには木の裏表に気をつけ、枝ぶりなどの全体の調和を考えながら植え付けます。根元の土をいれ、棒で突っつきながら突き固めます。

❻立子をいれ、押ぶちを当てる

苗が植わったら、苗と苗の間に立子をいれます。根いれは5～10㎝程度にし、頭は間柱の頭と同じ高さになるように竹材を用意しますが、上端は水がはいらないように節のすぐ上で切ります。これを立てていき、それに押ぶちを当てます。押ぶちと胴ぶちで立子と苗木をはさむようにそえ、シュロナワでしばります。これには丸竹をそのまま使う場合と、半割りにしたものを使う場合があります。

押ぶちをしばるには、全体をしばらないで、ひとつおきにたがいちがいにすると結び目がきれいに見えます。

完全に終わったら、苗の両側に溝を切ってそこに十分灌水します。

植え付け後の手入れ

植え付けて1年間は、徒長した枝を切り取る程度で、全体の刈り込みをする必要はありません。十分に伸ばしてやり、2年目から刈り込みをしてやります。

2年目からの刈り込みは、自然形の生垣と刈り込み生垣では多少違います。自然形の場合には、まず徒長枝と混みすぎ枝の切りすかしが大切な仕事になります。これに対して刈り込みの場合は、年に2～3回刈り込みが必要で、5月・6月・10月の3回か、5～6月と10月の2回です。

［生垣をつくるときの寸法］

生垣の高さ（㎝）	止め柱（㎝）	間柱（㎝）	埋める部分（㎝）
90	85	75	30
	115	105	45
	135	120	45
	160	150	60
200	190	180	60

［生垣のつくり方］

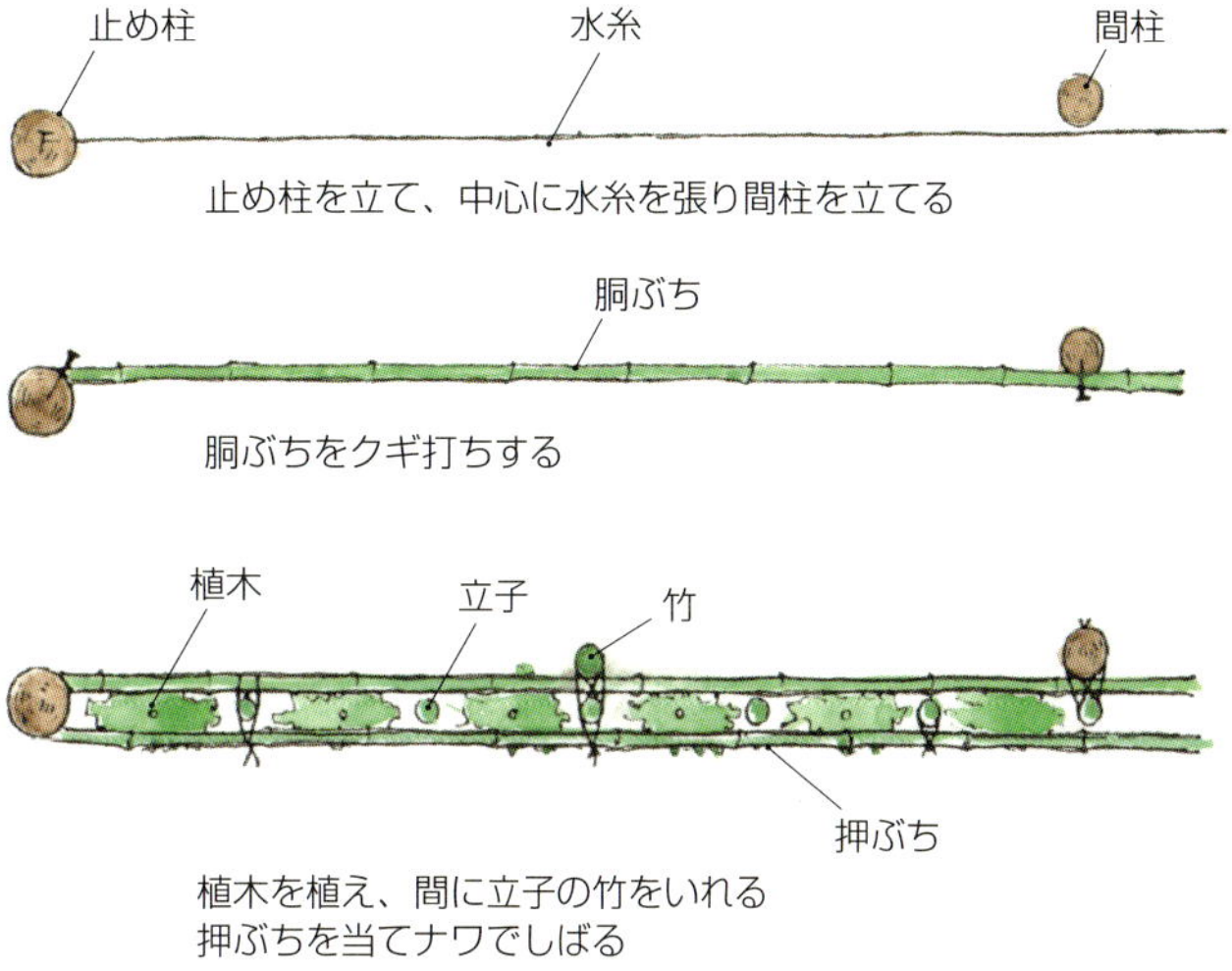

止め柱を立て、中心に水糸を張り間柱を立てる

胴ぶちをクギ打ちする

植木を植え、間に立子の竹をいれる
押ぶちを当てナワでしばる

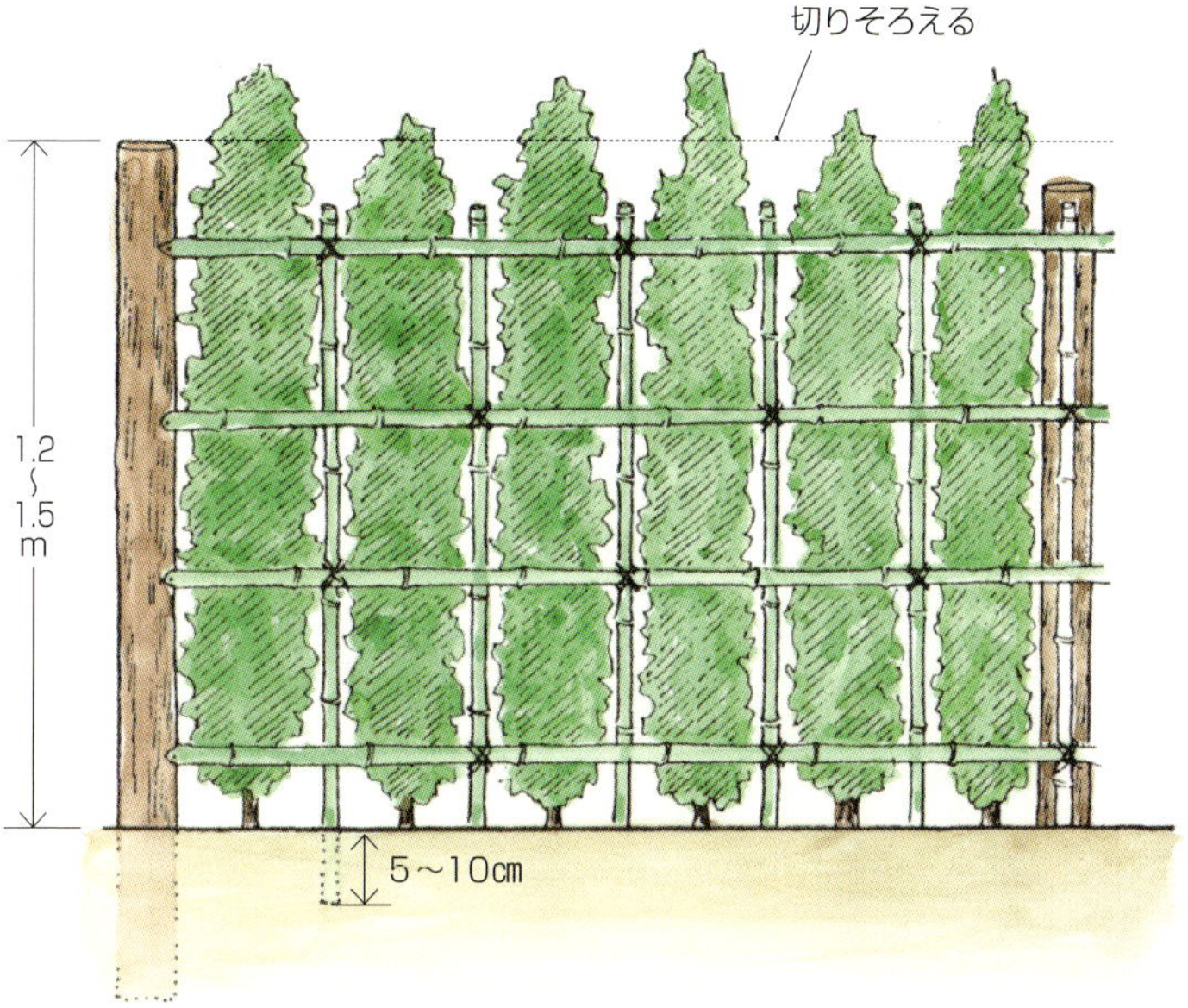

刈り込み生垣の手入れ

5月は輪郭線にそろえて刈り、新芽を切ります。そうすると頭のほうの勢いのよい枝が刈り込まれますから、下のほうの枝が養分をもらって勢いよく伸びてきます。

ところが、輪郭線まで達していなかった枝は、先を切られることがないので切られた枝が伸びるよりも早い速度で伸びてきます。そして、徒長枝のような枝が出てきます。これを次の6月に切り込むわけです。

6月の切り込みは、5月のときに切られなかった奥から出てきた枝をそろえて切ることになります。こうすると、夏場になっても枝が飛びだすようなこともなく、きれいな形で眺めることができます。したがって、5～6月に1回ですませると、夏場は幾分見苦しくなります。

10月に刈り込む目的は、刈り込まれた姿のままで翌春の発芽期までもたせるためです。春から伸び始めて夏を越した枝は、秋冷を迎えて休眠物質ができ、すべての枝が冬芽の準備にはいることになります。

こうして冬芽の準備ができてから切り込めば、残された枝は秋のうちに芽が出ることはありませんから、翌春までそのままの姿を維持できます。

刈り込みの時期が早く8月下旬～9月上旬のころに切ると、まだ十分に休眠物質ができていないので、芽はこれからでも生育できる状態にあるわけです。そのために刈り込み後、再び枝が吹き始めて見苦しい状態になります。

刈り込みのポイント

刈り込みの方法は、ただ輪郭だけを切り込めばよいかというと、それだけでは不十分です。

その手順は次のようになります。

まず枯れた枝葉を切り込み、方向違いに出ている枝や上枝、ふところ枝の剪定などを行なって枝を更新し、なるべく勢いの強い新しい枝に切り替えていきます。

また、混みすぎているところは通風が悪くなるので枝を切りすかす、などの作業を終えてから輪郭の刈り込みをすれば、いちばんていねいなやり方といえます。

刈り込みの位置、つまり高さや幅は、毎年同じ位置で刈るようにします。少しずつ外で刈るようにすれば大きくなりますし、切りつめるようにすれば小さくなっていきます。

刈り込みの形は、一般に上下の幅が同じでしっかりした四角なものに仕上げます。

［刈り込み生垣の手入れ法］

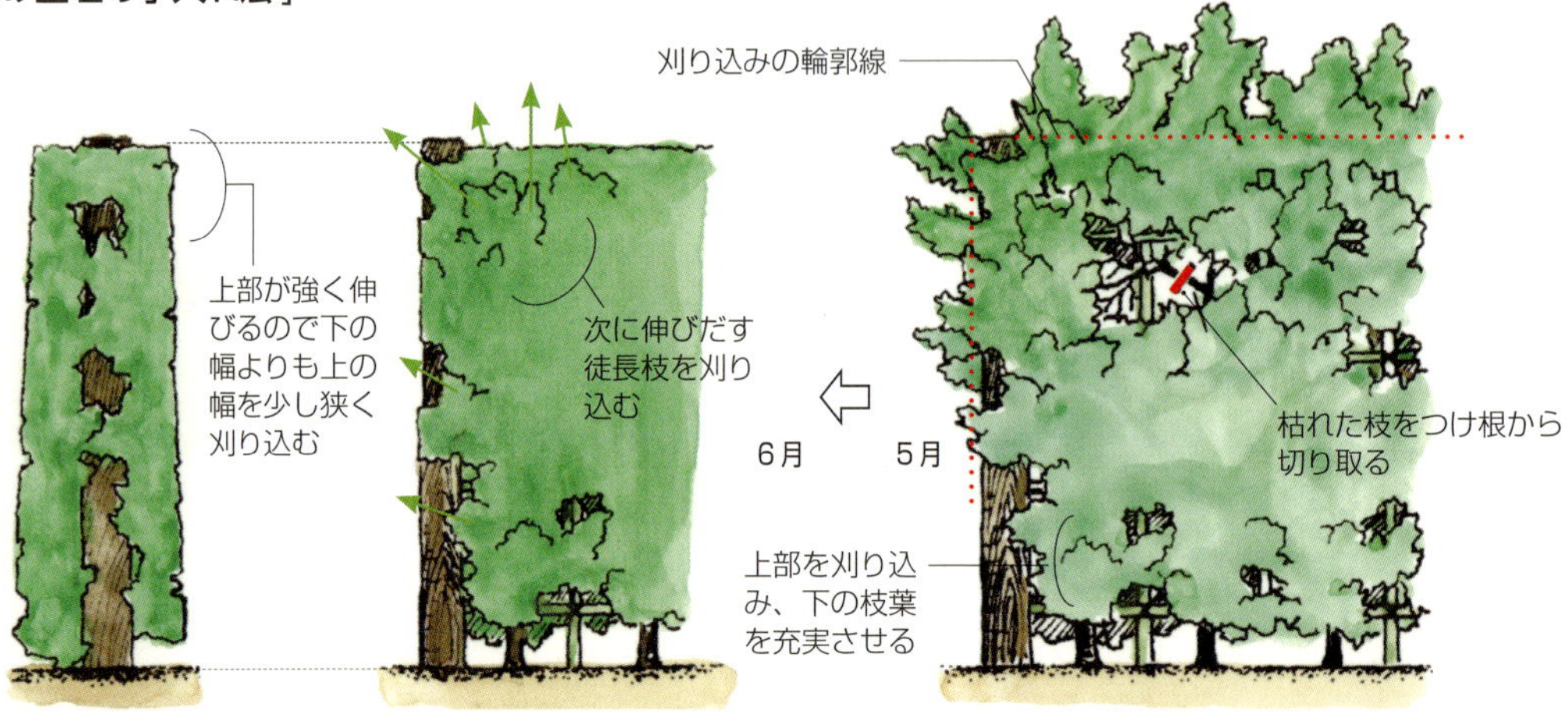
刈り込みの輪郭線
上部が強く伸びるので下の幅よりも上の幅を少し狭く刈り込む
次に伸びだす徒長枝を刈り込む
枯れた枝をつけ根から切り取る
6月
5月
上部を刈り込み、下の枝葉を充実させる

ところが、四角に刈り込むと木の勢いは上のほうが強いので、上のほうが大きくなる傾向がありますから、下枝の幅よりも上枝の幅を心もち狭く刈り込んでおけば、その後、四角にきちんとしている期間が長いことになります。

このやり方も春先に応用されるもので、秋の刈り込みは冬の間の生育がゆるやかなので、その必要はありません。

刈り込み垣の生垣の高さと幅の関係は、高さ30cmのときは幅20cm、高さ60cmのもので幅30cm、1mの高さでは40cm、1.8mのもので50cm幅といったところが標準です。

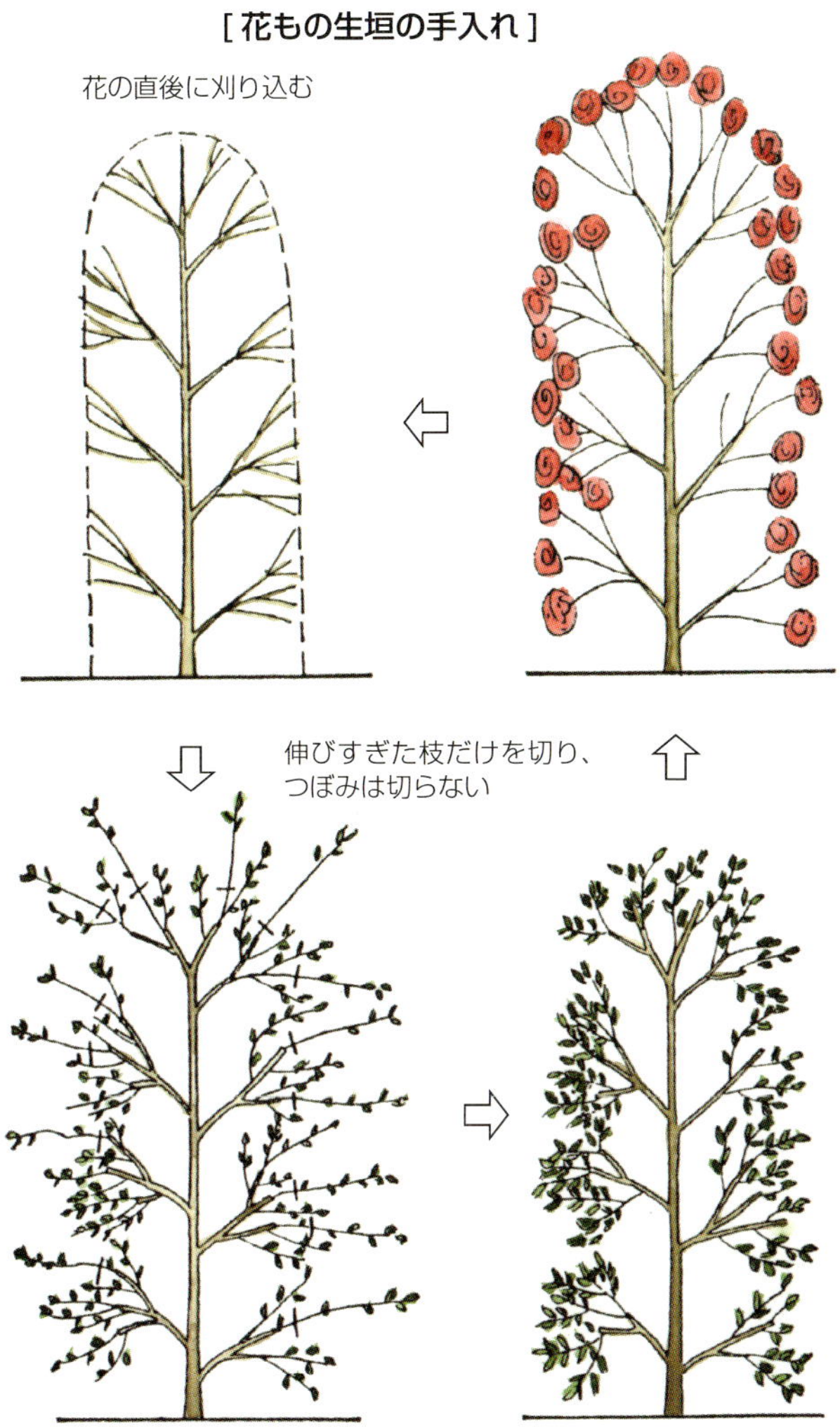
[花もの生垣の手入れ]
花の直後に刈り込む
伸びすぎた枝だけを切り、
つぼみは切らない

●花もの生垣の注意点

花ものの生垣の場合は、別の注意が必要です。たとえばサザンカに例をとってみましょう。

サザンカは冬から早春にかけて花が咲きますが、この花は前年の夏のうちに花芽ができています。ですから、花ものの場合は、いつ花芽ができるかを知ったうえで刈り込みを行なわないととんでもないことになります。

花を咲かせることだけを考えるなら、刈り込みなどせずに放任しておいたほうがよいわけですが、生垣である以上形を整えるための刈り込みはどうしても必要です。

したがって、花芽ができる状態と刈り込みとの二つの関係で考える必要があります。

ひとつの枝を例にとれば、枝を切ってわき芽が伸び、一定期間育ってその枝が充実して夏になると花芽ができます。したがって、最後の刈り込みは、刈ってから花芽分化が行なわれる期間が十分になければならないので、花が散った直後が原則になります。

こうすれば刈り込みをしても花はたくさんつきますが、刈り込んだあとで伸びすぎる枝があるので見苦しくなります。そこで、秋になって徒長枝のような長すぎる枝だけを切り込み、適度に伸びている枝はそのまま残すような切り方をすればよいわけです。

サツキやツツジ類の生垣も同じ方法で刈り込めばよいのですが、生垣の高さや幅が大きくなりすぎ全体を縮小するための強い刈り込みをする場合は、花芽をギセイにして形を整えることを優先します。

竹垣根のつくり方

垣根で多く使われているのは、前述した生垣ですが、ほかに竹垣根もよく見かけます。

竹垣根の種類と用途

竹垣根を用途の面から分けてみると、大きく三つに分けることができます。ひとつは建仁寺《けんにんじ》垣や銀閣寺垣のように垣根を通して先が見えないもの、それに対して四つ目垣や竜安寺垣のような垣根越しに景色が眺められるもの（目かくしの役目をもたないもの）、それに袖垣のように部分的な仕切りの役割を果たすもの、などに分けることができます。

建仁寺垣、銀閣寺垣は、生垣と同じように目かくしと装飾を目的に使われています。境界として外部から眺めるようにすれば非常にきれいな純日本風なものになりますし、室のほうから眺められるようにすれば庭の背景として生きてきます。

四つ目垣、竜安寺垣の場合は、外から庭が見えてもかまわないのであれば外周垣として使えますが、最近は庭の中の区切りなどに多く利用されています。たとえば門から玄関までの前庭の片側を四つ目垣で仕切り、その向こうに主庭が見えるといった使い方です。

竹垣根には、間柱の位置によって表裏があり、間柱が見えるほうが裏側になります。そこで、外から眺めるのに重点をおくか、内から眺めるかによって表裏の向きを考えなければなりません。

袖垣の特徴

袖垣の通常の垣根と違う点は、建物に付随したもので、わずか1mくらいのものがつけられ、区切りや目かくしとして使われていることです。たとえば客間と居間との境、また、便所との境などにいれて、室から外を眺めるとき不必要なものを見えなくするなどです。しかも仕切りがあるというだけではさみしいので、いろいろな意匠がくふうされています。

袖垣には、片面眺めと両面眺められるものがあり、条件に合わせてどちらかを選びます。

四つ目垣

準備する材料

まずスギかヒノキの丸太が必要です。丸太は、止め柱といって垣根のはじめと終わりの部分や曲がり角にいれるもの、それに1.8mおきにいれる間柱を用意します。止め柱は小口径で9～10cmもの、長さは垣根の高さに埋め込みの部分30～45cmと上にだす分の5cmを加えた長さのものです。

間柱は小口径が8～10cmで長さは止め柱より5cm短いもの、本数は2mおきに1本当ての計算で割りだせばよいでしょう。

用意した丸太は、外観を引き立てることと腐れを防ぐために焼きます。ワラなどを燃やしている中に丸太をころがしながら外側に黒い炭の部分が残る程度に焼き込み、火が消えたあとはワラやナワで炭の部分をこすり落とします。

さらに根いれの部分には、クレオソートのような防腐剤を塗っておけばさらによいでしょう。

四つ目垣

［四つ目垣のつくり方］

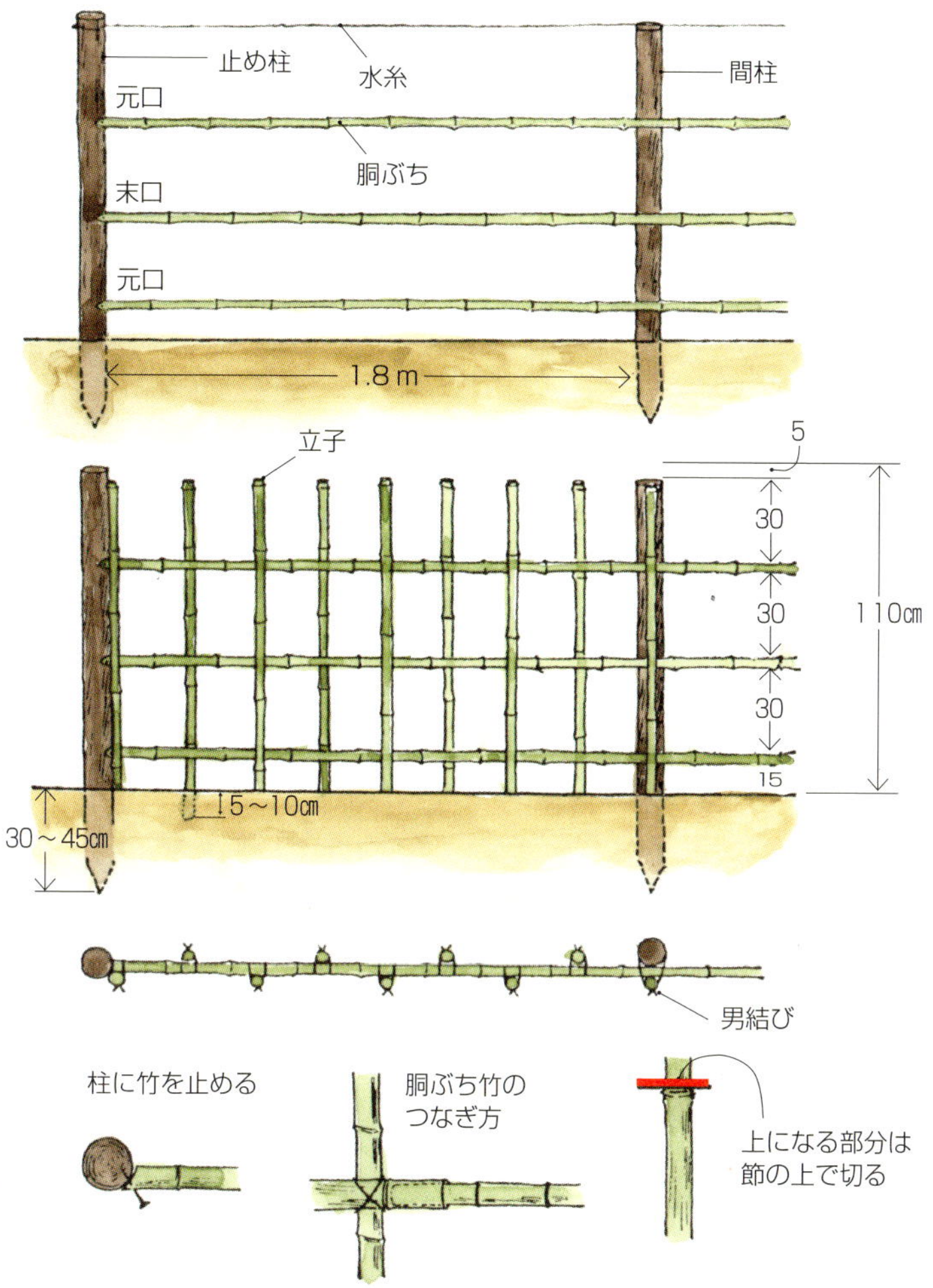

柱で最も腐りやすい部分は、地ぎわのところと頭の切り口ですから、防腐剤もこの部分にはよく塗っておく必要があります。

次に竹ですが、通常はマダケの丸竹を用います。立子は15～30cmに1本当てに立てますから、その割合に準備し、長さは垣根の高さに合わせて切ります。その際、上にくる部分は節をつけて切ると腐れが少なく、長もちします。

胴ぶちは長いものをつないで使いますが、つなぐ部分はできるだけ間柱の近くにくるようにします。

しばる材料はシュロナワを使います。普通、二分ナワといわれているもので、直径6mmほどのものです。外観をよくするには、黒く染めた染シュロナワを使ったほうがよいでしょう。

柱に竹を止めるときはクギで止めますが、長さ6cmくらいの丸クギを用意します。

●四つ目垣の組み立て方

材料がそろったら柱を立てますが、まず止め柱を埋め込み、頭の部分に水糸を張り、水平をはかってから間柱を埋め込みます。

間柱の位置は、止め柱よりも竹の太さ（3cmくらい）分だけ裏側に寄るようにします。埋め込むときには、下の部分と上の部分の二カ所をよく突き固めておけば柱はしっかり止まります。

次に胴ぶちを表面から打ちつけますが、止め柱に打ちつける部分は柱にぴたりとつくように斜めに切り、クギで止めます。竹にクギを打つときは、あらかじめキリで穴をあけておくか、皮の部分をノコギリで×印に切り込んでおけば割れずに固定できます。

なお、胴ぶちの竹は末口《すえくち》（先の部分）と元口《もとくち》（根元の部分）を交互に入れ替え、上の段から打ちつけます。

次に立子を15～30cmおきに表・裏と交互に立てながらシュロナワで男結びにし、結び目が表にくるようにしばれば完成です。

シュロナワは水につけてぬらしたものを使うと、ゆるまずにしっかりと結べます。

建《けん》仁《にん》寺《じ》垣《がき》

●準備する材料

たとえば高さ1.8mの垣根をつくるとすると、止め柱（小口径10cm）、間柱（小口径6～8cm）の焼いたスギかヒノキの丸太を用意します。長さは地上部1.8mに埋め込み分の45～60cmを加えた長さです。

竹はモウソウチクかマダケを四つ割りにしたものが立子として使われますが、これは建仁寺垣用の割り竹として売られています。幅4～5cmくらいのもので、長さは地上部の長さに合わせます。垣根の長さは1.8m分とすればおよそ50～60枚必要です。胴ぶちはマダケの丸竹とし、そのほかには立子をおさえる押ぶちと上の部分に飾りとしてつけるかさ竹が必要ですが、これはマダケの二つ割りのものを使います。

用意された竹は、ぬらしたモミガラでみがきをかけきれいにしておきます。それにシュロナワとクギを用意して作業にかかります。

●建仁寺垣の組み立て方

まず柱を立てますが、これは四つ目垣と同じように水平・垂直に注意して行ないます。止め柱に対する間柱の位置は、胴ぶちの接点に間柱の端がくるように裏側に寄せて埋め込みます。

次に胴ぶちの端を斜めに切って止め柱にクギで打ちつけ、間柱にも打ちつけます。胴ぶちが全部打ち終わったら、中央に近いところにある胴ぶちのところに立子を図のようにシュロナワで仮止めします。

立子は末口と元口では幅が違うので、上下を交互に組み合わせてすき間の出ないようにすることと、左右の節が並ばないようにくふうしながら止めていきます。立子を全部並べ終えたら、次に押ぶちを当て、針金を使って針糸で縫うようにしてシュロナワで止めていきます。しばる部分は30cmおきに表側に結び目が出るようにしますが、結び方や結ぶ位置は見栄えのよいようにくふうします。

しっかり固定できたら、立子の上の部分を切りそろえ、かさの部分をつくります。割り竹を三本組み合わせ、胴ぶちと一緒にシュロナワを4本合わせたもので60cmおきくらいにしばります。

［建仁寺垣のつくり方］

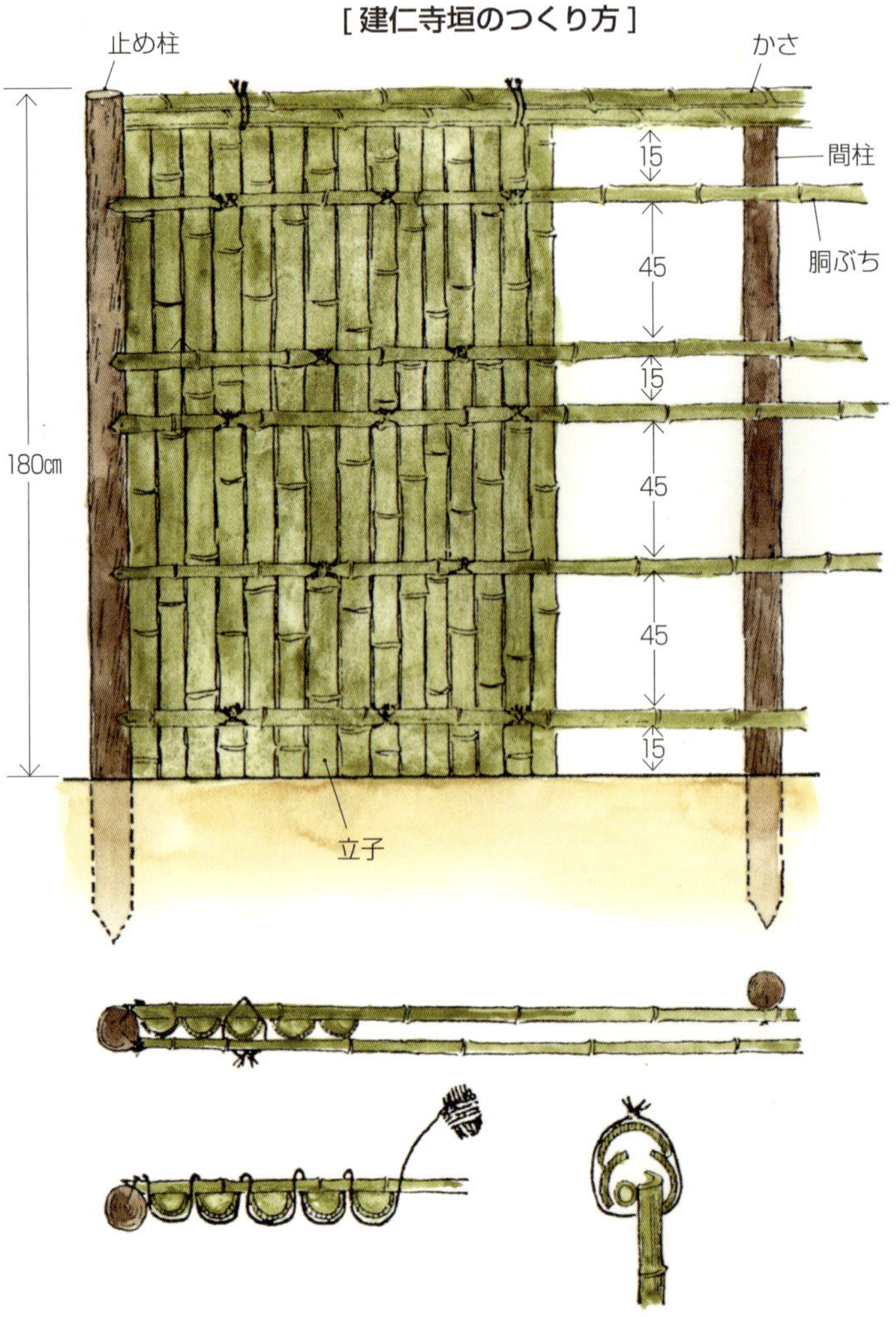

作業は2人でやると能率的ですが、1人でやる場合は、立子は全部立ててしまわないで、裏に手がまわる程度ずつ進めていきます。

銀閣寺垣

銀閣寺垣は背の低いもので、内垣に使ったり、盛り土した上につくることもありますが、高さは0.9〜1ｍくらいです。

材料は、丸太のほかに竹は直径3㎝の唐竹の丸ものを使います。つくり方は建仁寺垣を応用すればできます。

竜安寺垣

●準備する材料

高さ1ｍの垣根をつくる場合は、止め柱・間柱は埋め込みも含めて1.3ｍのものを用意します。竹は建仁寺垣と同じような四つ割りの竹を使います。立子は割り竹を二つ合わせて用います（数量に注意）。長さは斜めに組むので1.7〜1.8ｍにします。そのほか、シュロナワとクギを用意します。

●竜安寺垣の組み立て方

柱の立て方は建仁寺垣と同じようにして、止め柱と間柱は接点でふれるように間柱を裏側に寄せて立て、柱の間隔を1.8ｍおきにします。

次に胴ぶちを打ちつけますが、竹の裏側を表に出して止め柱・間柱にクギで打ちつけます。止めたら立子をいれます。立子は割り竹を二つ合わせにしたものを図のように×印に組み、仮止めをしておき、その上から押ぶちでおさえ、胴ぶちを一緒にシュロナワで止めます。

しっかり止め終わったところで、かさの部分は建仁寺垣と同様に割り竹を2本合わせて、立子の交差しているところをまとめて結束します。

袖垣

●準備する材料

128ページの図の例では、幅90㎝、高さ1.8ｍのものにしてあります。材料は小口径9〜10㎝、長さは2.3ｍの丸太を2本用意し、丸竹は長さ90㎝のものを胴ぶち用7本、立子用6本の計13本。かさの部分は半割り竹3本必要です。それに黒モジとか竹の穂の部分、スギ皮、ハギの穂など好みのものを準備します。

［銀閣寺垣のつくり方］

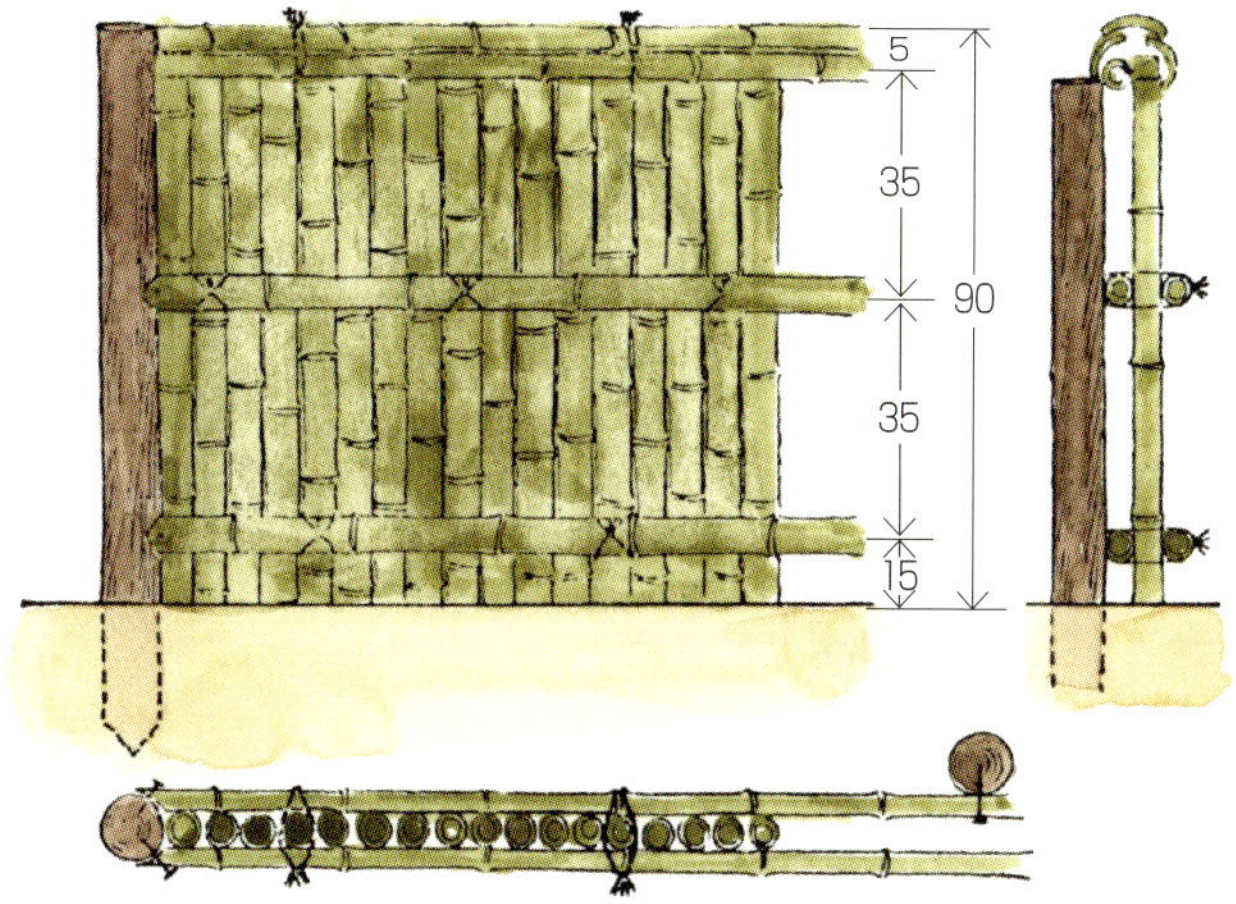

［竜安寺垣のつくり方］

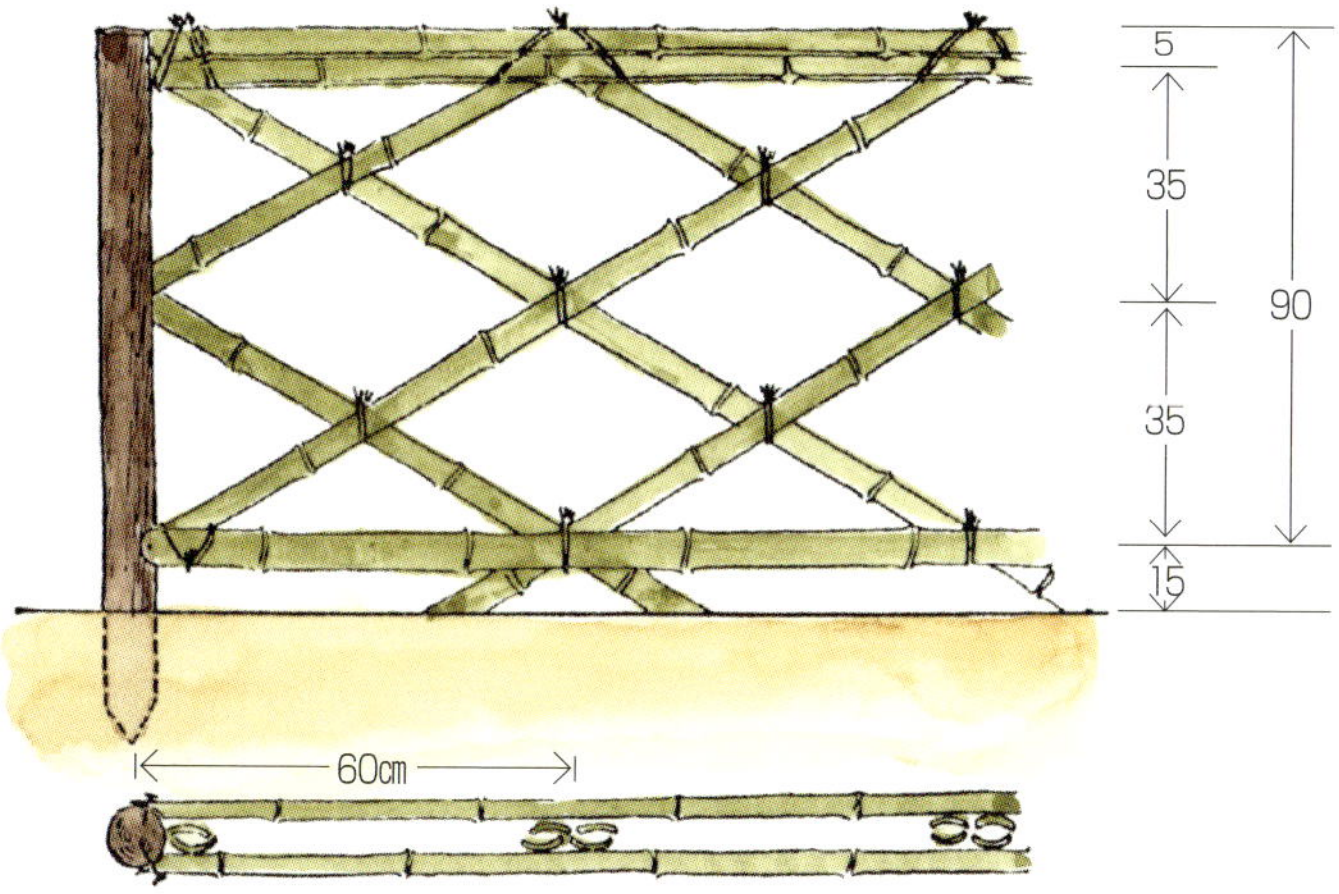

袖垣の組み立て方

柱を組み立てたら、竹組みの部分は四つ目垣（125ページ）と同じ方法で組み立てます。飾り付けの部分は、必ず下段から編み上げていくことで、右図のように1段1段シュロナワでからんで止めていきます。

止め終わったら、かさの部分を割り竹3本を使ってつくります。あとはハサミをいれて切りそろえれば完成です。

［袖垣のつくり方］

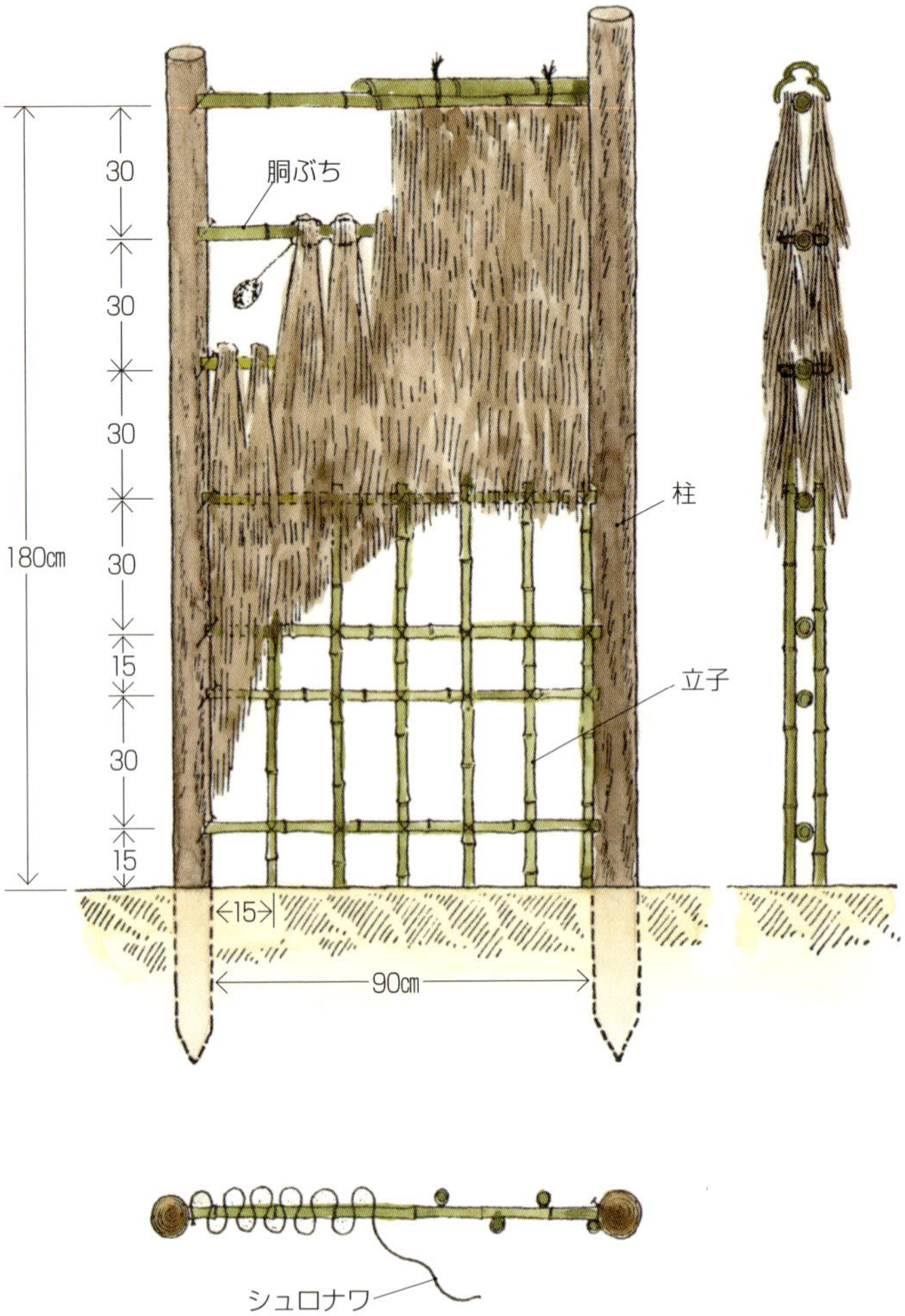

袖垣

袖垣

庭木の手入れと管理

剪定の基本は、その場所で一定の樹形を維持しながら健全に育てることにあります。したがって、枯れたり、樹形が乱れたりして木のバランスをくずさないように維持するということになります。

どの木にも必要な剪定

どの木にも共通してやらなければならないことは、次のようなことです。

❶まず徒長枝を切ることです。徒長枝は、勢いが強くムダに伸びすぎて出てくるものですから、これを放置しておくと、ほかの枝の養分がとられ、大きな枝張りになって形が変わってしまいます。

徒長枝には、枝先から出てくるもの、幹の太いところから出てくる幹吹き、太めの主枝から出る胴吹き、それに根元から出るひこばえなどがあります。このような徒長枝は、すべて切りはらう必要があります。ただし、株立ちにするものではひこばえの扱いが変わります。

❷勢いの弱くなった枝で、とくに傷のついた枝や病害虫で枯れ始めたものは切り取ります。

❸眺めをそこねるような交差した枝やからみ枝は切ります。

❹枝は幹を中心に外側に向いて放射状に伸びているのがよいのですが、なかには内側に向いてくるようなふところ枝があるので、これを切ります。

❺樹形によって違いますが、枝が横または下向きに広がってほしいときに上向きに出てくる上向き枝も切ります。

これら以外には、それぞれの樹種によって形を維持するための剪定・整枝が行なわれます。

[どの木にも必要な剪定]

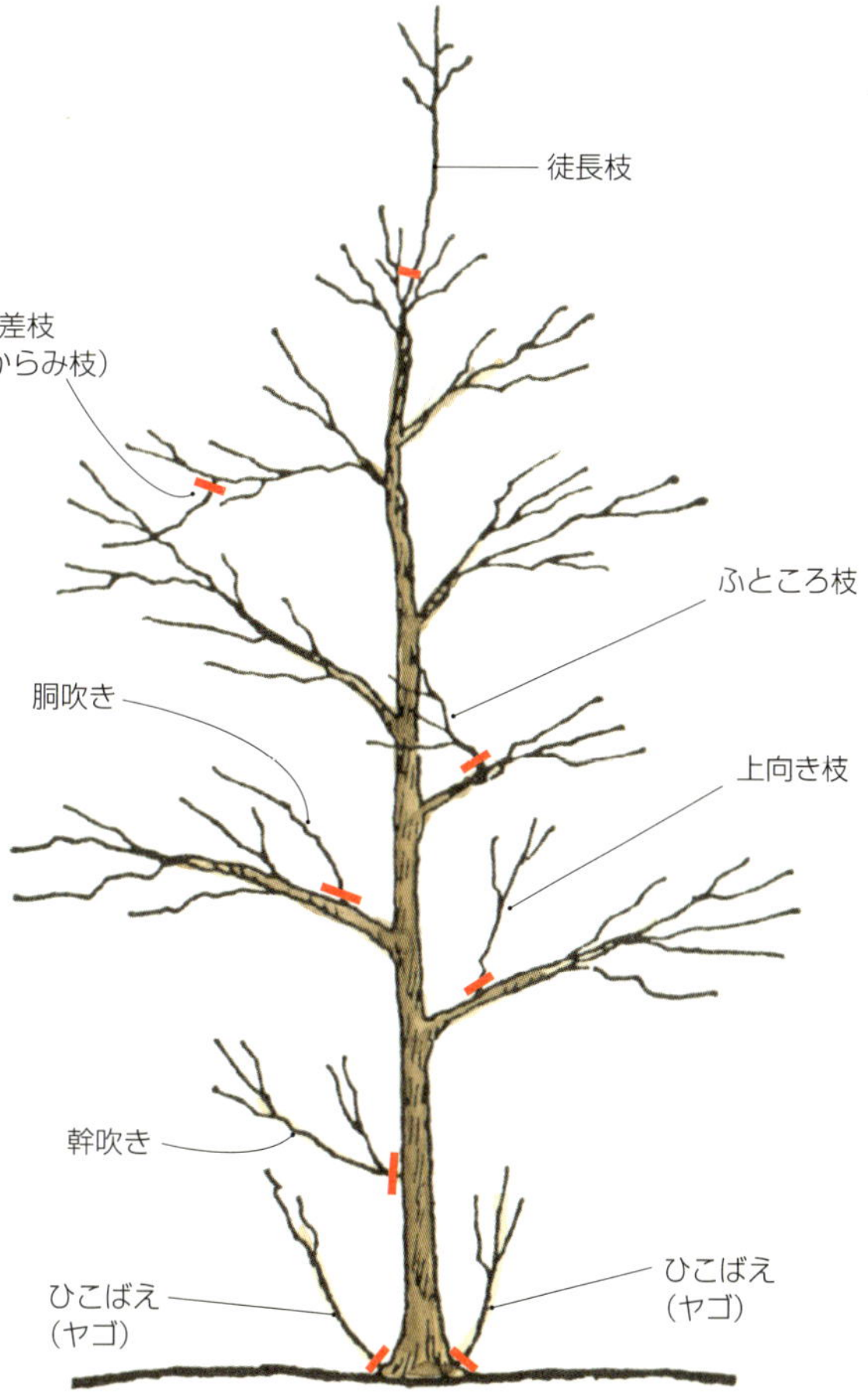

剪定、整枝の方法

庭木の剪定・整枝には、次のようなやり方があります。

小すかし…その年に伸びた枝を間引いてその数を減らします（整枝）。

中すかし…二～三年生の枝を間引いて整理します。

大すかし…ハサミで切れないような太枝をノコギリで切り取って整理します。

　小すかし・中すかしは人によってやり方は違いますが、大きく分けて亀甲すかしと稲妻すかしに分けられます。亀甲すかしとは、芯にあたる枝を切り取り、わき枝を残して二股に分かれるようにする方法です。稲妻すかしは、わき枝の一方を切り取る方法で、一般には1本の木を剪定するのに場所によって両方を使い分けています。

マツ類の仕立て

　マツの木で基本の樹形ができているものを手入れする場合は、次のような方法で行なわれます。

●葉刈り

　マツの葉は2年たつと落葉するので、昨年出た葉がその年1年すぎてから翌秋に落ちる性質があります。そうすると、前年出た葉がたくさん残っている枝は、葉でできる養分が多いために芽の勢いがよく徒長しやすくなります。

　そこで新しく出る芽がほどほどに伸びるように、前年出た葉のうち先のほうの葉を残し、元のほうの葉を摘み取る葉刈りを行ないます。

●みどり摘み

　その次は、みどり摘みです。春先、4～5月になると芽が棒状に伸びてきますが、これを葉が広がらないうちに摘み取るわけです。

　摘み取るとき、中心にあるみどりは3分の1残るように摘み取り、脇から出ているみどりについては2分の1を残します。また、枝の途中から出てきた芽は元だけ残して摘み取ります。

　このようにみどり摘みをすると、摘まれた芽の葉の間から新しい枝が出て小枝のつんだ枝ぶりになります。

●枝すかしと古葉取り

　秋から冬（9月下旬から11月ごろ）にかけての手入れは、その年に伸びた枝の量を制限します。枝の先端でみどりの中心を摘んだところには、冬までに小枝がたくさん出ていますから、このうちの枝数の多いものを切り取って形を整えます。これは小すかし、中すかしの作業になります。

　さらに、前年生の葉は秋に落ちますから、ついている古葉はきれいに取り除いて冬の眺めをよくします。

●整枝作業は冬期に

　枝を曲げて枝ぶりを整える場合は、冬の間に行ないます。それ以外の季節にやると皮と木質部が離れることがあるので

［マツの葉刈りとみどり摘み］

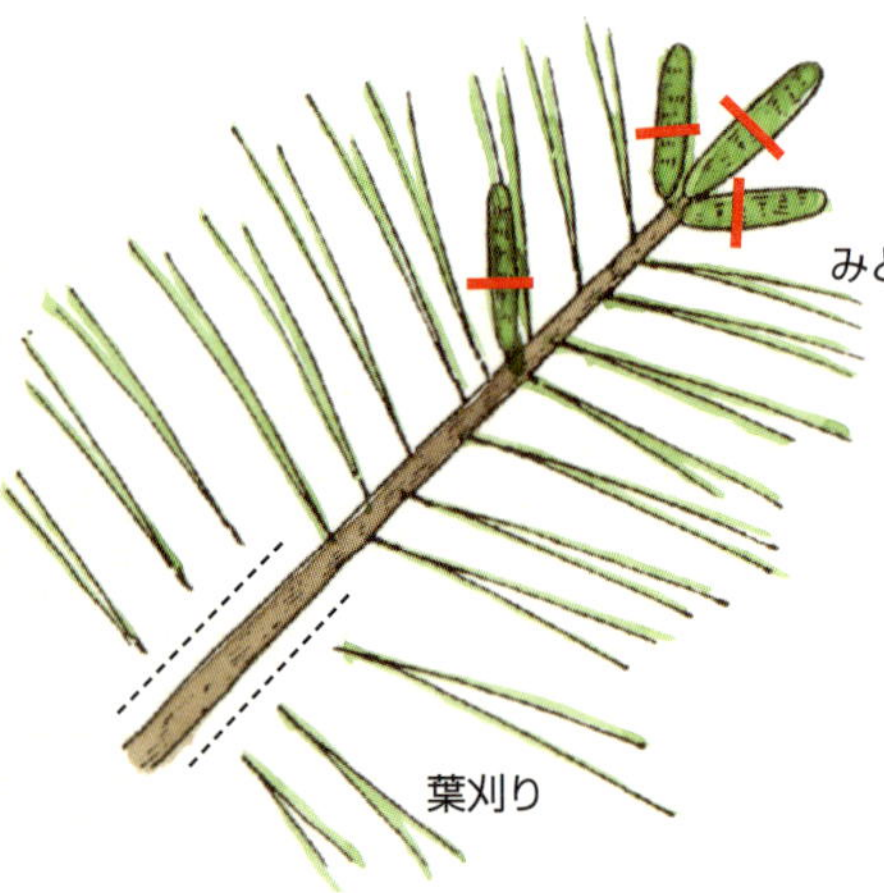

［枝すかしのやり方］

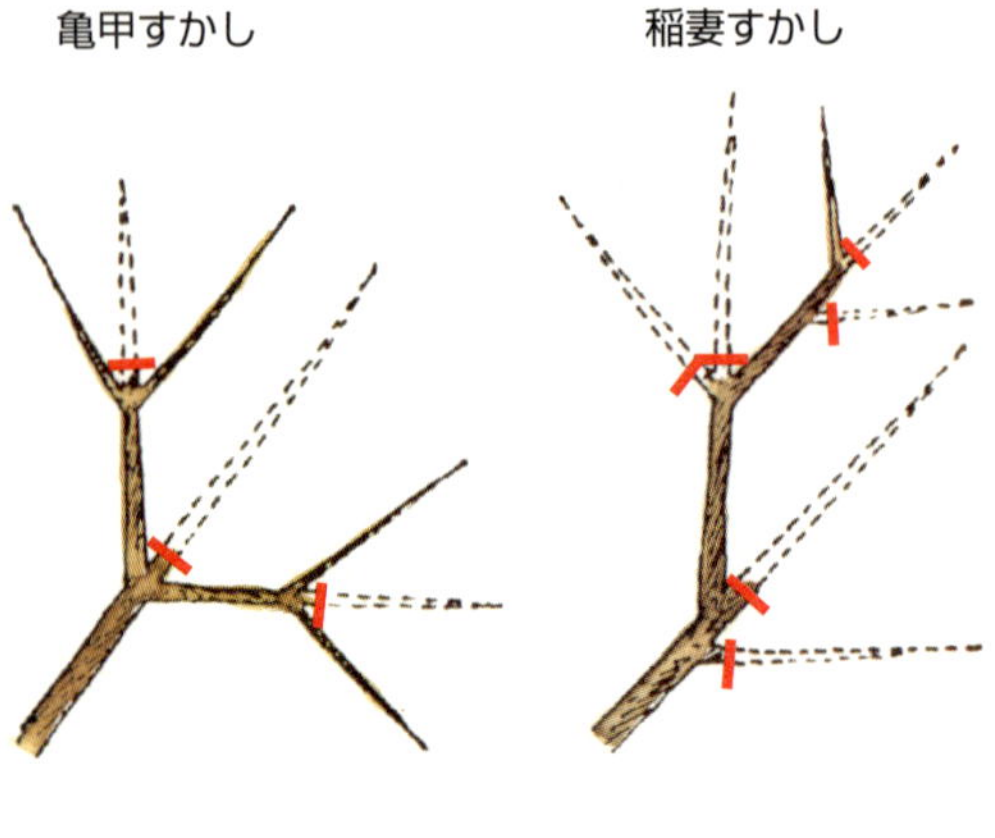

で、よく密着している冬に行なうわけです。枝を引くときは、右に引く場合は右側の曲がりのところにノコギリで軽く切り込みをいれ、切り口がくっつくまで引くようにします。

ヒバ類の仕立て

ヒバの樹形で多いのは、ローソク仕立てといって円柱状に仕上げたものです。この形は幹から放射線状に枝が出ていて、その先がいくつかに枝分かれし、そこに葉がついています。ひとつひとつの枝先を見ると、春先には扇状に広がって前年伸びた分だけ大きくなっています。これを秋から春先にかけて切りつめてやります。

●必ず新しい葉を残して切りそろえる

切りつめは、ひとつひとつの小枝を扇状に切りそろえ、全体の樹形の輪郭が円柱状になるようにします。毎年、伸びた葉のうち少し残しながら切り込みますが、そうすると小枝の幅は幾分ずつ大きくなってくるので、数年おきに1回、中すかしをして切りもどします。中すかしの際は、なるべく元のほうにある枝を残し、先に出ている分を切ります。

このとき注意することは、葉を切りそろえるときには、必ず新しい葉を残して切ることです。葉のついていない位置で切ってしまうと枝が枯れ込んでしまいます。

［ヒバの葉刈り］

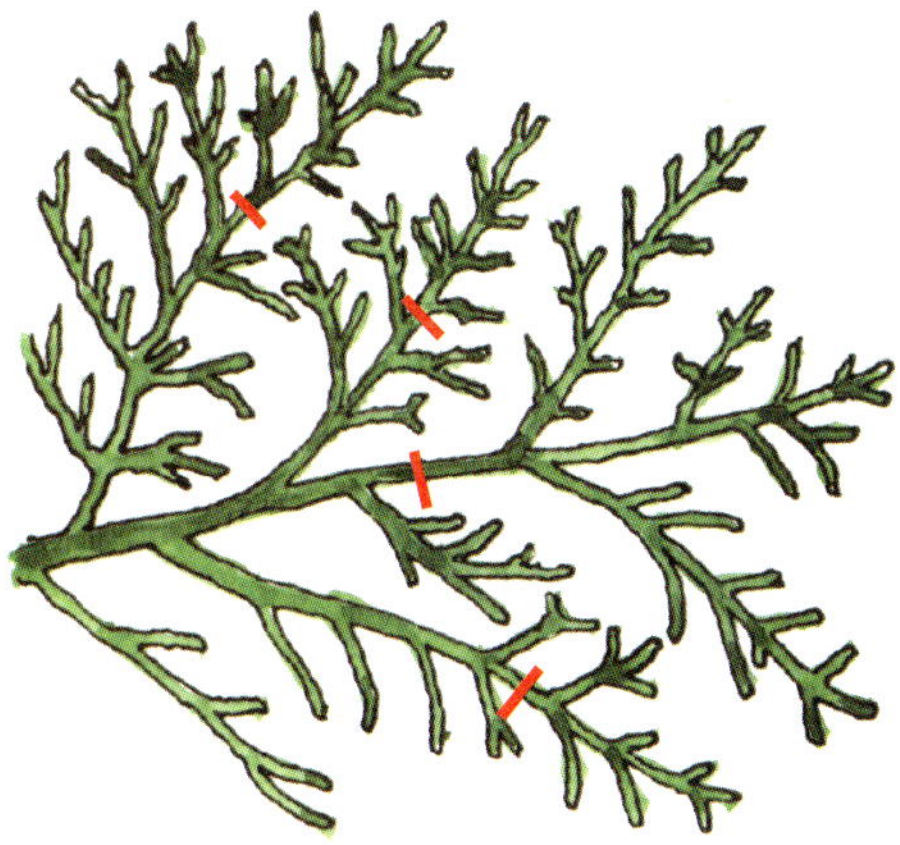

小すかしをしないで中すかしだけで仕上げると、あまり人工的なものを感じさせずに自然な感じに仕上がります。

【この方法でやれる樹種】サワラ・ニッコウヒバなど。

常緑広葉樹の仕立て

常緑広葉樹の剪定・整枝は、大きく三つに分けることができます。

●刈り込みで仕立てる

カナメモチやキンモクセイのように樹勢の強いものは、毎年、輪郭線にそって刈り込みバサミで伸びた新芽が1～2芽残るように下から順に切りそろえます。

しかし、この方法を毎年くり返していると、枝先が密になりすぎて通風が悪く中が蒸れる状態になるので、数年に1回は中すかしをしてやります。

刈り込みの時期は、一般に新芽の生育の止まる5～6月と、秋になって刈り込んでも発芽してこない9～10月の2回行ないます。しかし、生育の早いものだと6月に刈り込んでも30～40日で形が乱れてしまうので、8月と10月にも行ない、年3～4回刈り込むことになります。このようにすると暮れも正月もきれいになっています。

【この方法でやれる樹種】カナメモチやキンモクセイのほかイヌツゲなど。

●小すかしで仕立てる

シイの木の自然形仕立てのようなものは、全体の輪郭線をそろえることはカナメモチと同じですが、刈り込みバサミは使わないようにします。刈り込みなどで簡単に切りそろえても小枝の育ちに強弱があるので、かえって樹形はくずれてしまうからです。

そこで、ひとつひとつの枝について2葉または3葉を残して、枝先を切り込む小すかしをやり、切り込んだ線が全体にそろうように仕上げます。

このように毎年切ると残された葉から

[落葉樹の刈り込みと小すかし]

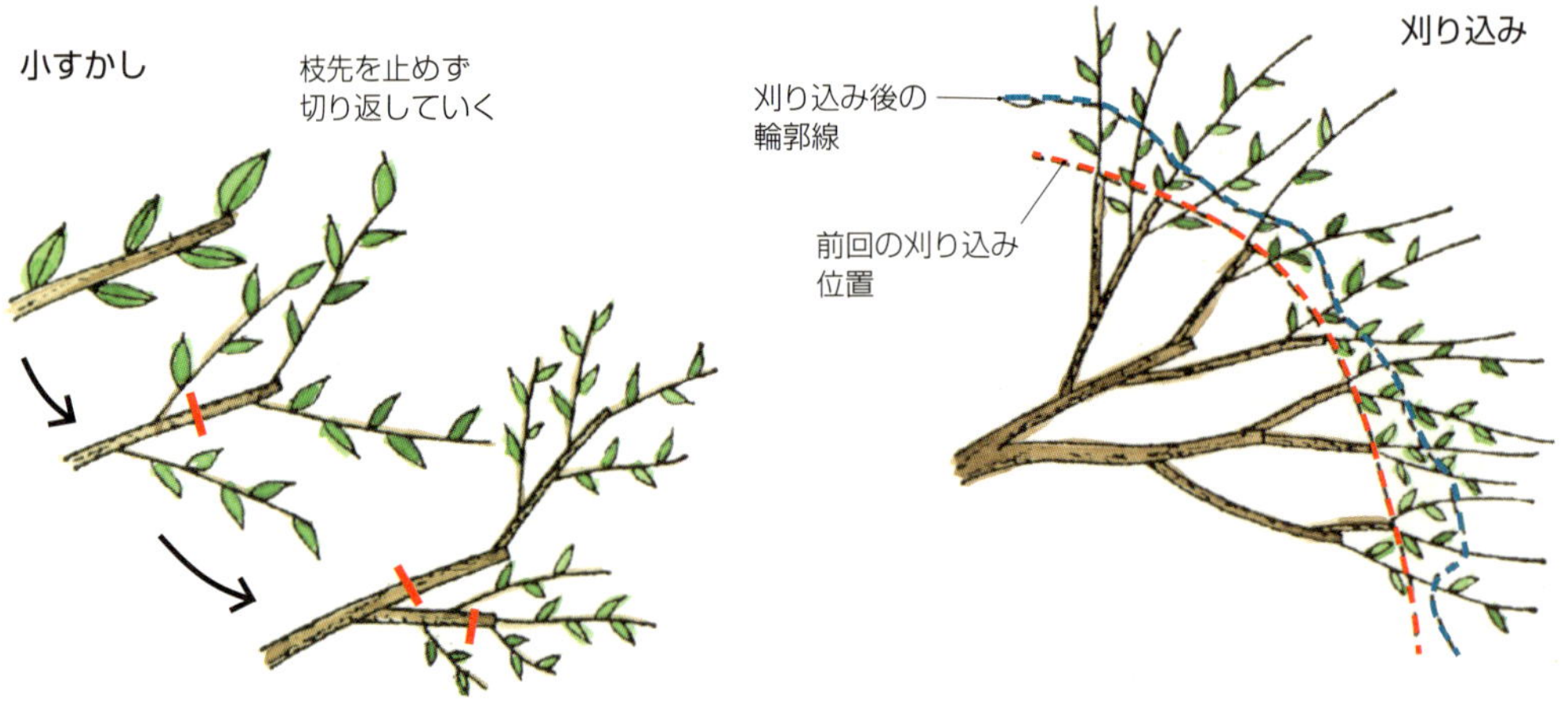

枝が伸びてだんだん樹形は大きくなってくるので、数年に一度、中すかしや大すかしをして切りもどし、同じ大きさに保つようにします。

【この方法でやれる樹種】　シイの木のほか、コウヤマキ、ラカンマキ、サザンカ、ツバキ、ネズミモチなど。

●中すかしで仕立てる

モッコクのようなものは、小枝が非常に多くて葉の間隔、つまり節間がつまっているので、小すかしをやらずに中すかしの方法だけで形を維持していけばよいでしょう。

【この方法でやれる樹種】　モッコクのほか、カヤ、イトヒバ、スギ、カクレミノ、ゲッケイジュ、サンゴジュ、タイサンボク、ヤツデ、アオキなど。

落葉樹の仕立て

落葉樹は、木の若いうちは樹形を整える手入れが必要ですが、大きくなって一定の形が整った木の場合は、徒長枝や内向き枝、交差枝などを整理していけば、ほとんど手入れはいらないのが普通です。

とくに枝数が多く樹形が乱れるようなときには、春の発芽前に中すかしや大すかしをやって枝張りの制限をすればよいでしょう。

また、ひとつの枝が長く伸びるような性質の木では、夏の間に春から伸びた枝を元のほうを残して切りつめ、そこから小枝をださせるようにして、長さを制限するとともに小枝の数を増やします。

花木類の仕立て

花芽のでき方と関連させて手入れを考える必要があり、花木の剪定・整枝は大きく二つに分けられます。

●夏から秋に咲くもの

ひとつはサルスベリやブッドレアなどのように、主に夏から秋に咲くものです。この種のものは、冬の間は花芽の準備はなく、春に新しく出た芽が伸びて枝になり、そこに花芽ができて年内に咲くものですから、春以前に枝が切られても直接開花に影響を受けることはありません。

したがって、冬の間に幹と主枝を残して昨年伸びた枝は全部切り取ります。

●前年に花芽をつけ冬を越すもの

それに対して、前年に花芽ができていて冬を越すものについては、冬に枝を切れば花芽も切り取ることになるので、この種の花木では樹形を乱す伸びすぎた枝の整理を行なう程度にし、冬越しの花芽のある枝は傷めないように残します。

したがって、整枝・剪定の本番は花が

終わった直後にやるのが原則です。切り方は、中すかし・大すかしによって枝数を整理します。

　その後に出た枝は、夏から秋にかけて花芽を分化し、翌年も花をつけます。

玉物の仕立て

　イブキ・ビャクシン、ドウダンツツジのようなものは、刈り込みバサミで刈り込んで仕立てられていますが、これは能率的だから行なわれているわけで、上手に仕立てるには、年数回、芽が伸び始めたまだやわらかいうちに1枝ごとに手で摘み取っていくほうが枝数が多く、形よくできます（イブキやビャクシン類は刈り込むとスギ葉が出やすくなります）。

　花の咲かないものでは、刈り込みの回数や方法は生垣の刈り込み垣に準じます。花の咲くものでは、花木に準じて刈り込み回数を決めればよいわけです。

肥料と水やり

●樹種によって施肥法は異なる

　庭にはたくさんの木が植えられているので、一本一本の木に肥料を施すことは大変なので、普通は全面に散布し、ていねいに行なうには表面の土と混ぜてやります。

　施す時期は、通常は寒肥といって冬の

[玉物の刈り込み]

玉物の刈り込みは、原則的には頂部から刈りますが先にすそまわりを刈って輪郭を決め、その輪郭にそって下から上へ刈り込む場合もあります

丸い形に合わせて
刈り込みバサミを
裏使いするとよい

[肥料の施し方]

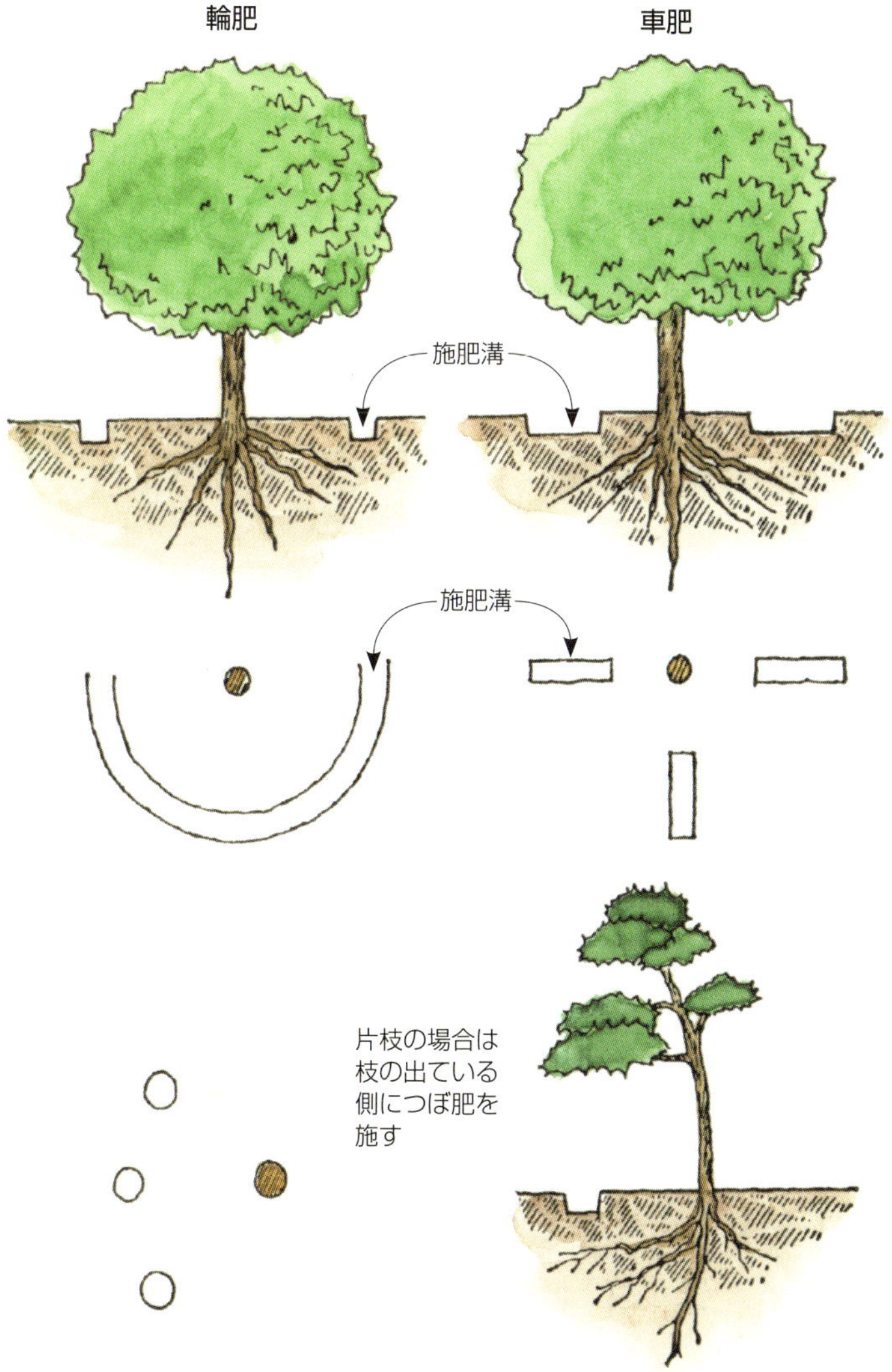
輪肥
車肥
施肥溝
施肥溝
片枝の場合は
枝の出ている
側につぼ肥を
施す

間に施します。鶏ふん、油かす、堆肥などの有機物の肥料のほうが肥効が長いので適しています。

ウメなどのように春先、芽が早く出るものや春先に花の咲くものでは寒肥では効かないので、前年の夏に、花や実のなったあとのお礼肥として施すようにします。

一本一本に施すときの場所は、細根の多くあるところに与えなければなりません。したがって、根元近くではなく、枝のよく広がっているその下あたりに施すようにします。

また、枝ぶりが片寄っているときは、枝が多く出ているほうに根も多く張っているので、そちらのほうに施すようにします。

移植直後は水やりも必要

樹木は草花と違って根が深くはいっているので、普通は灌水はしません。ただし、移植後の活着が完全でないものについては灌水が必要です。

木は乾燥状態になれば、それに耐えるような準備をする性質があるので、一度灌水したら雨が十分に降るまでは乾かないように灌水を続けなければ、かえって悪い結果になります。

病害虫の防除

庭木は種類が非常に多いので、病気・害虫の種類も多くあり、ここではこまかくとりあげることはできませんが、とくに大害を与えるものについて簡単な防除暦をつくってみました。

最低でもこれだけは必ず行なってもらいたいものばかりですから、たりないところを補って十分ゆきとどいた管理を心がけてください。

1～2月

庭木も病気・害虫も動きがにぶいときです。この冬の間に必ずやっておきたいのは、カイガラムシと枝などに病班となって冬越ししている病菌の防除です。

普通、落葉樹と常緑樹では葉にかけないように幹だけ、機械油乳剤を散布します。石灰硫黄合剤を散布しておくと、越冬している病菌を殺し、カイガラムシにも効果があります。

3月

11月にマツの幹に巻いたワラを取り去って焼き捨て、マツケムシを防除します。

また、下旬ころからそろそろアブラムシの活動期にはいるので早めに薬剤散布します。

4月

ウメケムシがウメやサクラなどに糸をかけて巣をつくり、幼虫がかえります。大きくなると散らばって幹にかくれるようになって捕殺しにくくなるので、糸をかけてかたまっているうちに枝ごと切り取ってつぶすか焼きます。竹の先に布をつけ、灯油をしみ込ませたもので焼き払ってもよいでしょう。

このほかアブラムシも多発しはじめます。

5月

カイガラムシの幼虫が発生する時期ですが、この時期はカイガラムシが最も薬に弱く、防除するのに絶好のときです。

チャドクガ、アメリカシロヒトリの一化期もそろそろ警戒が必要で、チャドクガはチャ、ツバキ、サザンカなど、アメリカシロヒトリはやや遅れて主に落葉樹のサクラ、プラタナスなどに出始めます。アメリカシロヒトリは糸をかけるのでわかりやすいし、チャドクガもはじめはまとまっているので枝を切って焼き捨てます。

残った害虫は薬剤防除で対応します。病害ではうどんこ病が発生しはじめるので薬剤散布します。

6月

5月に続けてうどんこ病、アブラムシ

[葉の害虫]

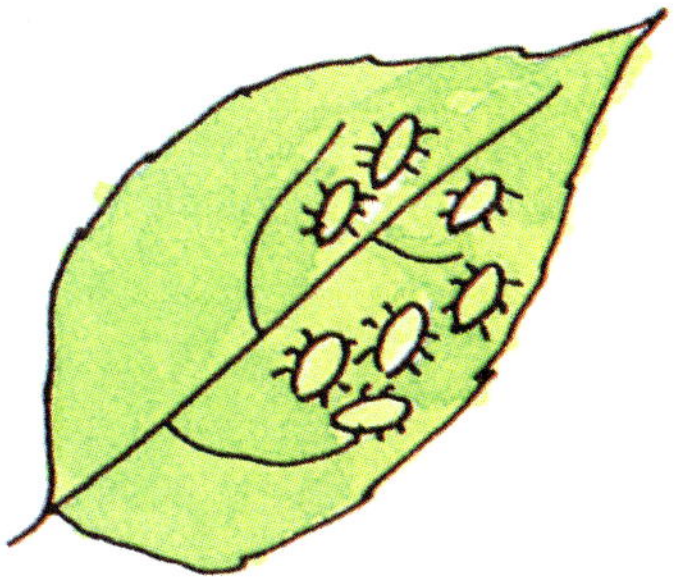

ユキヤナギアブラムシ
新芽、新葉に長さ 1 〜 1.5㎜、淡緑色の虫が群生して吸汁する

ハダニ類
点状からかすり状に色が抜けて白くなる

ハマキムシ類
葉が糸でつづられ、内側から食害される

などの発生期です。薬剤散布とともにムダ枝を切ることによって通風をはかります。

このほか、ツツジなどのシンクイムシの発生期ですから、浸透性の強い薬をかけて防除します。

●7〜8月

アメリカシロヒトリの二化期です。一化期に準じて早めに防除しましょう。ツツジ、ツゲ、モッコクなどにシンクイムシが葉を2〜3枚巻いて中にはいるので防除します。

●9〜10月

ミノムシが目につきはじめるころです。葉を食べて丸坊主にし大害を与えますから見つけしだいとってつぶします。そのままにしておくと翌年の防除が大変です。

冬になる前にアブラムシ、ハダニなどの残党狩りを徹底しておきましょう。

●11月

マツの幹にワラ俵を30㎝幅に巻きつけ、マツケムシを誘い寄せます。このなかに冬越しさせ、早春に焼き払うわけです。

●12月

秋の手入れも終わり、正月を迎えるためにきれいになったときです。霜よけ・雪つりなども早めにすませましょう。

1〜2月に予定した石灰硫黄合剤、機械油乳剤の散布を始めてください。

[薬剤散布の注意]

※散布は風のない朝夕の涼しいときを選ぶ。風のあるときは風上から作業する。
適切な薬剤を選び、隣家に散布を告げて、帽子、マスク、長靴、ゴム手袋、めがね、雨ガッパをつけて行なう。

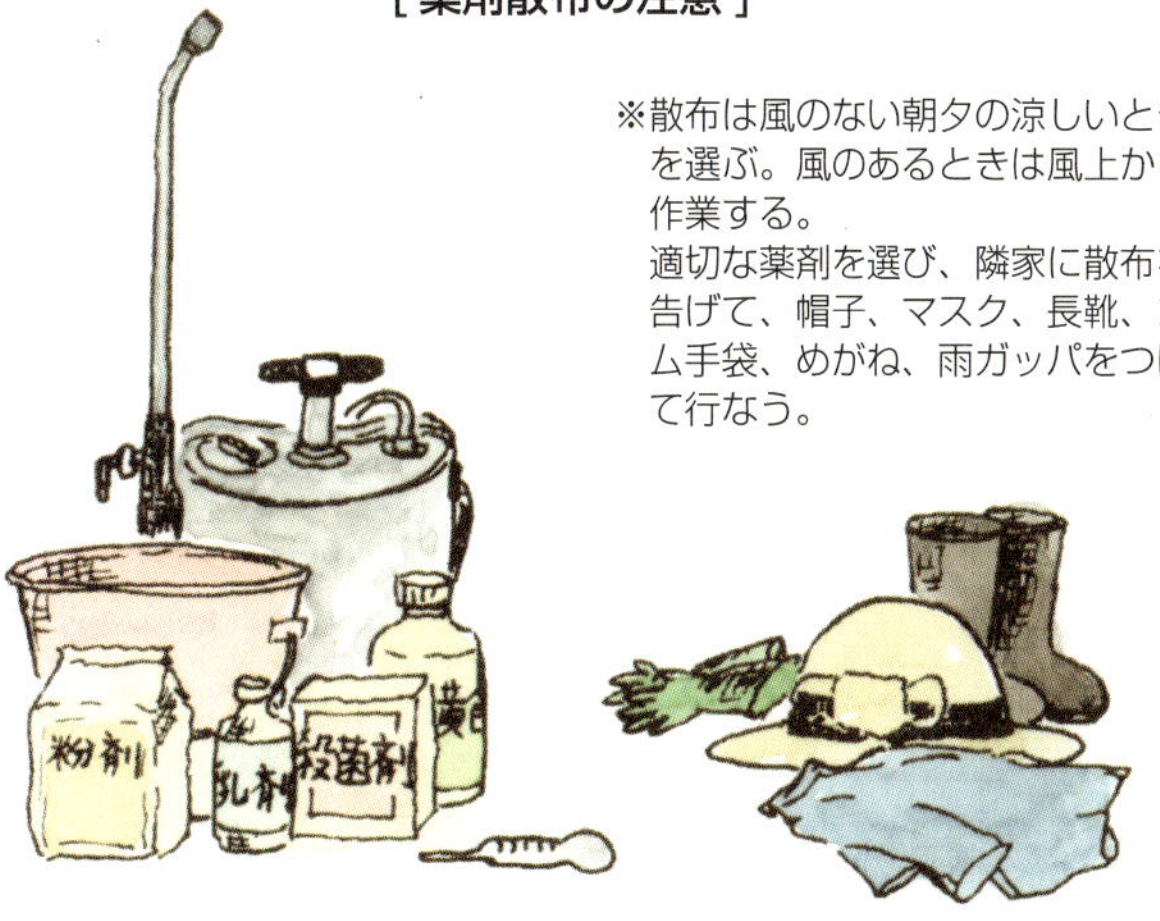

庭木の増やし方

庭木の増やし方には、実生、挿し木、接ぎ木、取り木などが多く行なわれています。なかでもよく行なわれているのは挿し木で、次に接ぎ木、取り木ということになるでしょう。

接ぎ木が使われるのは、挿し木ではつかない種類のほかに、品種ものなどでは台木は別の種類を用いて早く眺められるようにするためで、ツバキ、サツキ、バラなどで盛んに応用されています。

挿し木のやり方

成功のポイント

挿し木をしたとき、つくかつかないかはどこで決まるのか、このポイントをおさえていれば九分どおり成功したといえます。

挿し木で大切な第一点は、切り取った部分から根をださせるわけですから、挿すとき穂木に養分・水分の貯蔵がどのくらいあるかということです。それによって根が出るのが早いか枯れるかが決まります。

[挿し木の時期と方法]

（穂坂八郎『花卉園芸総説』より）

種　類	挿し穂の熟度	挿し木時期	挿し木場所
アオキ	本年の半熟枝	６月下旬～７月上旬	床・箱挿し、日陰地
アジサイ	昨年の枝、本年の半熟枝	３月中旬、６月	床挿し（春）、イネ（夏）、半陰地
イトヒバ	昨年の枝	４月上旬～７月	床挿し、半陰地
イブキ	昨年の枝	５～７月	床挿し、半陰地
ウメ	昨年の枝、一昨年の枝	３月上中旬	床挿し、陽地
キャラ	昨年の枝	４月上旬	床挿し、半陰地
クチナシ	昨年の枝、本年の半熟枝	３月上中旬、６～７月	床挿し、半陰地
ゲッケイジュ	本年の半熟枝	６月上旬～７月上旬	床・鉢挿し、日陰地
サザンカ	本年の半熟枝	６月中旬～７月下旬	床・箱挿し、日陰地
サルスベリ	昨年の枝、本年の半熟枝	３月上中旬、６～７月	床挿し、半陰地
ジンチョウゲ	昨年の枝、本年の半熟枝	３月上旬（春）、６～７月	床挿し、半陰地
スギ	昨年の枝	２月中旬～３月中旬	床挿し、半陰地
チャボヒバ	昨年の枝	５～７月	床挿し、半陰地
ツツジ類	本年の半熟枝	６月中旬～７月中旬	床・箱挿し、日陰地
ツバキ	本年の半熟枝	６月中旬～７月中旬	床・箱挿し、日陰地
ナンテン	昨年の枝、２～３年生枝	２月上旬～３月	床・鉢挿し、陽地
ニシキギ	昨年の枝および古枝	３月中旬	床挿し、陽地
ヒイラギナンテン	昨年の枝および古枝	３月上中旬	床挿し、陽地
ボケ	本年の枝および古枝	９月上旬～ 10 月下旬	床挿し、陽地
マサキ	昨年の枝、本年の半熟枝	３月上中旬、６～７月	床挿し、半陰地
ミズキ（トサ、ヒュウガ）	昨年の枝	３月中旬	床挿し、陽地
モクセイ	本年の半熟枝	６月下旬～７月上旬	床・箱挿し、日陰地

次に大切なのは、根をだしやすい条件をつくることと、穂木のもっている養分・水分を減らさないようにすることです。

挿し木したときの根の出方は、まず切り口の傷がなおりカルスができてから、その周辺から根が出るので、傷口が早くなおるようによく切れる薄刃の刃物で切ることが大切です。

また、カルスは形成層でよく発達し、木質部と皮の部分ではよくできません。根を多くだささせるには、この形成層の面が多くなるように斜めに切ったり、斜めに切り返したり、縦に引き裂いたりする方法をとります。

挿し木の適期

地温が15～20度でしかも湿度もある時期を選ぶことと、穂木の養分・水分が十分にあるときが挿し木の適期になります。

貯蔵養分の多い時期は冬の間ですが、冬は寒く温度条件は悪いので、春先の温度の上がってきたときがよいことになります。春先、根が活動を始め、水分を吸収し、枝を切ったときいくらかやわらかみがあるようになれば養分・水分ともに富んだ状態になったときで、このときが第一の好期です。

次によい時期は、春伸びた枝の先が止まり、やわらかい葉が充実して硬くなり、2回目の枝が伸び始める直前のころで、この時期も養分・水分の充実したときということができます。5月下旬～6月にあたります。

第3の時期は9～10月ころで、この落葉直前も冬の貯蔵養分が十分に蓄積されていて挿し木に適しています。しかし、秋は地温がだんだん冷えていくので、根の発育が不十分なうちに冬にはいることになり、霜よけなどの防寒設備が必要になります。

夏はたとえ枝が充実していても、温度が高すぎて水分の蒸散量も多く、呼吸作用も盛んで養分・水分の消耗の激しい時期ですから、とくに高温の必要な熱帯性のもの以外はさけたほうがよいでしょう。

挿し木の実際

● 挿し木床土

挿し土は、とくに紋羽病などの病菌がない土ならば黒土でも赤土でもよくつきます。挿し土の水分は十分にあることが必要ですが、あまり多すぎてもよくありません。たとえば水田のようなところは水分が多すぎるので、畦《あぜ》のような水分は十分にあっても過湿ではないといったところが好適です。

しかし、地表が常に湿っているような畑や庭木の下のようなところを選べば十分につきます。

● 穂木の準備

穂木の大きさは木の種類によっていろいろですが、ツツジなどの玉物のように下のほうから枝のあるようなものは15cm以下で枝をあまり落とさず、小さい穂木を浅く挿します。通常は20～30cmのものを半分くらい挿します。落葉樹の発芽前の挿し木では、15～30cmのものを上を少しだす程度にしてほとんどもぐるように深く挿します。

穂木の取り方で注意することは、ヒマラヤスギやヒノキのようにまっすぐに立つものは、横に寝ている枝を使わないことです。横になっている枝には表裏があって、それを立てて挿すと2方向からしか枝が出ないので、形よく四方から出るようになるまでに相当年数がかかります。したがって、上向きになった枝をとる必要があります。

その点、灌木状のものや落葉樹は、どこからとっても問題はありません。

切り取った穂木には十分に水分を吸収させることが必要で、切ったあと半日から1日くらいは水に入れて吸わせます。ただし、あまり長く浸けておくと切り口から腐ったりして、かえって害が出るの

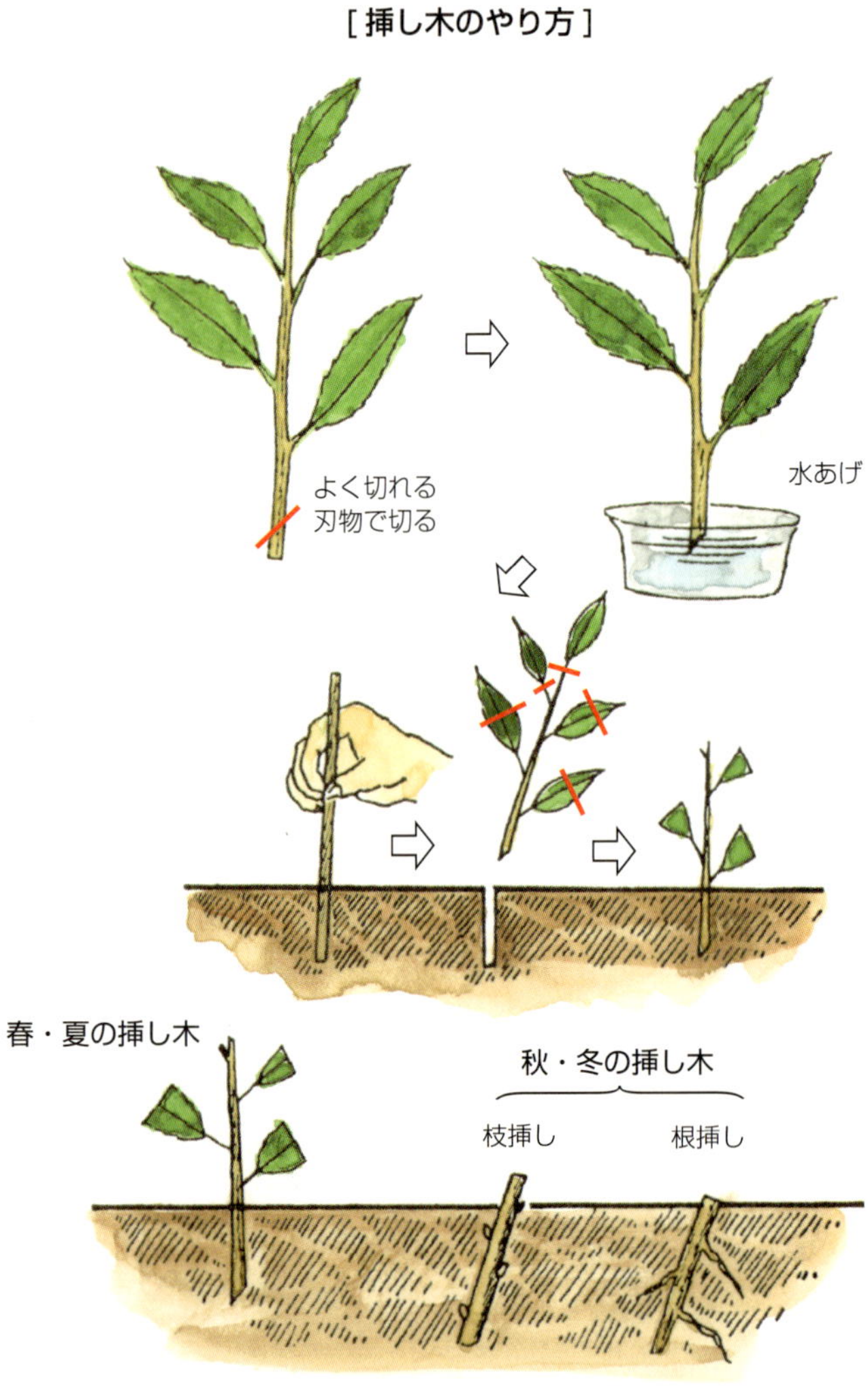

で注意します。

人為的に発根を補ってやる方法としては、ホルモン剤が利用されています。オキシベロンとかルートンなどといわれているものがそれです。ホルモン剤の使い方には2通りあって、水を吸わせたあとでホルモンの粉を切り口につけて挿す方法と、ホルモン液をつくった中に入れて水を吸い上げさせる代わりにホルモン液を吸収させてから挿す方法があります。

挿し木のやり方は右図を参照してください。

管理と活着の判定

サワラ、マサキのようなつきやすいものを春挿ししたものは、梅雨の間に完全に活着するので夏の日よけは必要ありませんが、その他のものは木の下の半日陰のようなところとか、日よけをしてやります。

日よけで注意しなければならないことは、まったく日陰にしないことです。日が当たらないと、光合成によって自分で養分をつくることができなくなるからです。少し日がもれる程度の場所がよいわけです。

挿し木で問題になるのは、どういう状態になったら活着したとみてよいのか、その判定がむずかしいことです。

庭木の場合は、草花と違って木質部が多く貯蔵養分が多いため、水分さえあれば根が出ていなくても長期間生きていて、緑の芽をだしたりします。

落葉樹のような比較的つきやすい性質のものでも、挿したら1年間はそのままの状態でおくことが原則です。カイヅカイブキのようなものでは、苗木産地のような条件のよいところでも2年間は挿し床におきます。つきにくいものでは、2～3年はがまんしていなければならないわけです。

挿し木で多い失敗は、待ちきれずに途中で抜いてみたりすることです。

少なくとも1年間はじっとがまんして、夏の間は日よけをして冬は霜囲いをし、途中で水分を切らさないように注意します。

活着が確実に判定できるのは、節間が伸びるかどうかを見ていることです。葉が1～2枚動きだしたからといって安心してはいけません。やはり節間が伸び始めるまで待つことが肝心です。

挿し木の応用

わが家で垣根用の苗を増やそうとするには、挿し木のしやすいサワラ、マサキ、サンゴジュなどを選びます。

まず3〜4年生の枝を1m前後に切って穂木とし、下のほう30cmくらいは小枝を元芽を残して全部切り取り、上の葉は半分くらい摘み取り、半日から1日くらい水を吸わせます。

春挿しの場合は30〜40cmくらい挿し込み、秋挿しの場合は60cm以上地中に挿します。深く挿さないと冬の低温にあって発根しないからです。

春挿しのものは秋に、秋挿しのものは春に活着し、植え替えることができます。

予定地に挿したものは、そのまま仕立てていけばよいわけです。

取り木のやり方

やっておもしろいのが取り木です。これはいろいろな方法がとれるので、とること自体が楽しいことです。取り木と挿し木の違いは、挿し木は親木と切り離した状態で根をださせるのに対して、取り木は親木から養分・水分をもらいながら根をださせることが基本的に異なる点です。その他の条件は原理的には同じです。

環状剥皮で発根させる

取り木には、高取りと低取りの二つの方法があります。低取りするものは、地際に近いところから枝が株立ち状に出るものに応用されています。盛り土によって地表に近い枝の一部分を埋め、そこから根をださせる方法が最も簡単です。根の出にくいものについては、1〜2cm環状剥皮《かんじょうはくひ》をして盛り土しておけば発根します。

環状剥皮をする理由は、普通、植物は根から吸収された養分・水分は木質部のなかを通り上に行き、上でできた養分は形成層の外側を通って下に行っています。したがって、皮を環状にはいでしまうと、その上の部分は根からもらい、上からきた養分ははがれた部分の手前で止まるので栄養がよくなり、はいだ部分の手前から根が出ることになるわけです。

根が出たら切り離して植え付ければよいのです。形成層の働きが活発なのは春と秋ですから、発根のよいものでは春に

[取り木のやり方]

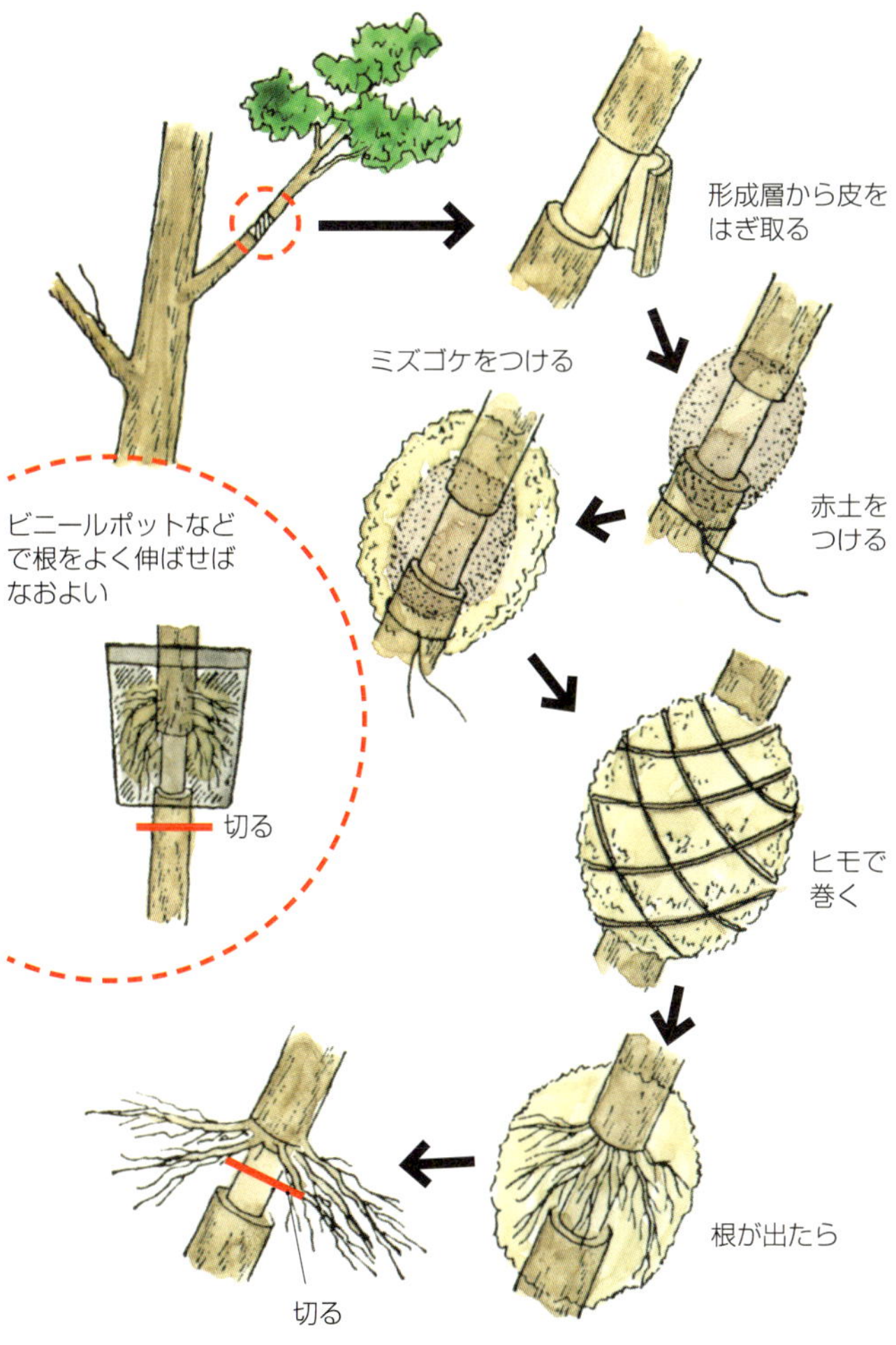

処置したものは秋には活着し、悪い場合でも翌年の春には切り取れるようになります。

高取り木の場合は環状剥皮を応用し、ミズゴケや赤土の練ったものをつけ、ビニールポットを二つに切って幹の太さの穴をあけたものでおさえたり、ビニールで包みます。剥皮部にはときどき灌水してやる必要があります。

園芸店などでブドウのなっている鉢物が売られていますが、これは高取りによって取り木したものです。

接ぎ木のやり方

成功のポイント

接ぎ木というのは、二つの植物をひとつに合わせることですが、最も多い切り接ぎについて述べます。

根つきの台木の上に、2芽をつけただけの短い枝（接ぎ穂）を接ぎます。

この接ぎ穂は、貯蔵養分・水分を消費しながら、台木のほうから水分がもらえるようになるまでじっと待っているわけです。

接ぎ木が成功するということは、接ぎ穂が貯蔵養分・水分を使いはたして乾燥し枯死するのが早いか、台木が形成層か

[接ぎ木の時期と方法]

（穂坂八郎『花卉園芸総説』より）

種　類	台木の種類	接ぎ木の適期	方法	備　考
ウメ	難波性挿し木２年	２月中旬～３月上旬	切	
	および根	８～９月	芽	
クチナシ	挿し木１～２年	３月上旬	切	斑入り種に行なう
ゴヨウマツ	クロマツの実生２年生苗	２月下旬	割	樹脂の出ない時期
サクラ	アオハダサクラの挿し木、実生	２月中旬～３月中旬	切	カンザクラは 10月
	１年生	７～９月	芽	
サザンカ	ツバキまたはサザンカの実生３年生	３月下旬、３～９月	挿し穂	樹皮が薄いので浅く削る
			呼	
サンザシ	共根、白花サンザシ	３月上旬	切	
シャクナゲ	実生２～３年生	５月上旬	そぎ	ややむずかしい
タイサンボク	実生台またはコブシ２年生	４月中旬	切	
ツツジ類	琉球ツツジの挿し木２～３年生	５～７月	呼	浅く削る
ツバキ	ツバキまたはサザンカの実生３年生	２月下旬～３月上旬	挿し穂	
		４～９月	呼	
ハナズオウ	共根	３月中旬	根	
ヒノキ類	実生３年共台	３月下旬	切	斑入り種に行なう
ヒメコブシ	コブシ実生２～３年生　根挿し木	３月下旬	切	
フジ	根挿し木、実生３年生	３月下旬～４月下旬	切	高接ぎが多い、湿地
ボタン	実生５～６年生、株分け、	９月上中旬	切	簡単
	シャクヤクの根			
モクセイ	モクセイ、イボタの根	３月下旬	根	
モクレン	コブシ実生２～３年生　根挿し木	３月下旬	呼	
モミジ	ヤマモミジの実生２年生	１月下旬～２月上旬	切	居接ぎがよい
		３～９月下旬	呼	５月ごろが最適
ライラック	イボタ、ライラック挿し木１年生	３月上旬	切	ライラック台は生長が早い

らカルスをどんどんつくって接ぎ穂とのすき間を埋め、水分を供給できるようになるのが早いかの競争です。

したがって、よく活着させるためには充実した養分・水分の多い枝を使い、よく切れる刃物で切って接ぎ穂と台木をピッタリとすき間なく密着させ、カルスのできる形成層と形成層を合わせて早く養水分がとどくようにします。

乾燥しないように盛り土やビニールトンネルをして湿度を保ち、カルスが出やすいように保温すれば最高です。

接ぎ木の適期

接ぎ穂より台木の条件が大切で、形成層の活動が活発でカルスがよくできる時期を選びます。普通、春の活動開始期と8月中旬から9月上旬ころになります。

春は冬越ししてきた樹木の根が活動を始めて水を吸い上げ始めるころがよく、モミジ類などは早く1月下旬〜2月上旬に、大部分のものは2月下旬〜3月上旬になります。

8〜9月は幹が太る時期で、形成層の動きは非常に盛んですが、切り接ぎより芽接ぎ、腹接ぎなどが多く行なわれています。温度が高くつきやすい時期ですが、春の発芽前のように充実した接ぎ穂がとりにくいからです。

接ぎ木の実際

●接ぎ木の準備

まず台木と穂木を選びます。接ぎ木をすればなんでもつくというわけではなく、もともとよくなじんでつくという性質（接ぎ木親和性）のあるものどうしでなければ上手に作業をしてもつきませんから、適した台木を選んでください。

ナイフは、やや肉薄の切りだしで刃こぼれがないように十分にと石をかけ仕上げておきます。このほか、剪定バサミ、結束用にビニールやポリエチレンのフィルムを2㎝くらいの幅に切ったものを用意します。

また、乾燥防止のためには低温で溶ける軟パラフィンや、とくに松脂（15）、密ろう（30）、豚脂（15）などを混ぜたものを用意します。

●接ぎ方

まず、接ぎ穂を削ります。注意点は、削った面が平らになるようによく切れるナイフで一度削り、削りなおすときも全面が平らになるようにします。

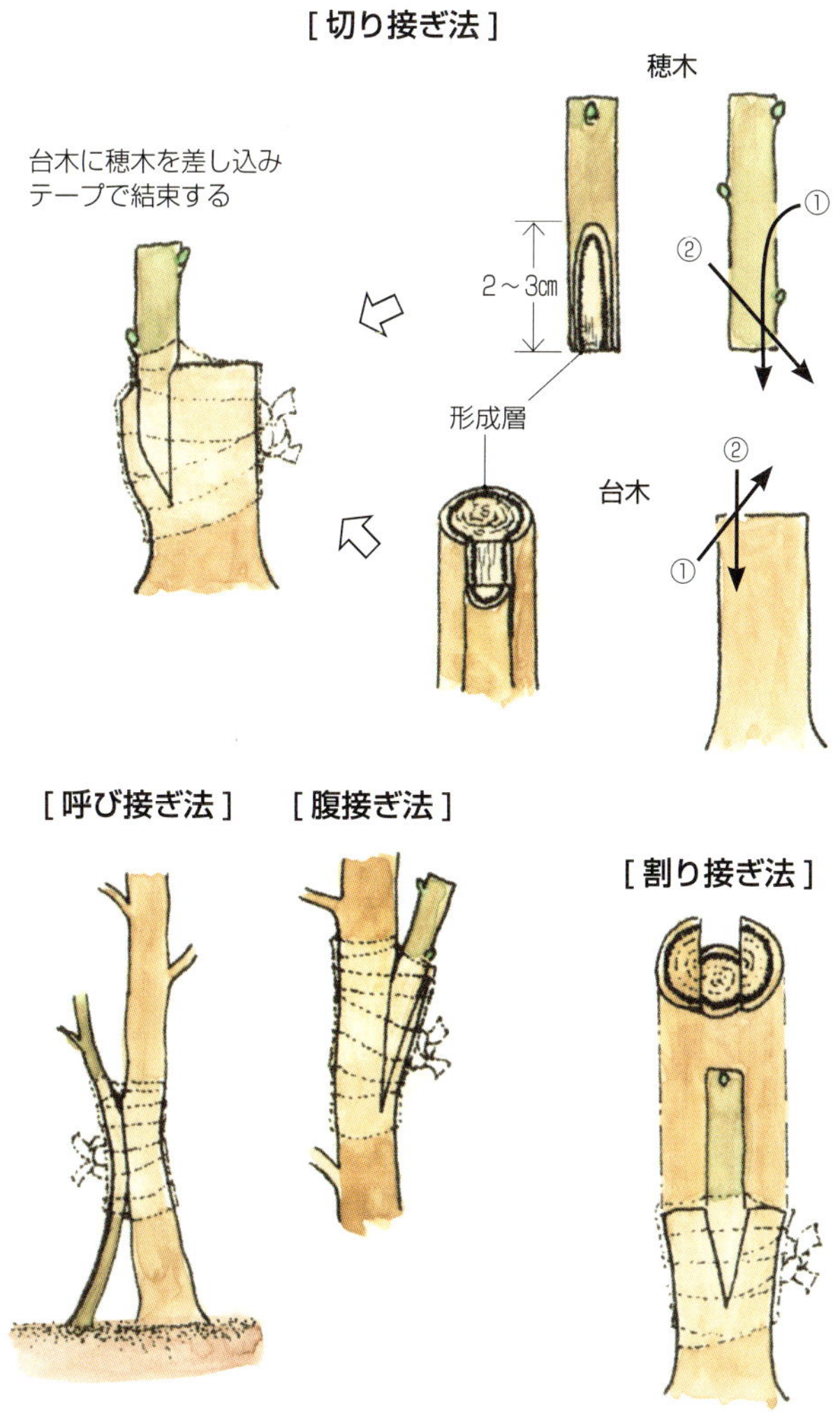

次いで反対側から切り返し、切り口が乾かないように口にくわえ（なめないこと）台木にかかります。数が多いときは、接ぎ穂を清潔な水を入れた湯飲みなどに立てておきます。

台木は、わずかに木質部にかかるようにナイフをあて、台木を持った左手の親指をナイフの上にのせ、この押す力で切り込むようにすると安全です。ナイフを持つ手に力を入れると、力がはいりすぎて手を切ることがあります。

切り口の形成層をよく見て接ぎ穂の形成層と合わせますが、台木と穂木の太さが違うので、両側を合わせることは困難ですから、片側だけをよく合わせます。しっかりと動かないように持ちながら、これをビニールテープで結ぶとできあがりです。

さらに乾燥防止のためにパラフィンを溶かした鍋のなかに接ぎ穂の部分を入れますが、接ぎ合わせた切り口の部分にパラフィンがはいるとつきませんから注意してください。

管理と活着の判定

このような作業を、台木を植えたまま行なう場合（居接ぎ）と台木を掘り上げて行なう場合（あげ接ぎ）があります。

あげ接ぎの場合には、なるべく早く温度の十分にあるトンネルやフレーム内に植え込んでやります。切り口は水がはいらないように注意し、土に湿り気があれば灌水は控えておきます。

こうして約10日たつと、活着したものは水分をもらって接ぎ穂の色に生気が出始め、やがて発芽を始めますが、活着しないものはそのままで芽がふくらまず枯死します。

発芽しはじめたものは、まだ活着が十分でないので乾かないよう徐々に陽光にならしていきますが、接ぎ木の部分からはがれやすいので扱いをていねいにし、また、台木から芽が出てくるので、接ぎ穂が負けないよう早めにかきとります。

その他の接ぎ方としては、切り接ぎのほかには、台木の頭の中心を切り込む割り接ぎ法、枝を切り離さずに接ぎ、活着後に切り離す呼び接ぎ法、挿し穂のような枝を台木の腹を削って差し込む腹接ぎ法など、いろいろあります。

原理はどれも同じですから、よく考えて研究してみてください。

道具の選び方・使い方

地割り、石の据え付け、庭木の植え付け・剪定と、庭づくりからその管理を行なうには、プロでなくてもまとまった数の道具が必要になります。

長く使うものから使い捨てるものまでいろいろありますが、長期間使用する剪定用具や土木作業用の道具、掃除用具などは、軽くて、手やからだの大きさに合ったものを選ぶようにします。

地割りや石の据え付け、庭木の植え付けなどの土木作業に使用するものには、スコップ、レーキ（熊手）、クワ、金づち、メジャー、水平器、水糸（地割りに使用する）などがあげられます。

土いじりに使用する道具は汚れやすいので、作業後、すぐに掃除をしておくことが大切です。

庭木の植え付け後に使用する剪定用具には、ノコギリ、剪定バサミ、木バサミ、刈り込みバサミ、高枝切り、脚立などがあります。

●ノコギリ

幹や太枝の切断に使用します。片手に持ってらくに作業できる大きさのものが適しています。枝を切る場合は、切り取る枝の先を一方の手で支え、ノコギリを引くときに力をいれて切ります。竹を切る場合には、竹専用のノコギリを使用します。

●剪定バサミ

直径2～2.5㎝くらいの太枝まで切ることができます。実際に握ってみて手になじむものを選びます。太枝を切る場合には、刃をいっぱいに開き、枝を奥にはさんでひねるようにして切ります。

●木バサミ

細枝や混みいった枝に刃先を差し込んで使用します。少し太い枝を切る場合には、刃の奥に枝をはさみ、一方の手で枝先を切り口と反対の方向に押し曲げるようにします。

●刈り込みバサミ

庭木や生垣の枝先を切り込み輪郭を整えるときに使用します。刈り込むものによって刃の状態（表使い・裏使い）や柄の握り方を変えます。

玉物や上方の枝を刈り込むときは、ハサミを裏返しにして使うと作業がらくになります。

●脚立

庭木の脇へ立てかけ、高所で作業をするので4本足の脚立よりも、1本の本足が庭木のなかに差し込める三脚のものが便利です。高さは3mくらいで軽いアルミ製のものが使いやすいでしょう。

使用するときは、足元の部分がめり込んでバランスをくずさないように注意し、脚立の上部で作業するときは、脚立をロープで庭木に結びつけておきます。

●高枝切り

脚立だけでは届かない高所の枝は、高枝切りを使用します。高枝切りは安全ですが、正確な位置での枝の切り取りはできません。

[庭づくり（土木作業）に必要な道具]

[庭の管理（剪定作業）に必要な道具]

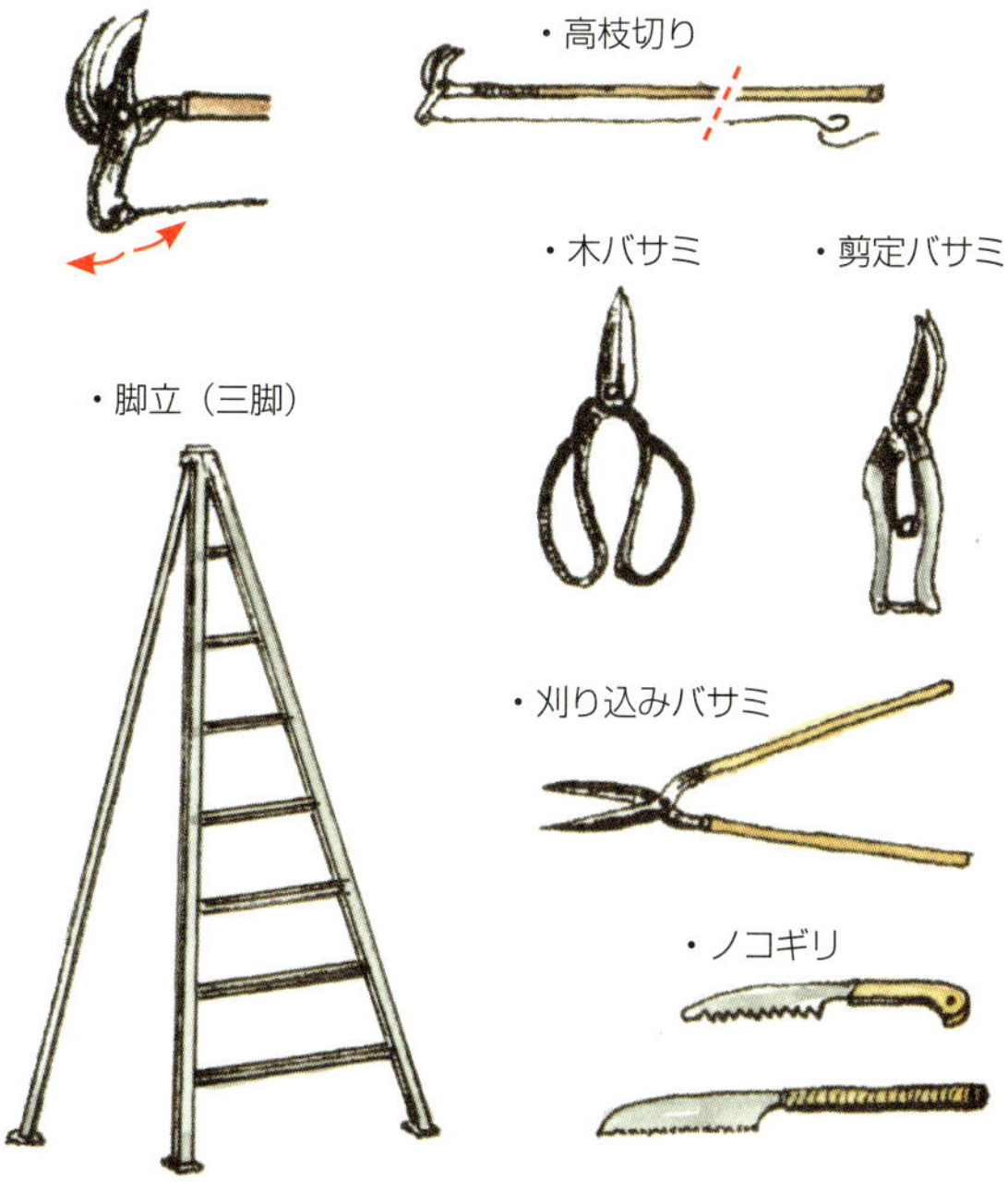

【著者略歴】

石田 宵三（いしだ しょうぞう）

1932年、東京に生まれる。
1955年、東京教育大学農学科卒、茨城県真壁高校・笠間高校を経て、東京都立農芸高校教諭、国土建設学院造園緑地工学科講師などを歴任。1997年逝去。
著書『庭の花つくり』（農文協）、『詳解 庭のつくり方』（農文協）、『カラー図解 詳解 庭木の仕立て方』（農文協）他多数あり。

【執筆協力】

寺島 昇次郎（てらしま しょうじろう）

1944年、東京に生まれる。
1962年、東京都立農芸高校卒。箱根植木造園部・野口研究所・都立農芸高校を経て、造園業を営む。

岡田 文夫（おかだ ふみお）

1955年、群馬県に生まれる。
樹木や庭園美に引かれ、庭師の父、兄とともに造園業に従事（造園施工管理技師）。一般家庭の庭づくりに情熱を傾けている。著書『ミニ庭園つくりコツのコツ』（農文協）『落葉樹の庭つくり』（農文協）他多数。

カラー図解 詳解 庭のつくり方

2015年2月20日　第1刷発行

著者　石田 宵三

発行所　一般社団法人　農山漁村文化協会
郵便番号　107-8668　東京都港区赤坂7丁目6-1
電話　03（3585）1141（営業）　03（3585）1147（編集）
FAX03（3585）3668　振替 00120-3-144478

ISBN 978-4-540-14257-4　DTP製作／條 克己
〈検印廃止〉　印刷・製本／凸版印刷㈱